敬愛大学学術叢書

変貌する千葉経済
新しい可能性を求めて

青木英一・仁平耕一【編】

The Challenge of Chiba's Economy
Hidekazu Aoki and Koichi Nidaira eds.

東京 白桃書房 神田

まえがき

「千葉県のイメージといえば何を思いつきますか？」。このようなアンケートを行ったらどういう答えが返ってくるであろうか。成田空港もあれば幕張メッセもある。東京ディズニーリゾートもれっきとした千葉県の施設であるが，千葉県のイメージと結びつけて思い出してもらえる人はどれくらいいるであろうか。東京で幼少期を育った中高年にとっては，九十九里海岸などの海水浴場は「一度は行ったところ」である。しかしこれも昔ほど人気はないようである。それはそれで仕方ないが，千葉県の経済力はどうであろうか。これもかなり曖昧模糊としたものであるかもしれない。もちろん何もないわけではない。京葉工業地帯の素材型工業はこれまでの千葉の経済を支える大黒柱であったし，漁業や農業も千葉県を代表する産業であることは間違いない。他県がうらやむような産業が存在するのである。しかしお隣に位置する東京都の光があまりにも強いため，千葉の鮮明な像が結ばないように思われる。

本書はそのような漠然とした千葉県のイメージに対して経済の側面から明確な輪郭を与える試みである。明確な輪郭といっても遠くからみたシルエットもあれば，身体検査のようにいろんな部分を細かく調べるやり方もある。本書ではこの2つを合わせて行っている。千葉県マクロ経済の最近の動向については第1章をみていただきたい。生産，所得，消費などから千葉県経済のシルエットが与えられるであろう。第2章から第5章までは千葉県の産業別分析である。これらの各章は千葉県の産業をについて独自の観点から著した研究論文でもある。分析方法も分析視点も統一さているわけではないが，各章とも聞き取り調査やアンケート調査など現場の情報をもとにした分析が多く，フットワークのよさが至るところに現れている。第6章以降は千葉の金融，財政，雇用状況および環境問題を取り上げる。これらの各章は千葉県経済各論と呼ぶべき内容であり，千葉県経済の状況を細部にわたって明らか

にする．各章とも利用できる限り必要なデータを駆使しており，千葉県の経済状況を把握することができるであろう．

　各章について詳しく紹介しておこう．第1章は千葉県経済のマクロ動向の概要であるが，生産，交易，経済効果などについても産業連関分析を行っている．したがって，千葉県の産業動向についてもある程度見通しをつけることができるであろう．

　第2章は千葉県製造業の分析である．製造業はこれまで千葉県経済を牽引してきたといってよいが，千葉県の地域特性，発展経過，そして工場立地政策などさまざまな条件の下で生み出されてきたことが明らかにされる．そして千葉に立地する工場などから綿密な聞き取りを行い，千葉県の製造業が抱える課題や今後の発展要件を明らかにしている．

　第3章は千葉の流通を概説した後，商店街活性化について分析している．千葉駅周辺の「千葉銀座商店街」や「中央銀座商店街」の2つの商店街について，戦後から今日までの変遷をたどり，さまざまな関係者から聞き取りによって，商店街活性化の道を探っているが，商店街活性化に悩む地域住民や行政にとって重要な示唆を含むものである．

　第4章の分析対象は千葉の観光である．千葉県は観光資源に恵まれているが，また課題も多い．千葉の観光業がさらに発展するためには首都圏以外からも集客力を獲得することが不可欠である．以上の点を明らかにしたのち，本章ではいくつかの千葉県観光振興事例を通して千葉県観光の可能性を探っている．

　第5章のテーマは千葉のICT（情報通信）産業である．千葉県のICT産業は東京に依存しながらも必死に発展の可能性を探っている．しかし，ソフトウェア産業などで発展の可能性を残しながら，必ずしも楽観できる状況にはない．本章の分析はICT産業に関する先行研究を丹念にフォローするとともに，関係者からの聞き取り調査なども活用している．そして千葉のICT産業の今後の発展に必要な振興・支援策のあり方を探る試みである．

　第6章以降は経済編である．まず第6章は千葉の財政面の分析である．

「三位一体の改革」などの経済改革を経て，千葉県財政にどのような変化が生じたかを明らかにしている。経済改革によって県内の財政力は向上したものの，財政構造の弾力性は失われてしまったこと，そしてその要因をみることで，今後地域の政策課題や住民ニーズに適切に応える行財政改革の必要性について論じている。

第7章の千葉の金融機関の研究は，地域金融という観点から千葉県の発展に寄与してきた千葉県の金融機関の現状を伝えるものである。金融は経済に貨幣を供給する循環構造であり，それが滞れば経済は機能しない。千葉県経済も例外ではありえないが，本章は豊富なデータにより地方金融機関の重要性を明らかにするものである。

第8章は千葉県の雇用・賃金状況である。最近の我が国の雇用状況は深刻な状況が続いており，千葉県も例外ではない。本章では雇用動向が千葉県西部（主に大都市部）と東部（主に郡部）により，明確な地域特性を持つことを示した後，産業間格差，男女格差，雇用形態格差の3つの格差を中心に千葉県の賃金構造について分析を進めている。

第9章のテーマは千葉県の環境問題であるが，ごみ処理の問題に絞って議論される。環境問題は持続的な経済発展にとって避けて通れない経済問題でもあるが，地方自治体だけで解決できないのも事実である。本章では，「千葉県のごみ」という問題からアプローチしながら，自治体を超えた広域的ごみ処理の必要性という，環境問題の本質に迫っている。

本書は異なる著者が独自の研究視点から著した論文から構成されたものである。したがって，どこから読んでいただいても構わないし，また読者の興味のある章だけをじっくり読むという読み方も可能である。ただし，第1章は千葉県経済の鳥瞰図を与えるものであるので，千葉県の状況についてあまり知識のない読者はまず第1章を読まれることをお勧めする。もちろんすべての章を通して読んでいただければ，千葉県の経済・産業についてかなり明確な姿を手に入れることができるであろう。

本書の最大の利点は各章の分析の背後にある現場の声を聞くことができる点である。産業編を読み進めば，工場関係者の生の声が聞こえてくるであろうし，商店街やIT企業の専門家に貴重な意見を聞くこともできる。一方経済編はデータ中心になってしまうが，耳をそばだてればデータの背後にある家計や金融機関の声も聞こえるかもしれない。もちろんデータはさまざまな工夫をして，できるだけみやすいような加工が施されているので，統計数字の中に溺れてしまうことはないであろう。このように，本書は曖昧模糊とした千葉県経済の様相をつかみたいという読者に対して，至るところにヒントが散りばめられている。

　しかし全体的に統一がとれていないところもあるかもしれない。たとえば，地域区分などは製造業において用いられる地域区分とマクロ経済で用いる地域区分では異なっている。これは各章でも注記しているが，分析視点が異なる以上避けられないことであるので，あらかじめご了解いただきたい。また言葉遣いや表記上の点もできるだけ整えたつもりであるが，各著者の個性を生かしたいという思惑もあり，完全に統一してはいない。若干読みにくい点もあるかもしれないがご寛恕願いたい。

　本書は敬愛大学経済学部の研究者たちの共同研究の成果である。千葉県経済に対するまとまった研究はこれまでほとんどないため，千葉県経済・産業の姿を描き出そうという本書の意義は大きいと自負している。本書の目的をどれほど達成できたかは読者にゆだねるしかないが，本書の出版をきっかけとして千葉県経済・産業に対する研究を一歩でも，二歩でも進めることができるとすれば望外の幸せである。

編　者

目次

まえがき ———————————————————————————— i

第Ⅰ章　千葉県経済の最近の動向と展望 ———————— 1

1．はじめに　1
2．千葉県経済のマクロ分析　2
3．千葉県の地域特性　12
4．産業連関表からみた千葉県の産業構造　18
5．終わりに　32

第Ⅱ章　工業立地からみた千葉県工業の特質 ———— 39

1．はじめに　39
2．千葉県における産業概況　40
3．首都圏における千葉県工業の特質　41
4．県内における工業の地域的偏在　44
5．立地工場からみた工業の特質　55
6．今後の展望——さらなる生産の高度化に向けて——　64

第Ⅲ章　千葉県の小売業
　　　　—商店街の再生に向けて— ———————————— 71

1．はじめに　71
2．千葉県の小売業の現状　72
3．千葉銀座：環境の変化と商店街の対応　76
4．中央銀座：
　　　千葉中央第六地区第一種市街地再開発事業　79

5．分析：商店街の再生に向けて　84

6．おわりに　89

第Ⅳ章　千葉県の観光の現状と展望
―新たな観光振興モデルを求めて― ―――― 93

1．はじめに　93

2．千葉県の観光の発展過程と現状　95

3．千葉県の観光動向　103

4．千葉県内の観光振興の事例　110

5．千葉県の観光の展望：
　　新たな観光振興モデルを求めて　122

第Ⅴ章　千葉県 ICT 産業の現状と課題 ―――― 133

1．はじめに　133

2．ICT 産業の定義　134

3．ICT 産業の動向　136

4．千葉県の ICT 産業　143

5．総　括　156

第Ⅵ章　千葉県の市町村財政の現状と課題
―「平成の大合併」と「三位一体の改革」の影響に注目して―
―――― 167

1．はじめに　167

2．「平成の大合併」の概要とそれによる
　　市町村人口規模の変化　169

3．「三位一体の改革」の概要　176

4．2 大改革を経た千葉県の市町村財政の現状と
　　構造変化　178

5．まとめ——千葉県の市町村財政の課題　198

第Ⅶ章　千葉県の地域金融 ──────────── 201

　　　1．はじめに　201
　　　2．千葉県の経済と銀行等　202
　　　3．地域銀行　212
　　　4．協同組織金融機関　232
　　　5．むすび　241

第Ⅷ章　千葉県の労働状況
　　　　—賃金・雇用— ──────────── 247

　　　1．はじめに　247
　　　2．第三次産業の広がり　248
　　　3．3つの賃金格差　254
　　　4．県内の雇用情勢——「A字型」と「M字型」　262
　　　5．むすびに代えて　268

第Ⅸ章　千葉県のごみ問題 ──────────── 269

　　　1．はじめに　269
　　　2．千葉県のごみの排出状況　270
　　　3．千葉県のごみの処理状況　280
　　　4．ごみ処理施設の整備状況と千葉県のごみ問題　286
　　　5．まとめ　294

あとがき ──────────────────── 297

第Ⅰ章

千葉県経済の最近の動向と展望

1．はじめに

　本章では千葉県経済の最近の動向を探り，将来の展望を試みる。各産業の分析を詳細にみる前に，千葉県のマクロ経済の概要をつかんでおくことは必要であろう。バブル経済崩壊以後，日本経済が長期間低迷していたことは周知の事実であるが，千葉経済がその例外であるはずがない。本章第2節ではバブル経済崩壊後の千葉県経済のマクロ動向を概観する。産業別県民所得や支出別県民所得の動向から千葉県民の暮らしの変化をみてみよう。

　マクロ経済の動向とは別に千葉県の地域特性を明確にすることは非常に興味深いテーマである。千葉県の統計では市町村別データが作成されており，千葉県の地域特性を分析する上で非常に有用である。特に財政力や社会資本整備から見た都市部と郡部の格差は大きい。しかし一口に千葉県の都市部といっても一様ではない。東京近接都市と京葉臨海工業都市都では産業構造はもちろん，人の移動もかなり違うのである。東京近接都市は東京に強く引きつけられ，東京の衛星都市的性格を持つのに対し，千葉市の衛星都市的性格を持つ都市もある。東京都と千葉市では回りの地域に及ぼす影響力，いわゆるグラビティの強さにかなり差があるとしても，千葉市も卸売機能などから見て地域内で一定の中核機能を持っている。第3節では以上の観点から千葉県の地域特性を明らかにする。

　千葉県は東京に隣接するという地域特性から首都圏において重要な役割を

果たしてきたことは間違いない。しかし，21世紀を迎えた今日，日本のこれからの発展になくてはならない産業の育成に成功しているかは疑問である。その基盤整備に着手しているとしても，それがどこまで進捗し，現実の経済活動に反映されているのであろうか。以上のような問題意識から産業連関分析を行ったのが第4節である。

本章で行った産業連関分析は産業の持つ需要誘発効果，あるいは生産誘発効果を計測し，千葉県にもたらす貢献度を推し測るものである。2005年千葉県産業連関表は本年（2010年）公表されたばかりであり，最新のデータを使って産業別の経済効果を求めることができた。

最後に第5節では千葉県の経済政策を概観し，本章での分析結果を突き合わせながら，千葉県の経済開発の将来像について検討する。それにより，千葉県の経済開発のあり方にいくばくかの示唆を与えることができれば幸いである。

2．千葉県経済のマクロ分析

1）経済活動別県内総生産の動向

千葉県県民所得統計は1996年から2007年の11年間のデータがweb上で簡単に利用できるので，これを使って千葉県のマクロ経済の動向についてみていくことにしよう。まず経済活動別県内総生産（生産側，実質：連鎖方式）をみると，産業全体の平均経済成長率は1.0％であるが，表Ⅰ-1からわかるように成長率がプラスとなっているのは第3次産業だけである。特に第1次産業は農業，水産業がこの11年間，実質マイナス成長で推移しており，農業，水産業に依存してきた千葉経済に深刻な打撃を与えている。2004年まで全国2位の生産額を上げていた千葉県農業生産高が3位以下に転落した状況を裏づけるものである。第2次産業の平均成長率はわずかにマイナスであるが，製造業だけでみれば，平均成長率は0.7％ながらプラスの伸びを示しており，「工業立県千葉」の面目をかろうじて維持しているかのようにみえる。しか

第Ⅰ章 千葉県経済の最近の動向と展望

表Ⅰ-1 経済活動別県内総生産（成長率）

項目	名目平均成長率 (1996年～2007年)	実質平均成長率 (1996年～2007年)	物価上昇率 (1996年～2007年)
1．産業	0.1%	1.0%	-0.9%
(1)農林水産業	-2.8%	-0.7%	-2.1%
a．農業	-2.6%	-0.6%	-2.0%
b．林業	-5.6%	0.3%	-5.9%
c．水産業	-4.5%	-2.2%	-2.3%
(2)鉱業	-2.9%	0.4%	-3.3%
(3)製造業	-0.7%	0.7%	-1.5%
a．食料品	0.6%	0.3%	0.3%
b．繊維	-12.4%	-11.4%	-0.9%
c．パルプ・紙	-2.4%	-0.5%	-1.9%
d．化学	-2.6%	1.2%	-3.8%
e．石油・石炭製品	4.3%	-2.2%	6.5%
f．窯業・土石製品	-3.8%	-2.2%	-1.5%
g．一次金属	0.3%	-2.6%	2.8%
h．金属製品	-3.6%	-3.0%	-0.5%
i．一般機械	-2.6%	-0.6%	-2.0%
j．電気機械	-1.6%	12.2%	-13.8%
k．輸送用機械	5.0%	6.5%	-1.5%
l．精密機械	-9.6%	-7.9%	-1.7%
m．その他製造業	-0.4%	0.8%	-1.3%
(4)建設業	-3.0%	-3.0%	0.0%
(5)電気・ガス・水道業	-0.7%	3.6%	-4.3%
(6)卸売・小売業	-1.1%	-1.0%	-0.1%
(7)金融・保険業	0.2%	0.2%	0.0%
(8)不動産業	1.6%	1.6%	0.1%
(9)運輸・通信業	0.5%	2.6%	-2.1%
(10)サービス業	1.6%	2.3%	-0.7%
2．政府サービス生産者	0.9%	1.5%	-0.5%
(1)電気・ガス・水道業	0.9%	1.2%	-0.3%
(2)サービス業	0.6%	1.2%	-0.6%
(3)公務	1.1%	1.7%	-0.6%
3．対家計民間非営利サービス生産者	2.6%	3.1%	-0.5%
(1)サービス業	2.6%	3.1%	-0.5%
4．小計（1＋2＋3）	0.2%	1.0%	-0.9%
5．輸入品に課される税・関税	6.1%	3.1%	3.0%
6．(控除)総資本形成に係る消費税	5.6%	2.2%	3.4%
7．(控除)帰属利子	-0.8%	-0.3%	-0.5%
8．県内総生産（4＋5－6－7）	0.2%	1.1%	-0.9%
(参考) 第1次産業＝農林水産業	-2.8%	-0.7%	-2.1%
(参考) 第2次産業＝製造業＋鉱業＋建設	-1.3%	-0.1%	-1.2%
(参考) 第3次産業	0.8%	1.5%	-0.7%

出所：平成19年度県民経済計算から作成。

し製造業の内訳をみると産業間で大きな格差がみられる。1996年段階では食品，石油・石炭製品，化学，一次金属などの分野の6割程度であった電気機械が平均12％以上の成長を続け，現在では製造業の中で最大のシェア（実質県内総生産額シェア）を獲得するに至っているのに対し，食品は0.3％，化学も1.2％の成長にすぎない。一方，石油・石炭製品や一次金属は大幅に落ち込んでおり，この間の平均成長率はそれぞれ－2.2％，－2.6％となっている。この間の事情については第2章以降の各論に譲ることにするが，実質県内総生産額でみる限り，わずか10年あまりで，千葉県の製造業の勢いに大きな差がみられたことは明らかである。また繊維産業の千葉県における比重は大きなものではなかったのであるが，さらに急速に落ち込み10年前の4分の1というところまで落ち込んでいる。このような状況をみる限り，千葉県における繊維産の基盤はすでに失われていると判断せざるを得ないであろう。

　第2次産業で最大の低落傾向にあるのが建設業である。この10年あまりで建設業の実質生産額は約30％減少している。特に2003年までの7年間は毎年－6.4％の下落率で減少している。このような低落傾向は公共事業支出の抑制による全国的なものであるが，それにしても急激すぎるといえよう。2004年以降建設業の生産額は若干上昇に転じているが，生産額の大幅な減少により千葉県の建設業が大打撃を受けたことは明白である。

　第3次産業は千葉県における実質生産額の成長がプラスであった産業であり，運輸・通信業，不動産業，サービス業，そして電気・ガス・水道業など，2％を上回る成長率を上げている。唯一マイナス成長となっているのが卸売・小売業である。千葉県の経済成長を引っ張る第3次産業の中でも卸売・小売業は例外であり，商業の生産が千葉経済にもたらす影響について検討する必要があろう。この点については第3節でまた触れられるが，千葉県経済が抱える問題点の1つとして指摘しておくべきものである。

　以上の分析は実質経済成長率をみたものであるが，近年より深刻な景気の落ち込みは名目生産額の趨勢をみればより顕著となろう。バブル崩壊後の日本経済はデフレ経済といわれて久しいが，持続的な物価の下落が続き，名目

生産額や名目所得の低落傾向の一因になっていたことは次の関係式から容易に理解できるであろう。いま，

　　名目生産額の成長率＝実質生産額の成長率＋インフレ率

という関係が成立するから，実質成長率がプラスでもそれを上回るデフレ率（すなわち物価の下落）があれば名目成長率はマイナスとなってしまう。名目成長率がマイナスとならないまでもデフレによって実質成長率が相殺されてしまうことは不思議でないが，実際に最近の千葉県の名目成長率をみるとこのことがよくわかる。

　1996年から2007年までの千葉県産業全体の名目成長率は平均0.1％であり，かろうじてプラスとなっているが，実質成長率が1.0％であったから，10年以上にわたって物価が毎年0.9％で低下していたことになる。この間のデフレ傾向を反映して，産業別の物価上昇率がプラスになっている産業はほとんどないのであるが，1％以上の製品価格上昇率を示している例外が石油・石炭製品（平均製品価格上昇率6.5％），一次金属製品（同2.9％）であった。この2業種については原油価格の乱高下やレアメタルの最近の価格高騰など，急激な製品価格の変動による要因が大きいため，長期的趨勢と考えるわけにはいかない。ほとんどの産業分野でデフレ傾向がみられるといってよいであろう。

　名目生産額は数量と価格の変動を含むため，経済活動の純粋な指標とは言えないのであるが，それが名目賃金や名目所得に直結するため，家計の消費者心理や企業の業績に反映されることはもちろんである。特にデフレ下の経済においては実質生産以上に景気動向を左右するものとなっていると考えられるため，実質成長率と比較しながら名目成長率の動向についても産業別にみてみよう。

　まず農林水産業の名目生産額は毎年2.8％の下落率であり，金額ベースでみて非常に落ち込んでいる。実質成長率も－0.7％であったから千葉県の農林水産業の生産規模は生産量，製品価格ともに下落したことになる。製造業

の実質成長率はかろうじてプラスであったことはすでに述べたが，名目生産額は減少している。生産シェアの大きい産業の中では金属製品，一般機械が実質，名目成長率ともにマイナス幅が大きい。これに対し食料品は実質，名目成長率ともにほとんど変わらず，製品価格変動の影響をあまり受けていないように見える。一方，製造業の中で実質成長率の高かった化学，電気機械は非常に深刻なデフレの影響を受けており，化学産業の名目成長率は－2.6％（実質成長率は1.2％）と下落率が大きく，企業業績への影響が甚大であったと考えられる。さらに驚くべきことは千葉県の電気機械産業の名目成長率と実質成長率の大きな乖離である（実質成長率12.2％，名目成長率－1.6％）。これは千葉県だけでなく全国的に見られる傾向である。同時期の全国における電気機械の実質成長率は10.3％であるのに対し，名目成長率は－1.3％であったため，千葉県の状況は全国の状況を反映したものであるといってよいであろう。しかし，電気機械製品価格の下落率は急激なものがあり，2000年から2007年の期間をみても，電気製品の価格下落率はきわだっている。たとえば民生用電子・電気機器の価格はこの7年間で約3分の2に低下している[1]。パソコンなどを含む電子計算機，および関連製品の価格はさらに下落率が大きく，同期間で半額以下になっている。特にPCの最近の価格低下傾向は急激であり，7年間でほぼ5分の1にまで低下したのである。電気機械製品の中では重電機器や電池・電球などの一部の製品価格だけがほぼ一定で推移しているにすぎない。こうした価格下落は集積回路技術の発展や電子技術の急速な発展によるところも大きいのであるが，製品価格の低下スピードがあまりにも早く，それに十分ついていけていないというのが正直なところであろう。

2）支出面からみた千葉県経済

　支出からみた県内総生産もほとんど伸びていないが，まず構成比からみると，家計最終消費支出が全体の65％占め，平均成長率も0.7％ながらわずかに伸びている（表Ⅰ-2）。家計消費の内訳で大きいのは住居，食料費への支

出であるが，住居費への支出は平均2.1%で伸びているのに対し，食料支出は毎年－0.4%で低下している。住居費以外に伸びているのは保健医療費の3.2%，交通通信費の1.1%などであるが，近時の千葉県民の消費支出動向の一端が読み取れる。保健医療費の伸びは高齢社会に伴う必然的な結果であり，交通通信費の伸びも今日の通信技術の発展に伴う製品開発により促された支出が大きいであろう。

これに対し減少している消費支出項目は，教育費の－3.2%を筆頭に，被服・履物の－1.7%，家具・家事用品の－1.5%などである。これに食料品の減少も併せて考えると，身の回りの衣食住の切り詰められるものはすべて切り詰め，それまで無理をしながらでも維持してきた子供の教育費もここにきて抑えざるをえないという，千葉県民の消費行動の趨勢が垣間見える。もちろんこれは千葉県だけの特徴ではないであろうが，長引くデフレ経済の中，必死にやり繰りしようとしている家計の状況を映し出している。

政府最終消費支出は構成が16.5%，平均成長率が1.9%であった。内訳としてはやはり社会保障基金の伸び率が飛びぬけて大きく，年平均4.4%と高い伸び率を示している。市町村の最終消費支出は1996年段階では政府消費に占める割合が最も高かったのであるが，この10年あまりほとんど伸びていないため，2001年に社会保障基金が最大のシェアとなり，市町村の消費支出は2007年現在社会保障基金費の3分の2を占めるにすぎない。こうした傾向は県の最終消費支出においても同様であり，地方自治体の財政支出裁量の余地を狭めている。

投資（総資本形成）も不況の影響を受け，－1.3%のマイナス成長であるが，中でも住宅投資が著しく減少している。その結果，千葉県の総資本形成の県内総生産に占めるシェアは1996年の29.0%から2007年には24.5%にまで低下している。内訳をみると，民間住宅投資は－2.0%，公的住宅投資に至っては－10.3%のマイナス成長である。民間企業設備投資もほとんど伸びていないが，民間では0.3%，公的設備投資は0.2%と，かろうじてプラスの伸びを示している。総固定資本形成の中で最も落ち込みの激しいのが一般政府

表 I-2　県内総生産（支出側，名目）の伸び率と構成比

項目	年平均伸び率 (1996年～2007年)	支出構成比 (1996年)	(2007年)
1．民間最終消費支出	0.8%	62.6%	66.1%
(1)家計最終消費支出	0.7%	61.7%	65.0%
a　食料	-0.4%	14.6%	13.6%
b　住居	2.1%	15.5%	19.0%
c　光熱・水道	1.2%	2.4%	2.6%
d　家具・家事用品	-1.5%	2.0%	1.6%
e　被服及び履物	-1.7%	3.2%	2.6%
f　保健医療	3.2%	1.5%	2.1%
g　交通通信	1.1%	7.4%	8.1%
h　教育	-3.2%	1.9%	1.3%
i　教養娯楽	-0.1%	7.6%	7.3%
j　その他の消費支出	1.9%	5.6%	6.7%
(2)対家計民間非営利団体最終消費支出	3.0%	0.9%	1.2%
2．政府最終消費支出	1.9%	13.8%	16.5%
(1)国出先機関	2.4%	1.1%	1.4%
(2)県	0.7%	3.7%	3.9%
(3)市町村	0.1%	4.9%	4.8%
(4)社会保障基金	4.4%	4.1%	6.4%
3．総資本形成	-1.3%	29.0%	24.5%
(1)総固定資本形成	-1.2%	28.5%	24.3%
a．民間	-0.4%	20.6%	19.1%
(a)住宅	-2.0%	6.9%	5.4%
(b)企業設備	0.3%	13.7%	13.7%
b．公的	-3.5%	7.9%	5.2%
(a)住宅	-10.3%	0.3%	0.1%
(b)企業設備	0.2%	2.1%	2.1%
(c)一般政府	-5.2%	5.5%	3.0%
(2)在庫品増加	-11.0%	0.5%	0.1%
a．民間企業	-6.7%	0.4%	0.2%
b．公的（公的企業，一般政府）	-190.6%	0.1%	0.0%
4．財貨・サービスの移出入（純）・統計上の不突合	2.8%	-5.4%	-7.1%
(1)財貨・サービスの移出	0.9%	73.7%	79.3%
(2)（控除）財貨・サービスの移入	0.2%	84.3%	83.6%
(3)統計上の不突合	-194.7%	5.2%	-2.8%
5．県内総生産（支出側）	0.2%	100.0%	100.0%
6．県外からの所得（純）	-0.7%		
7．県民総所得	0.1%		

出所：平成19年度県民経済計算から筆者が計算。

固定資本形成である。その平均成長率は－5.2％であり，県内総生産に占めるシェアも5.5％から3.0％へと大幅な低下をみている。これは財政状況の悪化に伴う公共事業費等の予算削減による結果であるが，こうした急激な公共事業費の削減が県内の建設業界に与える影響はすでにみたとおり産業別県内総生産に大きな影響を与えているのである。

　最後に千葉県の移出および移入についてみてみよう[2]。これまで千葉県は一貫して「移入超過」傾向にある。この10年あまりでは移出の伸びが移入の伸びを若干上回っているが，移出入の県内総生産に占める寄与率は－5.4％であり，入超傾向に変わりはない。千葉県産業別の詳細な移出入分析については第4節で行う。

　さて千葉県の県内所得は県内総生産に県外からの純所得を加えることによって得られるが，容易に想像できるように千葉県の県外からの所得はネットでプラスとなっている。2007年までの11年間でみると毎年0.7％の割合で県外純所得が減少している。特に2003年までの7年間に限ってみれば，毎年2.0％で県外所得が減少していたのである。このような急激な県外所得の減少は，東京都依存型の就業・賃金構造があるため，バブル崩壊以降の急激な景気後退による影響を受けたと考えられる。

　東京依存の就業構造を裏づける統計としては「千葉県から東京への通勤・通学比率（市町村別）」がある。東京都への通勤・通学者比率を千葉県全体でみると，2005年時点で23.8％に達している（算出方法は，東京都への15歳以上通勤・通学者数÷15歳以上通勤・通学者総数）。千葉県の通勤・通学者の約4分の1が東京都に向かっているのである。通学者に比べて通勤で東京都に通う比率のほうが大きいと思われるから，かなりの就業者が東京都に通勤し，従ってそこから所得を得ていることは想像に難くない。千葉市に通う通勤・通学者の割合は千葉県全体で12.0％にすぎないことからみても，東京の吸引力の凄まじさがわかる。千葉県の東京依存体質により，バブル崩壊後の県外所得の落ち込みが加速されたことが推測されるのである。

3）一人当たり県民所得と雇用者報酬の推移

　県民総所得は1996年時点の水準からほとんど変化していないが，県民所得（要素費用表示）は2007年の11年間で年平均−0.3％の減少を記録している（表Ⅰ-3）。県民所得（要素費用表示）は県民雇用者報酬，財産所得（非企業部門），企業所得から構成され，千葉県の生産要素所得を表すものである。県民雇用者報酬の構成比は72.1％であり，その9割近くが賃金・俸給である。賃金俸給は家計の労働に対する対価として重要な所得源泉であるが，データをみる限りかなり落ち込んでいる。2007年までの11年間の年平均成長率は−0.8で家計に大きなしわ寄せがきていることは間違いない。一方，雇主の社会負担も平均1.8％で増えており，家計，企業ともに負担が重くなっていることが読み取れる。

　財産所得（非企業部門）の県民所得に占める構成比はそれほど大きなものではないが，この間のゼロ金利政策の余波を受け，家計部門の利子支払いが受け取りを上回ってしまっている状態は2002年から2007年の6年間続いている。一方，民間法人企業所得は1996年からの11年間で年平均1.7％の伸びを示した。2003年までの期間，民間法人企業所得は平均−6.8％の落ち込みであったのに対し，景気回復に伴い2007年までに民間企業所得は急激な回復を示している。2003年から2007年までの平均成長率は14.6％でV字回復を示したのである。一方，個人企業所得ははじめ堅調に推移していたが，景気回復の波に乗り遅れるような形で，V字回復どころか年−3.6％の落ち込みを記録している。

　県民所得（要素費用表示）は企業所得なども含まれるため，千葉県家計の所得水準を表すものではない。しかし，県民所得（要素費用表示）を人口で除すことによって一人当たり県民所得を求めてみると千葉県の経済力の一端をうかがい知ることができるであろう。2007年度の一人当たり県民所得は約300万円であり，これは全国平均をわずかに下回る程度である[3]。しかし1996年時点では326万円あったことを考えると，一人当たり県民所得は26万円も減少したのである。この間千葉県の人口は年平均0.4％で増加する一方，

第Ⅰ章　千葉県経済の最近の動向と展望

表Ⅰ-3　県民所得の分配

項目	平均伸び率 (H8-H19)	平均伸び率 (H8-H15)	平均伸び率 (H15-H19)	構成比 (2007年)
1．県民雇用者報酬	-0.5%	-0.3%	-0.6%	72.1%
(1)賃金・俸給	-0.8%	-0.6%	-0.9%	62.7%
(2)雇主の社会負担	1.8%	2.1%	1.0%	9.3%
a．雇主の現実社会負担	0.6%	0.1%	1.2%	6.6%
b．雇主の帰属社会負担	5.8%	8.9%	0.5%	2.8%
2．財産所得（非企業部門）	-3.9%	-15.8%	16.5%	3.5%
a．受取	-2.8%	-8.6%	6.7%	6.7%
b．支払	-1.3%	-1.9%	-0.1%	3.2%
(1)一般政府	-7.2%	1.6%	-17.0%	-0.4%
a．受取	0.1%	-5.5%	8.5%	1.7%
b．支払	-1.8%	-2.8%	0.0%	2.1%
(2)家計	-4.3%	-11.8%	8.1%	3.8%
①利子	-175.9%	-180.8%	-26.5%	-0.1%
a．受取	-10.8%	-22.9%	12.0%	0.9%
b．支払	0.4%	0.7%	0.0%	1.0%
②配当（受取）	9.7%	5.6%	13.6%	1.4%
③保険契約者に帰属する財産所得	-3.0%	-5.8%	1.6%	2.2%
④賃貸料（受取）	-2.6%	-4.6%	0.7%	0.3%
(3)対家計民間非営利団体	-0.6%	-20.8%	36.9%	0.1%
a．受取	-4.6%	-10.9%	6.0%	0.1%
b．支払	-7.7%	-7.4%	-6.7%	0.1%
3．企業所得（法人企業の分配所得受払後）	1.1%	-1.6%	4.7%	24.4%
(1)民間法人企業	1.7%	-6.8%	14.6%	11.4%
(2)公的企業	7.4%	-28.7%	87.7%	1.7%
(3)個人企業	-0.1%	2.4%	-3.6%	11.3%
a．農林水産業	-7.1%	-3.0%	-11.4%	0.3%
b．その他の産業（非農林水・非金融）	-4.2%	1.0%	-10.2%	4.1%
c．持ち家	4.4%	4.9%	2.9%	6.9%
4．県民所得（要素費用表示）（1＋2＋3）	-0.3%	-1.1%	0.9%	100.0%

出所：平成19年度県民経済計算から筆者が計算。

県民所得（要素費用表示）は－0.3％で減少していたことになる。すでにみたように県民総所得はわずかながら増加（平均増加率0.1％）していたが、家計や企業の受け取り所得はかなり深刻な状況であったと判断できる。特に2003年までに家計、法人所得に与えた影響は甚大であり、その落ち込みが今日まで回復していない。

3．千葉県の地域特性

　千葉県は都道府県面積でいえば全体の26番目にすぎず，それほど広い面積を有しているわけではないが，ほとんど林野がなく可住地面積割合が67％を占めるため，可住地面積（3,488km²）だけでは全国6番目である。したがってかなり広い地域に明確に区別された経済圏，商圏，あるいは住宅地が点在しているという特徴があり，千葉県をひと括りにすることができない面がある。本節では千葉県の地域的特徴を分析する視点をいくつか提示しよう。第1に東京への依存度，もしくは近接性によって千葉県の地域区分を考える視点である。第2に，千葉県内の地域の生産力，商業機能から見た地域格差の視点である。都市部と郡部との間で非常に大きな経済格差，雇用格差，社会資本格差などがみられることはもちろんであるが，都市部間でも大きな差がみられることを明らかにしよう。第3に，財政格差である。財政格差はインフラ格差や福祉格差につながるものであり，非常に重要な視点である。以上の3つの視点から千葉県の地域問題について考察しよう。

1）東京への依存度

　東京への依存度・近接性をどのように測るかは異論のあるところであろうが，利用できる既存のデータとしては「千葉県から東京への通勤・通学比率（市町村別）」が便利である。すでに述べたように千葉県全体でみると東京への通勤・通学比率は23.8％であったが，東京都に隣接する浦安市（52.9％），市川市（48.8％），松戸市（37.9％）などは軒並み高い比率を示している。また最近交通網の整備やそれに伴った地域開発の進展によって，東京との時間距離が著しく短縮した柏市（31.0％），我孫子市（33.5％），流山市（32.4％）などの東葛地域[4]も東京との関連性が増していると考えてよいであろう（図Ⅰ-1）。

　東京への距離が短い地域が東京への依存度も高いのは当然であるが，東京

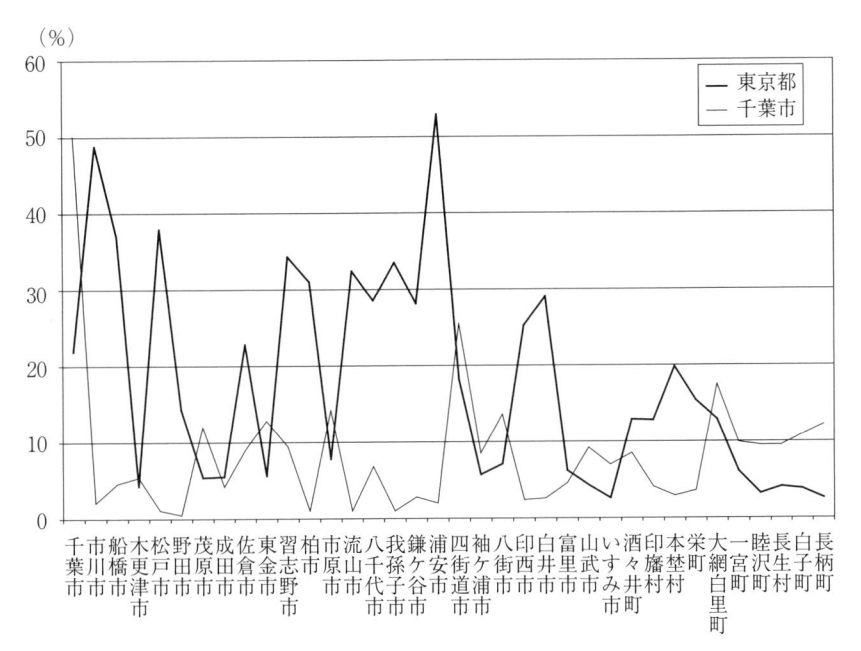

第Ⅰ章　千葉県経済の最近の動向と展望

図Ⅰ-1　東京および千葉市への通勤通学比率

からのグラビティが比較的小さい地域は千葉市に引き寄せられる傾向がある。千葉市自体，東京への通勤・通学比率が21.9％とかなり高いが，千葉市内への通勤・通学比率は50.1％で半数に達しており，一定の吸引力を持っていることがわかる。千葉市への通勤・通学比率が高い地域は四街道市（25.5％），大網白里町（17.5％），市原市（14.2％），八街市（13.6％），東金市（12.8％）などであるが，これらの地域はどれも東京にアクセスするよりも千葉市へのアクセスのほうが容易である。しかしながら船橋市や市川市，あるいは習志野市のように，東京と千葉市に対するアクセスにそれほど違いがない地域では東京への通勤・通学比率が圧倒的に高く，東京と千葉市の吸引力の差がまざまざと表れている。たとえば船橋市の東京への通勤・通学比率は37.0％であるのに対し，千葉市への通勤・通学比率は4.6％にすぎないし，習志野市もそれぞれ34.3％，9.4％と大きな違いがある。さらに佐倉市や八

千代市など距離からみれば千葉市の勢力下にあると考えられるような地域でも東京への通勤・通学比率は千葉市へのそれと比べて，2倍から3倍を超えるほど大きいのである。東京と千葉市の吸引力が拮抗する地域は成田市，富里市など成田周辺地域であるが，成田市や富里市は千葉市および東京への通勤・通学比率が5，6％にすぎず，これらの地域にとって両者ともに通勤・通学圏としてそれほど大きな比重を占めているわけではない。一方，柏市や流山市，松戸市などの東葛地域は千葉市と全く切断された状況にあることがこのデータは示している。東葛地域を千葉県経済発展の第4の拠点として考えるとき，千葉県内において切断された東葛地域を千葉市などほかの都市部といかに結びつけるかが重要な視点となってくるであろう。この点については第5節において再説しよう。

2）千葉県の製造業と商業の地域格差

千葉県内の経済力格差をみるとき，産業別生産額（一人当たり）や事業所数などのデータが利用できる。製造品出荷額でみると千葉県の中で市原市のシェアが圧倒的に大きく，2006年時点で千葉県全体の3分の1以上を占めている（図Ⅰ-2）。千葉県における製造業の最大の特色は素材型工業にあるが，それを受けて袖ケ浦市，君津市，千葉市など軒並み高い製造業出荷額のシェアが大きい。この4市を合わせると千葉県全体の57.1％を占めているのである。千葉県はいわゆる重厚長大の素材型製造業に特徴づけられることは異論のないところであるが，非常に限定された地区に集中していることがわかる。東葛地域では京葉臨海地域とは異なる製造業の集積がみられているが，製造品出荷額でみると，柏市，野田市，松戸市，流山市，我孫子市，鎌ケ谷の6市を合計しても10.4％にすぎない。また東京近接地域（市川市，船橋市，習志野市，浦安市の4市）でみても製造品出荷額のシェアは1割に満たないのである。一人当たり製造品出荷額，あるいは一事業所当たり製造品出荷額でみても地域の傾向に大きな違いは見られない。次節でも明らかにするように，千葉県製造業は大規模設備を持つ素材型工業に偏った構造を持っていること

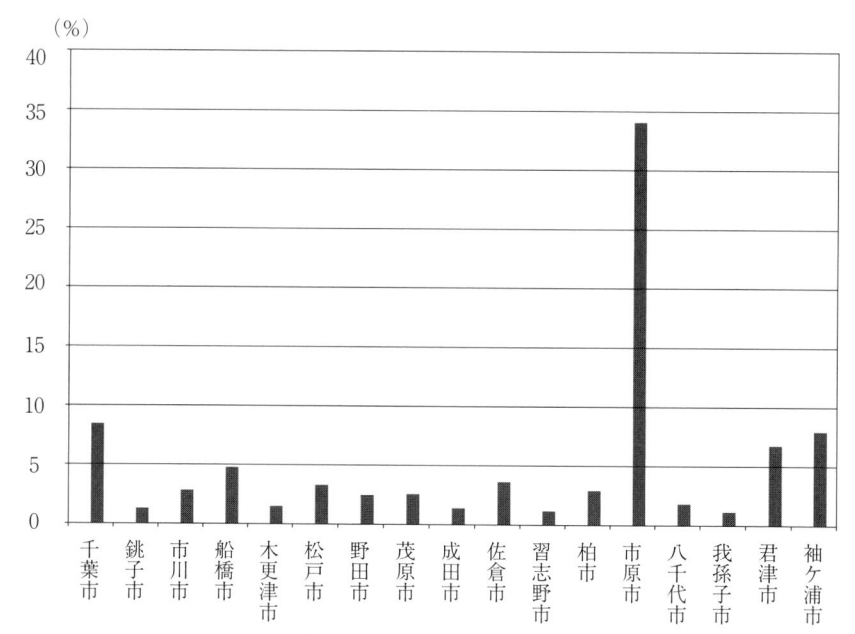

第Ⅰ章 千葉県経済の最近の動向と展望

図Ⅰ-2 市町村別製造業出荷額構成比

は明らかであるが，それが京葉臨海地域に著しく偏った地域構造を有しているのである。

　製造品出荷額はその地域の所得の源泉を推し測る有力な指標であり，千葉県内の県民総生産の主要な代替指標であると考えられるが，中核都市の経済的影響力・支配力を測る1つの指標として卸売取扱額並びに卸売指数を用いることにしよう。卸売指数は，

　　卸売指数＝地域内の卸売販売額÷地域内の小売販売額

と定義する。もし卸売指数が1を超えるならば，地域外への商品流通に対する卸売機能を有していることになる。逆に1未満であれば，その地域の卸売機能が十分発展していない，すなわち，地域内での商品流通の中核都市として十分機能していないと判断できる。

　千葉県の都市別卸売取扱額をみると，千葉市が圧倒的に大きく全体の4割

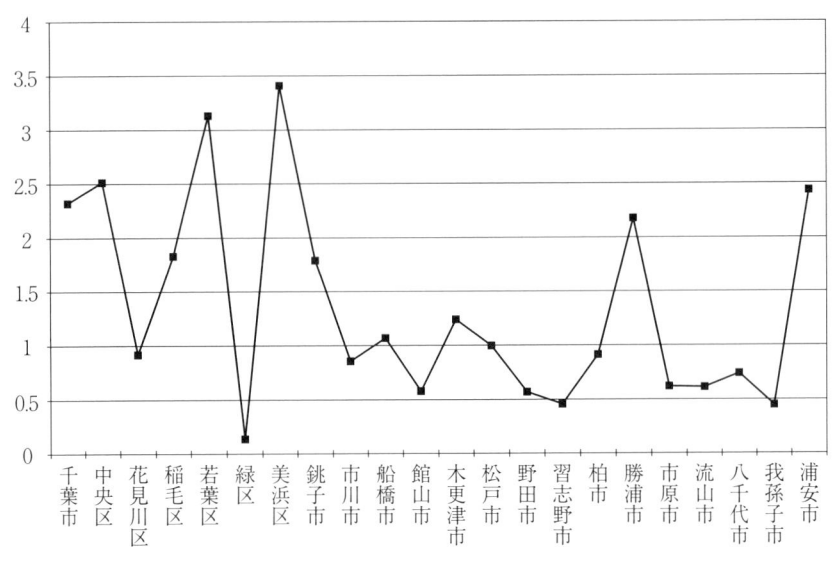

図Ⅰ-3　卸売指数

を占めている（図Ⅰ-3）。東京近接地域では船橋市の9.1％を筆頭に，浦安市（5.9％）など4市を合わせて千葉県全体の2割，東葛地域6市では15％のシェアである。以上からわかるように千葉県全体でみると，千葉市の卸売機能が突出して大きいが，卸売指数でみるとその格差はさらに際立つ。千葉市の卸売指数は2.32と小売販売額の2倍以上の卸売取扱額があることを示しており，高い流通機能を有していることがわかる。千葉市の中では特に美浜区の卸売指数が3.41と最も高い。美浜区は幕張新都心の中核をなし，新ビジネスセンターとして流通機能を着実に強化してきたことがうかがえる。東京近接地域では浦安市の卸売指数が2.44と高いが，これも同様の理由によると考えられる。他方，東京近接地域のほかの地域では船橋市の卸売指数がかろうじて1を超えている以外は，市川市は0.86，習志野市は0.46とすべて1を下回っている。このようにみると，千葉市美浜区や浦安市が首都圏の流通基地の1つとして機能しているのに対し，それ以外の東京近接地域では十分な流通機能を持つに至っていないことを示している。

千葉市の中では若葉区，中央区，あるいは稲毛区など卸売指数がほぼ2から3の値をとっており，幕張新都心を除いてもその卸売機能は大きい。これに対して，東葛地域はその中心である柏市においてすら卸売指数は1に満たず（0.91），6市の平均は0.82にすぎない。すでにみたとおり東葛地域は製造品出荷額ではすでに東京近接地域を上回り，卸売販売額でもかなりのシェアを占めるに至っているが，卸売指数をみる限り，商業・流通機能を東京に依存しているといわざるを得ない。東葛地域が千葉県における経済開発の中枢拠点として発展して行くためには流通機能をいかに高めていくか注視していく必要があろう。

3）財政力からみた地域格差

千葉県内の地域格差をみるときのもう1つの視点は財政状況の違いであろう。財政力指数（基準財政収入額÷基準財政需要額）をみると，千葉県の2005年から2007年の平均値は0.787である。大都市では企業の法人所得税などの税収が見込まれるため，財政力指数が1を超えることが多い。千葉県の中では浦安市の財政力指数が最も大きく1.608であったが，君津市，成田市，袖ケ浦市，君津市，市原市がそれに続いている。これらの各都市は業種の違いこそあれ収益力のある企業が立地しており，それによる税収が大きく貢献していると考えられる。

一方，都心から離れた内房，外房の周辺地域では基準財政需要を満たす財政収入を得るだけの産業・企業が立地していないこともあり，財政力指数が0.5を下回る地域もある。市町村の中で財政力指数の値が最も小さいのが鋸南町であるが，南房総市，九十九里町なども0.5を下回っている。そして太平洋に面したすべての市町村の財政力指数が0.6を下回っていることから見ても，千葉県内における財政力・経済力格差が周辺部にしわ寄せされていることは明白であろう。

市町村別に財政状況をみる指標としては，この他に経常収支比率，実質収支比率，公債費（人口一人当たり）なども利用可能であるが，同様な財政力

状況を示している。財政基盤の違いが地域住民の厚生や社会資本に対してもたらす深刻な影響をどう解決していくかは，県内の地域格差を考える重要な視点である。この点を含めた千葉県の財政状況の考察は第6章に委ねたい。

4．産業連関表からみた千葉県の産業構造

　これまでみてきたように，千葉県は首都圏の一角を占めると同時に，一定の経済・産業基盤を有している。また自然環境や天然資源にも恵まれており，日本全体に占める経済力は決して他県に劣るものではない。しかしながら，情報・知識集約産業や技術集積産業における発展は十分なものとはいえない。また東京首都圏の中で非常に偏った機能を受け持たされ，バランスの取れた経済構造の開発が遅れているというのが偽らざる姿であろう。

　本節では千葉県の産業構造をより詳細にみるため，千葉県産業連関分析を試みる。本節の産業連関分析は，千葉県の地域開発政策に対して，新たな分析視点を提案するものであるが，地域開発政策に対する含意については第5節で議論しよう。

1）生産構造の比較分析

　本節で用いる産業連関表は2005年の全国産業連関表，千葉県産業連関表であるが，比較分析を可能とするために，次のような34部門に統一した。すなわち，

　　1.農林水産業，2.鉱業，3.飲食料品，4.繊維製品，5.パルプ・紙・木製品，6.化学製品，7.石油・石炭製品，8.窯業・土石製品，9.鉄鋼，10.非鉄金属，11.金属製品，12.一般機械，13.電気機械，14.情報・通信機器，15.電子部品，16.輸送機械，17.精密機械，18.その他製造業，19.建設，20.電力・ガス・熱供給，21.水道・廃棄物処理，22.商業，23.金融・保険，24.不動産，25.運輸，26.情報通信，27.公務，28.教育・研究，29.医療・保険・社会保障・介護，30.その他公共サービス，31.対

第Ⅰ章　千葉県経済の最近の動向と展望

事業所サービス，32.対個人サービス，33.事務用品，34.分類不明である。

さて図Ⅰ-4は全国および千葉県の部門別生産額の構成比を比較したものである。これを詳細にみると，千葉県の産業構造の特徴を浮き彫りにすることができる。まず，千葉県は製造業部門でも特に素材産業と呼ばれる，鉄鋼，化学製品，石油・石炭製品の構成比が全国に比べてかなり高く，重化学工業の中でも素材産業に特化した生産構造を持っていることがわかる。特に鉄鋼は全国の2.6％に対して8.0％，化学製品は全国の2.8％に対して7.0％というはるかに高い構成比となっている。

これに対し，機械製品は，一般機械，電気機械，輸送機械すべて全国の構成比を下回っており，輸送機械は全国の5.5％に比べて0.3％しかなく，輸送機械の生産が千葉県ではほとんどみられないことを示している。一般機械，電気機械，情報・通信機器も全国平均をかなり下回っており，機械産業の発展がいまなお千葉県において十分進んでいないことがうかがえる。

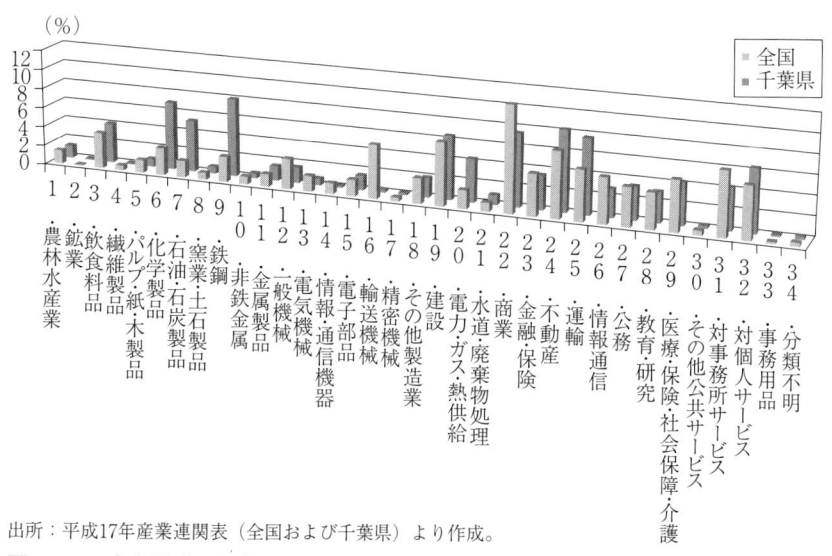

出所：平成17年産業連関表（全国および千葉県）より作成。

図Ⅰ-4　生産構造の比較

唯一の例外は電子部品である。電子部品の生産額のシェアも全国平均を若干下回っているもののほぼ同一の水準に達している。これは電子部品関連企業の千葉県への工業立地が進んでいる表れであろう。

　製造業全体の生産額シェアでみると、全国の31.4%に対し千葉県では34.5%であるから「工業県」という性格が著しく変わっているわけではないが、いわゆる「重厚長大」の素材型重化学工業に偏った産業構造を維持し続けていることは明らかであろう。

　1990年時点で生産額のシェアが圧倒的な産業部門は建設部門であった。全国シェアは10.3%、千葉県では13.1%であったが、2005年ではともに6.5%に低下している。千葉県で生産シェアが最も大きいのは不動産部門（8.3%）であり、第3次産業の中では運輸部門（7.7%）、商業（7.5%）などである。また医療・保険等や情報通信部門は最もシェアの拡大幅が大きい産業であった。これは高齢社会の進展や情報化の進展に伴い、生産シェアが増加したと考えてよいであろう。しかし両部門ともに、全国平均を下回っており、特に情報通信部門のシェアは1.8%ポイントも全国を下回っている。対事業所サービス部門も2.3%ポイント全国平均を下回っている。以上の点を考慮すれば、千葉県内において、情報通信関連産業の育成が十分進んでいないことを示している。

　全国に比べて千葉の生産額構成比がかなり全国を上回っているの部門の1つに運輸部門があるが、これは明らかに成田の新国際空港や千葉港などのインフラを有するためであろう。しかし、流通部門（商業）の生産シェアは全国平均をかなり下回っており、貴重な交通インフラを十分活かし切っていない状況が読み取れる。

　千葉県は確かに京葉工業地帯の重化学産業を担う素材型製造業の中心であることは間違いない。また交通の要所としての利点を生かし、運輸部門でもかなり高い生産額のシェアを挙げている。しかしながら、21世紀に向けて、高度情報化社会の中で中核的な役割を果たすための産業基盤は脆弱であるといわざるをえない。高度情報化社会の一翼を担うマイクロエレクトロニクス、

メカトロニクスなどの機械産業分野は極端に生産額シェアが低く，さらに通信・放送などの情報産業も全国平均に及ばないという状況がそれを如実に物語っているのである[5]。

2）輸出入構造

周知の通り，戦後我が国は自動車や電気製品を中心とした機械製品を輸出の主力として経済成長を遂げてきた。1990年全国産業連関表の輸出構成比を見ても，電気機械（情報・通信機器，電子部品を含む），輸送機械，一般機械の3部門で全体の6割に達していた。2005年になってもこの傾向は基本的に変化していない。機械3部門の輸出シェアは若干減少したが54％を確保している。

一方，千葉県の輸出構造をみると，運輸部門が最も高く26.8％，次いで鉄鋼の13.1％，化学製品13.0％，電気機械（情報・通信機器，電子部品を含む）12.8％などである（図Ⅰ-5）。以上の産業部門の輸出シェアはどれも減

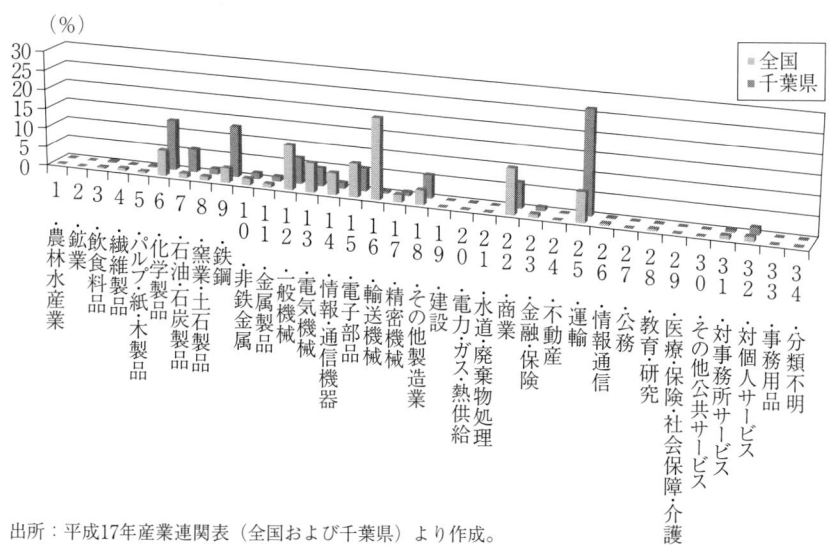

出所：平成17年産業連関表（全国および千葉県）より作成。

図Ⅰ-5　輸出構造の比較

少しているのに対し，輸出が非常に伸びているのが石油・石炭製品である。石油・石炭製品の輸出シェアは1990年時点では1.4％に過ぎなかったが2005年になって6.0％まで上昇している。石油・石炭製品部門は製造業部門の中で唯一生産シェアを増加させた部門であり，千葉県における輸出産業へと発展していることがわかる。運輸部門の輸出シェアが高い理由は，外国との交易において，海運，空運など交通の要となる港湾や空港を配し，それに応じて国際的な運輸部門が高い割合を占めていることが大きな要因であろう。

鉄鋼部門や化学製品の輸出シェアが高いことも，その生産額シェアが全国平均をかなり上回っていることから予想されたところであるが，電気機械や一般機械の輸出が高いのは，輸出向け生産割合が高いことをうかがわせる[6]。

次に輸入構造をみてみよう。図Ⅰ-6は全国，千葉県の輸入構造を比較したものである。これによると，千葉の輸入構造の特徴が表れている。まず千葉県は鉱業部門の輸入構成比が43.3％を超え，圧倒的に高い。もちろん全国でも鉱業部門の輸入シェアは最も大きいのであるが，21.2％にすぎないこと

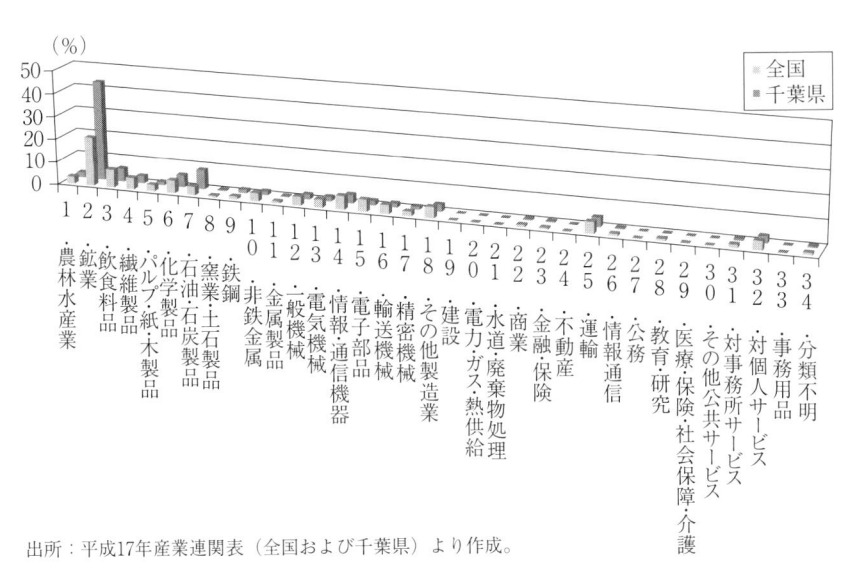

出所：平成17年産業連関表（全国および千葉県）より作成。

図Ⅰ-6　輸入構造の比較

を考えるとそのシェアの大きさが際立っている。次に輸入シェアが大きいのは石油・石炭製品の8.4%である。1990年には12%近くあったのでかなり輸入シェアを減らしているが，依然として全国平均の2倍を超えるシェアを維持しており，輸入構造においてもかなり偏った構造を持っていることがわかる。

　以上みてきたように，千葉県の輸出・輸入構造はきわめて限られた産業部門に特化した貿易構造を持っている。この特徴はもちろん，千葉県が京葉工業地帯の中で素材型産業を受け持ち，また，東京湾に面し，空の玄関口である成田空港を県下に配しているなどの条件が大きく作用していると考えられる。海外との貿易という側面でいえば，千葉地域経済はその与えられた地理的・歴史的条件の下で，貿易構造も大きく規定されているのである。

　以上の分析は輸出，輸入だけに絞って貿易構造を比較分析したものである。したがって，それが海外との交易関係を明らかにすることはできても，国内交易を含めた千葉県経済の交易関係を明らかにするものではない。そこで以下においては，移出・移入を含めた交易構造をみることにしよう。

3）千葉県の交易構造

　千葉の交易構造を明らかにするためには，移出入を含めた交易構造を考察する必要があるが，本稿では貿易特化係数による比較分析を試みることにする。貿易特化係数（TSRと表す）は次のように定義される。すなわち，各製品について

$$TSR = \frac{輸移出 - 輸移入}{輸移出 + 輸移入}$$

と定義される。貿易特化係数はマイナス1からプラス1までの値をとる。たとえばある製品の輸移出が全くなく，輸入もしくは移入がある場合，その値は−1となる。これに対し，輸移出はあっても輸移入がなければ貿易特化係数の値は＋1である。もし輸移出と輸移入が均衡していれば，その部門の貿

表 I-4　貿易特化係数の比較

部門名	全国	千葉県		
	海外	海外貿易	国内貿易	総合
1．農林水産業	-0.95	-0.97	0.02	-0.12
2．鉱業	-1.00	-1.00	0.02	-0.98
3．飲食料品	-0.91	-0.92	0.01	-0.09
4．繊維製品	-0.74	-0.97	-0.60	-0.78
5．パルプ・紙・木製品	-0.70	-0.76	-0.21	-0.27
6．化学製品	0.09	0.16	0.43	0.37
7．石油・石炭製品	-0.51	-0.43	0.45	0.27
8．窯業・土石製品	0.17	0.24	0.06	0.09
9．鉄鋼	0.49	0.66	0.33	0.37
10．非鉄金属	-0.36	-0.32	0.01	-0.10
11．金属製品	-0.02	0.26	0.19	0.19
12．一般機械	0.51	0.29	-0.29	-0.17
13．電気機械	0.37	0.14	-0.44	-0.24
14．情報・通信機器	-0.02	-0.65	-0.80	-0.74
15．電子部品	0.25	0.23	0.36	0.32
16．輸送機械	0.69	-0.71	-0.83	-0.82
17．精密機械	-0.03	-0.43	-0.38	-0.40
18．その他製造業	-0.12	0.03	-0.05	-0.03
19．建設	.	.	.	.
20．電力・ガス・熱供給	0.92	1.00	1.00	1.00
21．水道・廃棄物処理	0.77	0.96	0.30	0.30
22．商業	0.85	0.72	-0.41	-0.34
23．金融・保険	0.14	0.04	-0.99	-0.77
24．不動産	0.86	.	.	.
25．運輸	0.21	0.57	0.13	0.29
26．情報通信	-0.36	-0.59	-0.68	-0.68
27．公務	.	.	.	.
28．教育・研究	-0.25	-0.41	-0.46	-0.46
29．医療・保険・社会保障・介護	-0.82	-0.82	-0.54	-0.54
30．その他公共サービス	-0.26	-0.50	-1.00	-0.99
31．対事業所サービス	-0.22	-0.39	-0.47	-0.47
32．対個人サービス	-0.49	-0.48	0.07	0.00
33．事務用品	.	.	.	.
34．分類不明	-0.88	-0.86	.	-0.86

出所：平成17年産業連関表（全国および千葉県）より作成。

易特化係数はゼロである。

　表Ⅰ-4は全国および千葉県の貿易特化係数を比較したものである。千葉県の貿易特化係数は海外貿易，国内貿易，そしてそれらを総合した総合貿易係数の3つの指標に分けて示している。千葉県の海外貿易特化係数をみると，輸送機械などは輸出産業の片鱗もみえないのに対し，千葉県の重化学工業の中心である鉄鋼部門の海外貿易特化係数は0.66と全国平均を大きく上回っている。しかしそれらの例外を除けば，基本的には，日本の平均的貿易構造と大きく異なっているわけではない。農林水産業，鉱業，製造業の中でも食料品，パルプ・紙製品，化学製品，石油・石炭製品，電子部品など，貿易特化係数は符号だけでなく，その値もほとんど同じである部門が多い。しかし国内貿易に目を転じると様相が一変する。たとえば千葉県内の農林水産業や食料品部門は国内貿易係数が若干ながらプラスになっており，しかも国内交易額が大きいため総合係数をゼロに近い値にまで押し上げている。この数字からみる限り2005年時点の千葉県農産物の移出超過額は極端に大きいというわけではないが，近郊農業を中心とした農業の生産物の移出がかなりの額に達していることをうかがわせるものである。

　千葉県全体の移出額は輸出額の5倍であるが，国内貿易の比重が圧倒的に大きいという特徴は千葉県に限ったことではない。千葉県の代表的製造業である素材型製造業も絶対額でみれば輸出向けよりも移出向けのほうが圧倒的に大きいのであるが，やはり輸出超過の割合は高く，外貨獲得に貢献している。他方，電気機械の輸出と移出の割合はほとんど変わらず，海外貿易の比重が高い。電気機械部門の海外貿易特化係数（千葉県は0.14，全国は0.37）はそれほど大きな値ではないが，国内貿易特化係数と比較すれば輸出産業として立地していることがわかるであろう。千葉県電気機械部門の国内貿易特化係数は-0.44であり，移出どころか，県内市場への十分な供給もままならない状況であることを示している。同様のことは電子部品，一般機械，あるいはその他機械製品部門についてもいえる。電子部品部門の海外貿易特化係数は0.23で全国平均と変わらないが，国内貿易は移出額，移入額ともにそれ

ほど大きくなく，県外の国内市場向けに供給するほどの生産基盤を持っていない。また移入額が少ない1つの理由として，電子部品を中間需要として投入する機械産業が県内には十分育っていないことが考えられる。このようにみると，千葉県に立地する電気機械・電子部品メーカーは輸出製品に特化していることは明らかであるが，千葉県内で発生する需要を県内生産では賄いきれず，県外からの供給に大きく依存しているのである。

　一方，千葉県内で生産された生産物が海外向けに輸出されているのではなく，国内の移出向けに生産されている主要な産業としては，化学製品，石油・石炭製品部門が挙げられる。両部門の海外貿易特化係数は全国平均とほぼ同じであるが，国内貿易特化係数の値は約0.5でかなり移出超過である。特に石油・石炭製品部門の海外係数と国内係数は全く対照的な値を示しており，国内市場指向型の産業立地となっていることをうかがわせる。

4）千葉の産業の経済連関効果
①地域産業連関モデルによる連関効果分析

　地域間の交易を前提にして連関効果分析を行えば，たとえば千葉県への生産基盤の誘致，あるいは工業立地が千葉県内，県外に対して与える効果を測定できる。本項では輸入係数行列および移入係数行列を用いて，国内，県内，県外それぞれの後方連関効果および前方連関効果を計測し，各産業部門が地域間・産業間のリンケージを通して現れる経済効果についてみてみよう。

　産業間の複雑な技術連関構造（中間投入構造）を通して計測される経済効果に関して，ハーシュマンは「前方連関効果」と「後方連関効果」という2つの概念を提起している。ある産業の生産物が他の産業の中間投入物として利用されればされるほど，前方連関効果が高い産業であるとみなされる。一方，ある産業の生産物を生産するとき，他の産業の生産物が中間投入物として用いられるため，全産業の生産活動に多くの外部効果を与える場合は，その産業は後方連関効果が高いという。本項では県内はもちろん県外への連関効果を求めることにより，千葉県の各産業が産業全体に及ぼす波及効果につ

いて考察しよう。

まず後方連関効果を分析するために，地域産業連関モデルを3つに分けて定式化する。すなわち(1)輸入を外生変数としたケース，(2)輸入係数を内生化したケース，(3)輸入係数だけでなく移入係数も内生化したケースである。このときのレオンチェフ逆行列は各々，

(1) $[I-A]^{-1}$,

(2) $[I-A+M^f A]^{-1}$,

(3) $[I-A+(M^f+M^d)A]^{-1}$

と表すことができる。以上の各逆行列の列和を計算したものがそれぞれ，総取引の後方連関効果，国内後方連関効果，県内後方連関効果である。ここで，I：単位行列，A：投入係数行列[7]，M^f：輸入係数行列，M^d：移入係数行列である。

後方連関効果はある部門に1単位の需要が発生したとき，それがすべての部門で直接的，間接的に誘発される産出量の総計である。総取引後方連関効果は，国内生産ばかりでなく，輸入によって賄われた誘発需要を加えたものである。一方，国内後方連関効果は国内生産への波及効果だけを計測する。

前方連関効果は，投入係数ではなく，生産係数行列[8]を用いて計算した。生産係数行列を $\vec{A}$ と表記し，以下のような逆行列を求める。すなわち

(1) $[I-\vec{A}]^{-1}$,

(2) $[I-\vec{A}+M^f\vec{A}]^{-1}$,

(3) $[I-\vec{A}+(M^f+M^d)\vec{A}]^{-1}$

である。上の逆行列の行和を求めたものが，それぞれ総取引前方連関効果，国内前方連関効果，県内前方連関効果である。

表Ⅰ-5　後方連関効果と前方連関効果の比較（2005年）

(1)後方連関効果

部門名	全国		千葉県				
	総取引	国内	総取引	国内	県内	県外	県外比率
1．農林水産業	2.03	1.78	2.01	1.72	1.25	0.47	38%
2．鉱業	2.16	1.94	2.17	1.92	1.5	0.42	28%
3．飲食料品	2.29	2.01	2.36	2.02	1.32	0.7	53%
4．繊維製品	2.5	1.93	2.49	1.84	1.29	0.55	43%
5．パルプ・紙・木製品	2.45	2.12	2.41	2.08	1.32	0.76	58%
6．化学製品	2.69	2.22	3.25	2.34	1.61	0.73	45%
7．石油・石炭製品	2.52	1.22	2.68	1.17	1.08	0.09	8%
8．窯業・土石製品	2.18	1.83	2.15	1.77	1.36	0.41	30%
9．鉄鋼	3.14	2.65	3.23	2.64	1.56	1.08	69%
10．非鉄金属	2.91	1.97	3.08	2.17	1.37	0.8	58%
11．金属製品	2.45	2.13	2.48	2.13	1.39	0.74	53%
12．一般機械	2.54	2.2	2.48	2.14	1.29	0.85	66%
13．電気機械	2.58	2.14	2.56	2.06	1.34	0.72	54%
14．情報・通信機器	2.79	2.21	2.8	2.18	1.34	0.84	63%
15．電子部品	2.7	2.16	2.67	2.12	1.37	0.75	55%
16．輸送機械	3.32	2.82	2.98	2.46	1.28	1.18	92%
17．精密機械	2.36	1.98	2.32	1.92	1.31	0.61	47%
18．その他製造業	2.36	2.04	2.44	2.03	1.38	0.65	47%
19．建設	2.18	1.94	2.14	1.88	1.29	0.59	46%
20．電力・ガス・熱供給	2.16	1.63	2.41	1.59	1.33	0.26	20%
21．水道・廃棄物処理	1.79	1.65	1.76	1.59	1.32	0.27	20%
22．商業	1.6	1.51	1.55	1.46	1.27	0.19	15%
23．金融・保険	1.67	1.6	1.59	1.52	1.29	0.23	18%
24．不動産	1.28	1.25	1.18	1.16	1.11	0.05	5%
25．運輸	2.08	1.81	2.15	1.82	1.4	0.42	30%
26．情報通信	1.78	1.68	1.6	1.52	1.28	0.24	19%
27．公務	1.56	1.46	1.6	1.47	1.2	0.27	23%
28．教育・研究	1.52	1.43	1.48	1.38	1.2	0.18	15%
29．医療・保険・社会保障・介護	1.87	1.68	1.86	1.63	1.3	0.33	25%
30．その他公共サービス	1.71	1.58	1.63	1.5	1.23	0.27	22%
31．対事業所サービス	1.84	1.71	1.8	1.63	1.21	0.42	35%
32．対個人サービス	1.84	1.69	1.78	1.62	1.28	0.34	27%
33．事務用品	3.25	2.72	3.25	2.67	1.37	1.3	95%
34．分類不明	3.02	2.81	3.34	3.08	2.56	0.52	20%

出所：平成17年産業連関表（全国および千葉県）より作成。

第Ⅰ章　千葉県経済の最近の動向と展望

(2)前方連関効果

部門名	全国		千葉県				
	総取引	国内	総取引	国内	県内	県外	県外比率
1. 農林水産業	2.4	2.09	2.25	1.94	1.24	0.7	56%
2. 鉱業	49.3	3.36	98.42	2.76	1.6	1.16	73%
3. 飲食料品	1.51	1.41	1.46	1.37	1.08	0.29	27%
4. 繊維製品	2.76	1.69	6.87	2.8	1.06	1.74	164%
5. パルプ・紙・木製品	3.47	2.85	4.08	3.26	1.32	1.94	147%
6. 化学製品	2.99	2.42	2.3	1.95	1.43	0.52	36%
7. 石油・石炭製品	2.98	2.39	2.3	1.77	1.26	0.51	40%
8. 窯業・土石製品	2.65	2.38	2.39	2.13	1.39	0.74	53%
9. 鉄鋼	3.82	3.45	2.58	2.4	1.43	0.97	68%
10. 非鉄金属	4.28	2.75	4.58	2.75	1.3	1.45	112%
11. 金属製品	2.63	2.36	2.15	1.9	1.14	0.76	67%
12. 一般機械	1.6	1.49	2	1.74	1.04	0.7	67%
13. 電気機械	1.66	1.47	1.79	1.52	1.03	0.49	48%
14. 情報・通信機器	1.18	1.1	1.45	1.24	1.01	0.23	23%
15. 電子部品	2.62	1.98	2.21	1.68	1.1	0.58	53%
16. 輸送機械	2.16	1.99	8.99	6.46	1.14	5.32	467%
17. 精密機械	1.4	1.23	1.66	1.36	1.01	0.35	35%
18. その他製造業	2.89	2.44	2.77	2.22	1.25	0.97	78%
19. 建設	1.27	1.24	1.09	1.08	1.07	0.01	1%
20. 電力・ガス・熱供給	2.55	2.3	1.88	1.69	1.51	0.18	12%
21. 水道・廃棄物処理	2.15	2.04	2.04	1.9	1.69	0.21	12%
22. 商業	1.69	1.61	1.92	1.78	1.26	0.52	41%
23. 金融・保険	2.63	2.37	2.82	2.35	1.94	0.41	21%
24. 不動産	1.24	1.22	1.27	1.21	1.16	0.05	4%
25. 運輸	2.59	2.1	2.56	1.84	1.43	0.41	29%
26. 情報通信	2.26	2.13	2.36	2.14	1.57	0.57	36%
27. 公務	1.1	1.08	1.3	1.22	1.18	0.04	3%
28. 教育・研究	1.78	1.65	1.71	1.57	1.34	0.23	17%
29. 医療・保険・社会保障・介護	1.02	1.02	1.02	1.02	1.02	0	0%
30. その他公共サービス	1.49	1.42	1.86	1.68	1.32	0.36	27%
31. 対事業所サービス	2.9	2.65	3.6	3.08	1.94	1.14	59%
32. 対個人サービス	1.07	1.06	1.04	1.04	1.02	0.02	2%
33. 事務用品	2.93	2.74	3.07	2.74	2.34	0.4	17%
34. 分類不明	3.43	2.78	3.73	2.72	2.29	0.43	19%

②後方連関効果

　表Ⅰ-5は全国および千葉県の後方連関効果，前方連関効果である。千葉県の連関効果は総取引効果（トータル），国内効果，県内効果，県外効果に分けて表示している。たとえば，千葉県の農林水産業は国内後方連関効果が1.72，県内後方連関効果が1.25であるから，もし千葉県の農業部門に対して初期需要がたとえば100万円あったとすれば，誘発される国内誘発需要は172万円，県内への誘発需要は125万円あることを示している。そしてその差額，47万円は県外の産業に対する誘発需要である。

　総取引後方連関効果（トータル）は輸入需要を含めた誘発効果を表すものである。その値が大きい千葉県の産業部門は，事務用品部門，鉄鋼，化学製品あるいは非鉄金属，機械部門などであるが，これらの部門は全国でみても総取引効果が大きな部門である。総取引効果から輸入誘発需要が控除される国内効果は，その地域経済の交易構造に大きく依存し，総取引効果とはかなり異なった値をとるケースが多いのであるが，全国表でみると輸送用機械，鉄鋼などは国内効果も非常に大きい値を保っており，日本経済を需要面から牽引する産業部門といってよいであろう。これに対し石油・石炭製品は総取引効果と国内効果の差が1.3あり，非鉄金属，繊維製品，情報通信機器，電子部品，電力・ガス・熱供給などもそのギャップの大きい部門である。石油・石炭製品がよい例であるが，これらの製品を国内で生産するとき，原材料となる石油・石炭がほとんど輸入されるため，国内生産を誘発することはあまり期待できない。同様なことは非鉄金属，繊維製品，情報・通信機器，電力・ガスなどにもいえよう。

　千葉県産業の中で国内効果が大きい産業部門は化学製品，鉄鋼，輸送機械，事務用品などである。このうち，輸送用機械と事務用品部門は県外へ流出する割合（県外／県内比率）がかなり高い。この2つの部門は本来国内で需要を誘発する中間需要構造を有しているわけだが，県内に中間生産物を供給する裾野産業が十分整備されていないなどの理由から，輸送機械あるいは事務用品の需要が県内で発生しても，その波及効果が県外へ流出していくことを

示している。

　化学製品と鉄鋼部門は県内効果が最も大きい部門であるが，移入を通して県外の誘発需要を発生させる割合はかなり高い。県外・県内比率を見ても，輸送用機械と事務製品が特に高いことはすでに述べたが，機械製品や紙・木製品，非鉄金属など軒並み高いのである。これは千葉県の製造業が素材生産工場は誘致していても，その生産を下支えする裾野産業の育成やサポート産業の整備に至ってはいないという現実を突きつけるものであろう。これらの誘発需要は分厚い生産集積のある東京や近県に向かっていることが推測される。

　電気機械，情報・通信機器，電子部品，一般機械なども国内効果が大きいが，県外へ流出する効果の割合がかなり大きく，県内で関連産業の育成が不十分であると思われる。域内効果が大きい部門は事務用品を除けば，製造業部門が多くを占めており，やはりここでも千葉県の素材型製造業依存体質が見え隠れしている。

　以上から県内の製造業において，裾野産業もしくは関連産業が整備されていない様子が浮きぼりにされたが，飲食料品や繊維製品のような消費財生産においても移入による誘発需要の県外流出が生じており，それが高い県外比率となっていることはより深刻な問題と思われる。千葉県は農林水産資源に恵まれ，それを加工する食料品加工業は，いわば千葉の地場産業として発展する余地が大きく残されている分野である。こうした産業分野で県内にもたらす後方連関効果が小さいとすれば，地域経済発展の潜在力を欠くものといわざるをえない。地場産業を地域経済の発展に結びつける具体的方策については，さまざまな観点から考えられるであろうが，関連産業を同時に育成することで，より大きな果実を期待できる点を忘れてはならないであろう。

③前方連関効果

　最後に前方連関効果をみてみよう。後方連関効果は産業全体の生産活動をどれだけ誘発するかをみる指標であるため，千葉県内の生産活動を活性化する指標となる域内（県内）効果がきわめて重要である。一方，前方連関効果

はそれが中間投入財として投入される尺度を表すため，域内効果の重要性は相対的に高くない。以上の点を念頭に置きながら千葉県産業部門別の前方連関効果分析の計測結果をみていこう。

　千葉県において国内前方連関効果の大きい部門を順に挙げると，輸送用機械，パルプ・紙・木製品，対事業所サービス，繊維製品，鉱業，非鉄金属，事務用品の順番であるが，輸送用機械の場合はほとんどが県外の中間投入に回っていること，また生産額が少ないことなどからみて，その高い数値（6.46）を額面通りに受け取るわけにはいかない。千葉県内への連関効果に限れば，事務用品，対事業所サービス，金融・保険，通信・放送など，サービス部門の前方連関効果が大きいが，サービスの性質上当然の結果であろう。その中で，対事業所サービスだけは県外へもかなり投入されているためか，県外前方連関効果の値も高い。しかしながら，情報通信サービスの前方連関効果は県内，県外ともに高くないことをみれば，発展の余地を十分生かし切れていないと判断せざるを得ない。また前方連関効果をみる限り，金融・保険部門は，県域を越えて経済連関効果を波及していく力はいまのところほとんどないといえそうである。

　製造業部門では，情報通信機器や精密機器などの県外比率が目立って低い。また飲食料品あるいは電気機械なども県外比率が低い点から，これらの製造業の販路先は千葉県内にとどまり，県外にはあまり広がりをみせていないことが示唆される。これに対し，鉄鋼業，非鉄金属，金属製品など相変わらず素材型製造業が県域を越えた広い国内市場に供給されている様子がうかがえるのである。

5．終わりに

1）産業連関分析からみた千葉県経済の実状

　前節まで2005年千葉県産業連関表を用いて千葉地域経済の経済構造および交易構造を比較，検討してきた。その結果，次のようなことが明らかになっ

た。

　第1に，千葉県の製造業が重化学工業の中でも素材型産業と呼ばれる鉄鋼，化学製品，石油・石炭製品などの部門に極端に特化した生産構造を持っていることである。千葉県はこれまで京葉工業地帯の中で素材産業を受け持つという役割を従順に果たしてきた。それは戦後の日本経済の発展に寄与してきたことは間違いないし，こうした歴史的経緯を一概に否定することはできない。しかし，こうした状況に甘んじるならば，電気機械，輸送機械などの機械産業を中心として，知識集約的産業立国へと大きな変貌を遂げつつある我が国の流れから取り残されてしまう恐れもある。

　千葉県の生産構造，貿易構造を捉えるキーセクターの1つは輸送部門である。千葉県は大都市東京と隣接し，成田国際空港，千葉港などの国際的交通の要衝を県下に有するため，運輸部門の比重も相対的に大きくなっている。特に輸出の構成比では，運輸部門が27％という大きなシェアを占めている。千葉県経済が日本における交通の要所としての地理的有利性を活かし，今後も変わらず発展していくことが可能であれば，運輸部門に偏った輸出構造もある程度続けていけるかもしれない。しかし，羽田空港のハブ化や情報革命による交通網の再編等の事態が進展したとき，あまりにも偏った貿易構造を放置することの危険性は十分認識しておくべきであろう。事実1990年からみれば運輸部門の輸出シェアは5％低下しており，輸送部門に過度に依存した輸出構造からの脱却が始まりつつあると考えてよいであろう。

　第3に，千葉地域経済は高度情報化社会への産業基盤整備という点で立ち後れていることは明白である。何度も指摘したように，千葉県製造業部門では機械産業分野が十分に育っていないが，それは高度情報化社会のハード面で日本経済をリードしていく技術力，生産力に乏しいことを示すものである。特に，電気機械，情報・通信機器，あるいは電子部品など，今日日本の屋台骨を支える機械産業において生産規模が全国平均に達していないだけでなく，輸出産業としても十分機能していないのである。自動車生産などの輸送機械が日本の主要な輸出産業であり，千葉県がこれを有していいないことは致し

方ないとしても，今後開発される電気自動車やエレクトロニクス関連部品の供給ができないとすれば，市場拡大チャンスを逃すことになりかねない。前節の分析はこうした状況に警告を鳴らすものといえよう。

　第3次産業においても千葉県の立ち後れは明らかである。特に情報産業と呼ばれる情報通信，金融・保険，対事業所サービス，商業などにおいても，生産，交易両面から後れをとっていることが，貿易係数分析や経済連関効果分析などを通して明らかにされた。この中でも商業部門は交通インフラを活用できる分野であり，かつ千葉県の今後の発展にとってなくてはならない部門である。地域格差の大きな沿岸部に対して中枢機能を果たす都市には，商業部門，すなわち卸売機能の整備は不可欠である。ところが商業の生産シェアは7.5%であり，全国比平均の10.9%に遠く及ばないのが実態である。これは第3節でみたように，千葉市以外に中核都市が育っておらず，商業機能を東京に握られていることが原因の1つと考えられる。千葉県は県内に隔絶した地域を持っているため，それらを有機的につないで発展を図ろうとすれば，複数の中核都市が必要である。県北部では東葛地域の柏市が当然中枢機能を担うべきであろう。また千葉市から離れた南部，沿岸部においても中枢機能を持つ都市の再編が必要となろう。

　さて，以上の分析は主に産業連関表の情報に基づいたもので，それ以外追加的詳細なデータや情報にはほとんど依拠していない。また依拠した産業連関表は最新のものとはいえ2005年の情報であり，かなり経済環境も変化した2010年時点では千葉県の状況も変化したかもしれない。限られた情報から大胆な結論を引き出すことの危うさは筆者も了解しているつもりである。しかしながら，日本の産業構造の変化をみれば，千葉地域経済が生産構造・交易構造両面において，歪な状況にあることの危険性はいくら強調しても強調しすぎることはないであろう。

2）千葉県の地域政策と地域格差

　最後に，本章の分析結果と併せて，千葉県の経済開発政策の骨子について

概観しよう。

　2009年末時点の千葉県の政策は，2006年に改定された『明日の千葉を拓く10のちから（改訂版）』にその理念がうたわれているが，より具体的な政策としては「千葉2008年アクションプラン」が参考となるであろう。千葉県の重点目標としては，経済の活性化，自然環境，住環境，そして教育への取り組みなどが挙げられている。千葉経済の活性化は中小企業の活動を支え，中堅企業を育成すると同時に，7つの戦略的重点分野に集中・特化した企業誘致を目指している。また観光や農業部門のテコ入れも具体的な視野に入れている。住環境の整備では，健康づくり・医療・福祉の連動がうたわれており，明確な具体策となっている。自然環境の保全は千葉の特色を活かした地域の活性化と一体となった取り組みがうたわれており，地域活性化の方針から国際拠点都市の形成を促進することなどが具体策に盛り込まれている。

　以上のような長期的視点に立ち，千葉の地域経済を活性化する中でその他の目標をいかに実現していくかが最大の課題である。経済力を維持，発展させることができなければ，自然環境の保全や住環境の整備も停滞せざるをえないであろう。以上の観点から「千葉2008年アクションプラン」についてみてみよう。

　千葉県において今後成長が見込めるとしている重点産業分野は「新製造技術関連分野」「情報通信・エレクトロニクス関連分野」「バイオ・ライフサイエンス関連分野」「素材・環境・新エネルギー関連分野」「物流関連分野」「食品関連分野」「観光・レジャー関連分野」の7産業分野である。千葉県の経済構造は製造業のウエイトが大きいのが特徴である。特に石油・石炭製品，化学製品，鉄鋼製品などの重厚長大型素材産業が突出している。これらの素材型産業の多くは京葉臨海地域に立地し，いわば千葉県経済の「顔」であった。こうした千葉の強みは維持しながら，千葉経済発展の潜在力を高めたいというのが重点産業分野構想にほかならない。

　素材産業中心の臨海地域に加えて，近年ビジネスセンターとしての機能を集積しつつある幕張新都心，さらに新国際空港を中心とした物流産業の集積

を目指す成田周辺地域を有機的に結んで千葉経済発展の原動力とするのが，いわゆる「三角構想」である。「三角構想」は沼田武知事時代に提唱されたが，現在では第4の拠点として柏市を中心とした東葛地域を加えることができる。東葛地域は醸造産業などの地場産業に加えて，一般機械，電気機械，金属製品産業が集積し，大学の研究機関との連携を模索しながら国際キャンパスタウン構想を推進している。これらの産業拠点の発展を支えるため，重点産業分野が具体的に挙げられていることはいうまでもないであろう。

　以上のような経済戦略の視点は本章の経済分析と一致するものであり，異存はない。「新製造技術関連分野（＝電気機械，一般機械，情報・通信機器）」や「物流関連分野（＝商業，輸送）」，あるいは「食品関連分野」の製造業を千葉県経済の戦略産業とする視点は本章でもすでに指摘したものでもある。しかしながら闇雲に工場誘致政策を進めようとしても，現在千葉県が抱える構造的問題を解決できるわけではない。産業間や地域間のミッシング・リンク（missing link）をつなぎ合わせることができなければその効果は限られたものとなるからである。本章で行ってきた産業連関分析はこの失われた連鎖がどこであるかを明らかにしたものである。しかし34部門分類というかなり統合された部門分類のもとで行われているので，これ以上具体的な分析に立ち入ることはできないが，産業部門をさらに分割した大部門分類表を利用すれば，より具体的な政策的含意を引き出すことも可能であろう。

　千葉県の課題はもちろん製造業だけではない。千葉は自然環境にも恵まれ，農林水産業や観光業が発展の潜在力を持つことも「千葉2008アクションプラン」の中で明確にうたわれている。しかし，千葉県の農業産出額は2004年まで10年以上にわたって全国2位の地位を占めてきたが，近年その座を明け渡している。このことは千葉の農業の基礎力の弱まりと捉え，さまざまな試みによって「農業王国ちば」の復活を目指している。特に「千産千消」や「千産全消」などのキャッチコピーにより千葉ブランドの確立を目指すなど，千葉農業の発展を図る総合販売戦略を強調している。観光立県千葉の実現も千葉県にとって大きな課題である。千葉における観光は可能性にあふれている

ことは間違いない。首都圏に隣接する立地条件，南房総観光資源，成田空港からのアクセスによる国際観光客の誘致，さらに幕張，浦安の集客力のあるイベント施設など，観光客をひきつけるものに事欠かない。さらにアクアラインの料金引き下げによりさらなる利用者を獲得する試みも行われている。しかしながら，首都圏から近いという立地条件は日帰り客が多く，宿泊客が少ないという痛しかゆしの結果につながっている。また交通の利便性や豊富な天然資源を現実の観光資源として活かし切れていないのも確かであろう。このような課題にどう答えるか千葉県の長期戦略の中でも，観光人材の育成観光地の基礎整備，外国人観光客の誘致フェアなどさまざまな観点から頭を絞っているようであるが，著しい成果が表れるには至っていないというのが現状である。

　千葉県が今後発展して行くために克服する問題は多い。もちろんそれをすべて解消しなければならないというわけでもない。千葉は千葉の特性を生かし，競争力のある分野に特化しながらやっていけばよいのである。しかしあまりにも歪んだ産業，経済構造では，長期的な変化に対応できないことも確かである。以下の各章では，千葉県が各分野で抱える課題を明らかにするとともに，現状とどう向き合うのか提言を期待しながら本章を終わることにしよう。

（仁平耕一）

注

1) 日本銀行「物価関連統計—製造業部門別投入・産出物価指数」（http://www.boj.or.jp/theme/research/stat/pi/iopi/index.htm#ts）を参照。
2) 千葉県県民所得統計では輸出と移出を合わせて移出，輸入と移入を合わせて移入と表記しているので，本節もその表記に準じている。ただし，千葉県産業連関表においては海外貿易と国内貿易は区別して表記されており，第4節の産業連関分析でも，輸出，移出および輸入，移入は明確に分けて分析しているので注意されたい。
3) 内閣府社会経済総合研究所の推計結果によると千葉県の一人当たり県民所得は296万円あまり，全国平均は307万円となっている。しかし千葉県の県民所得統計から筆者が計算した結果は改訂されたデータを使っているので，若干異なっている点に注意され

たい。
4） 本章の地域区分では，東葛地域は柏市，我孫子市，流山市，野田市，松戸市，鎌ケ谷市の6市から構成されると定義しているが，以下の章では分析視点の違いもあり，東葛地域という同一の地域名に異なる地域を定義しているので注意されたい。第4章参照。
5） 参考として千葉市（2000年）の通信・放送部門と対事業所サービス部門を加えた生産シェアは，全国平均をかなり上回っているが，通信・放送部門単独では2.9％にすぎない。比較年次も異なり，また部門分類も必ずしも正確に一致しているとはいえないが，千葉市においてすら情報通信部門の発展が十分とはいえない。前述したように，千葉県全体として，高度情報化社会の産業基盤作りが立ち後れていることは致し方ないとしても，千葉県の中枢都市である千葉市においてもそうした産業基盤が十分に整備されていないことは，今後に大きな問題を投げかけるものであろう。2000年千葉市産業連関表をみる限り，千葉市は商業部門の生産シェアが圧倒的に大きく商業都市として卸売機能を有していることがわかる。また交通，あるいは金融という従来型の都市機能を担う分野も全国平均を上回りかなり整備されていることもうかがえるのであるが，高度情報化社会に向けて多くの課題を抱えているのも事実である。
6） 千葉市（2000年）に目を転じると，輸出構造はあまりにも偏っていることに驚かされる。鉄鋼部門が42.8％，一般機械が27.1％，商業10.7％を占めており，この3部門で実に8割を超える輸出シェアを占めているのである。
7） 投入係数行列の要素は一般的に $\frac{X_{ij}}{X_j}$ と表わされる。
8） 生産係数行列の要素は一般的に $\frac{X_{ij}}{X_i}$ と表わされる。

第Ⅱ章

工業立地からみた千葉県工業の特質

1．はじめに

　本章では，千葉県の工業がどのような特質を有するのかについて，特に工業立地の視点から考察する。すなわち，千葉県という地域的範囲の中で，各種の工業が空間的にどのように配置されているのか，また，その配置はどのようにして形成されたのかを明らかにする。それとともに，現に立地している工場は，どのような特質を有するのかについても考察する。そして，千葉県の工業は今後，どのように展開していくのかについても考察したい。

　立地工場の特質を考察するために，千葉県を代表すると思われる企業の工場（21社）でヒアリング調査を実施した。実施した時期は2009年8月～2010年1月である。

　なお，本章以下では，工業，商業，観光業，情報サービス業，金融業など千葉県の諸産業の現状分析と展望を行うが，農業と水産業については分析の対象としていない。そこで，工業の分析に入る前に，農業と水産業について統計データをもとに簡単に現状を把握しておきたい。さらに，工業と商業についても簡単に全国的な位置づけをしておきたい（以下の統計データは「千葉県統計年鑑」平成20年版に依拠した）。

2．千葉県における産業概況

　2007年における千葉県の農業産出額は4,119億円で，北海道に次ぎ全国第2位に位置している。品目でみても野菜や鶏卵，豆類が全国2位で，花卉，生乳が全国3位である。首都圏のみならず全国的にみても，千葉県は農業の盛んな県であるといえる。産出額の大きな地域は，野菜では旭市や銚子市，豆類では八街市や千葉市，花卉では南房総市や旭市などとなっている。しかし，水稲は全国第9位の収穫量に留まっている。東京へ野菜類などを出荷する近郊農業地域として千葉県が位置づけられているということである。ただ，代表的な野菜であるだいこん，にんじん，ねぎ，ほうれんそう，キャベツ，トマトなどどれも生産が伸びておらず停滞的である。さらに，千葉県を代表する落花生やすいか，日本なし，びわの生産も停滞しており，必ずしも農業が安定的に発展しているわけではない。大都市近郊という地域性の中で，農業を取り巻く生産環境に課題があるようである。

　水産業については，2007年における海面漁業漁獲量が16万8,600トンで，全国第7位の漁獲量である。千葉県は三方を海に囲まれ多数の漁港を有するが，中でも銚子港は全国有数の水揚げを誇る漁港である。いわし類やさば類，さんまを中心にびんながやめばちのまぐろ類，さけます類，ぶり類，金目鯛など多種類の魚類の水揚げがあり，銚子市内には水産業に関連した多くの産業（水産加工業など）の立地もみられる。魚種別の県内漁獲量推移をみると，自然を相手にするだけに年による変動が大きい。2002〜2006年に限ってみれば，さば類の漁獲は増加傾向にあるが，その他の魚種はいずれも増減の変動がみられ安定していない。漁獲量の不安定さは関連産業にもマイナスの影響を与えることになるので，銚子市の地域経済にとって不安定要因となっている。

　工業については，2007年の製造品出荷額が14兆3,143億円で全国では愛知県，神奈川県，静岡県，大阪府，兵庫県，埼玉県に次いで第7位となってい

る。また，商業については，2007年の商品販売額が12兆3,222億円で全国で第9位である。製造品出荷額と商品販売額とは異なる性質の数値であるが，敢えてその大小を比較すると千葉県は製造品出荷額の方が大きい。製造品出荷額の方が大きい県は首都圏では千葉県の他に茨城県，栃木県，群馬県，山梨県があり，商品販売額の方が大きい県は埼玉県，東京都，神奈川県である。千葉県は工業生産に特色があるといってよいであろう。ただ，産業別就業構成（2005年）をみると，第3次産業就業者が72.0％を占め，第2次産業就業者は21.7％しか占めていない。茨城県など他県がいずれも30％台の第2次産業就業者率であることからみて，千葉県は相対的に少ない就業者で大きな工業生産を上げているといえる。

3．首都圏における千葉県工業の特質

工業の場合，その生産は山梨県を含めた首都圏の枠内で展開することが多い。2000年以降，首都圏各都県の工業出荷額推移をみると（図Ⅱ-1），東京都のみ低下傾向が続いているが，他の県は2002年を底として緩やかな回復基調にある。中でも千葉県の回復が顕著である。なぜ，千葉県の回復が顕著なのか。図Ⅱ-2は2000年時の各都県出荷額構成をみたものであるが，これによると，千葉県を除く都県は機械工業の比率が高く，それに対して千葉県は化学・石油製品工業や鉄鋼業の比率が高くなっている。こうした傾向は2007年になってもほとんど変わっていない（図Ⅱ-3）。すなわち，千葉県は一貫して化学工業や石油製品工業，鉄鋼業といった素材型工業が生産の中心をなしている。このことから，2002年以降の回復は，機械工業よりも素材型工業の方が顕著であったことがわかる。

次に，1工場当たりの従業者数と出荷額とをみると（表Ⅱ-1），千葉県は従業者数では首都圏内で中位にあるが，出荷額では首位にある（2007年）。2000年には出荷額が，首都圏内で神奈川県に次いでいたので，その後の千葉県の出荷額の伸びが大きかったことがわかる。また，素材型工業を中心とす

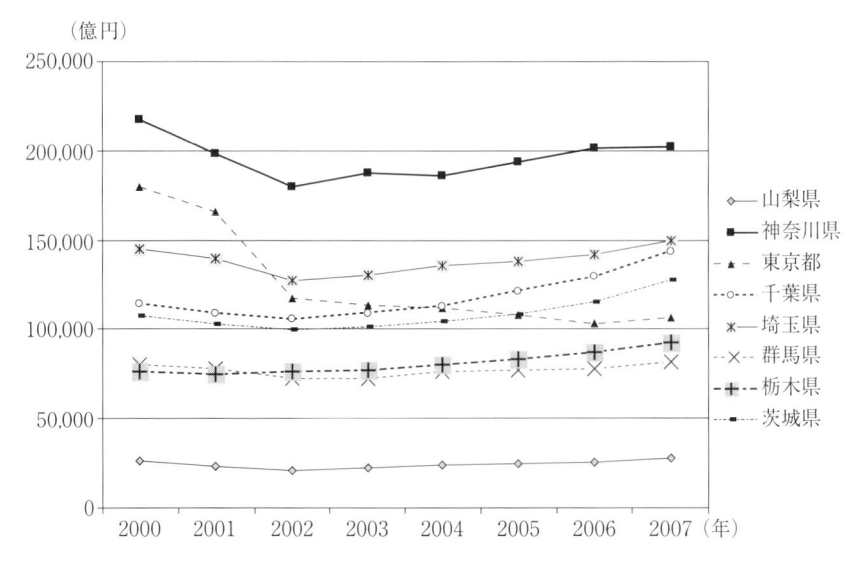

出所:「工業統計表 産業編」。

図Ⅱ-1 首都圏各都県の工業製品出荷額推移

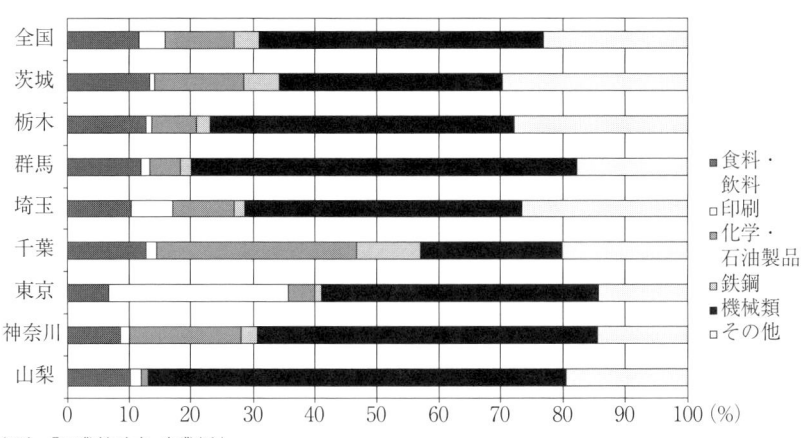

出所:「工業統計表 産業編」。

図Ⅱ-2 出荷額からみた首都圏の工業構成（2000年）

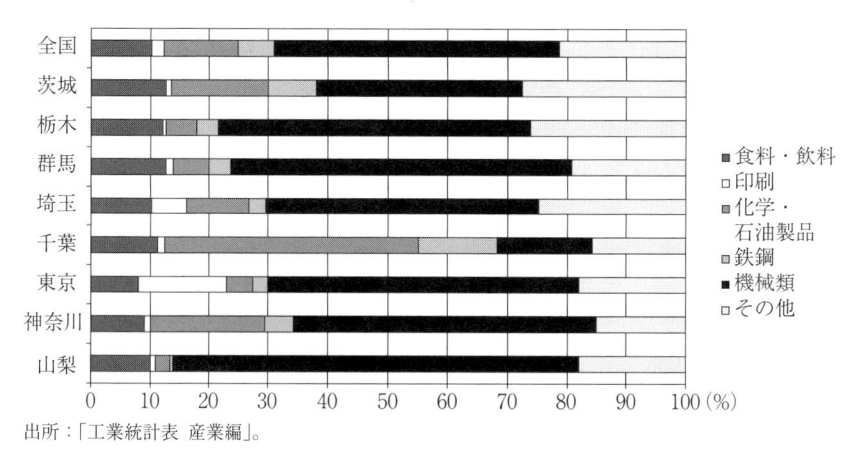

第Ⅱ章　工業立地からみた千葉県工業の特質

図Ⅱ-3　出荷額からみた首都圏の工業構成（2007年）

出所：「工業統計表　産業編」。

表Ⅱ-1　1工場当たりの従業者数と出荷額

	従業者数（人）		出荷額（億円）	
	2000年	2007年	2000年	2007年
全国	26.9	33.0	8.8	13.0
茨城県	34.5	43.8	12.9	19.2
栃木県	30.5	40.4	10.8	17.1
群馬県	29.0	34.1	9.8	13.0
埼玉県	24.9	29.1	7.5	9.9
千葉県	30.9	35.4	14.0	21.9
東京都	18.5	19.9	6.0	5.7
神奈川県	36.0	40.3	15.4	18.7
山梨県	27.0	33.8	8.5	11.4

出所：「工業統計表　産業編」。

る千葉県は，従業者規模に比して出荷額が大きいという特質を示している。これは，装置工業ともいわれる素材型工業の特質を示すものである。素材の多くは装置によって生産されており，労働者は多く監視労働に従事していて，わずかな労働力で多くの生産をあげることができる。素材型工業は一般に労働生産性が高いのである。

首都圏では機械工業を中心とする県が多い中で，千葉県は素材型工業が中心になっているという異なった性質を有している。

4．県内における工業の地域的偏在

1）地域的偏在の概況

　千葉県内の工業生産は一様に展開しているわけではなく，地域的な偏在が著しい。2007年現在，県内各市の業種別出荷額構成（表Ⅱ-2）をみると，浦安市から君津市にかけての東京湾岸各市は，鉄鋼業，化学工業，石油製品工業，食料品工業（飲料工業を含む）が上位を占めており，市によってはこれらの中の一部業種が大半を占めるところもある。食料品工業も製粉や製糖など装置によって生産されるものが中心である。こうしたことからこの地域は素材型工業が卓越する地域と位置づけることができる。この地域に該当するのは浦安市，君津市の他に市川市，船橋市，習志野市，千葉市，市原市，袖ケ浦市，木更津市の各市で合計9市である。これら9市の出荷額合計は千葉県全体の68.9％を占めている。これら東京湾岸9市の範囲を「京葉臨海地域」と呼ぶことにする。

　一方，常磐線沿線の松戸市，柏市，我孫子市など内陸の各市は，機械工業や部品工業，食料品工業などが卓越するところが多い。この場合の食料品工業は製パン，食肉加工など最終製品が中心となっている。すなわちこの地域は，より加工度の高い製品を生産する地域と位置づけることができる。この地域には松戸市，柏市，我孫子市の他に鎌ケ谷市，八千代市，流山市，野田市，白井市，印西市，四街道市，佐倉市，成田市が該当し，合計12市である。これら12市の出荷額合計は千葉県全体の17.0％を占めている。これら内陸12市の範囲を「京葉内陸地域」と呼ぶことにする。

　以上の2地域を除く各市は農産加工や水産加工といった地元発生の食料品工業が卓越するか，特定の進出工場の影響を大きく受けるところが多く，一般に出荷額が小さい。銚子市，館山市，東金市，茂原市，勝浦市，鴨川市，

第Ⅱ章 工業立地からみた千葉県工業の特質

表Ⅱ-2 千葉県内各市の出荷額上位業種一覧（2007年）

都市名	製造品出荷額（億円）	1位	2位	3位	2000年の1位業種
千葉	12,474	鉄鋼	食料品	一般機械	鉄鋼
銚子	1,849	食料品			食料品
市川	4,004	鉄鋼	一般機械	石油製品	鉄鋼
船橋	6,785	食料品	鉄鋼	飲料	食料品
館山	466	電子部品			電気機械
木更津	2,366	その他	化学	窯業・土石	その他
松戸	4,811	飲料	金属製品	食料品	飲料
野田	3,561	食料品	化学	一般機械	食料品
茂原	4,706	電子部品			電気機械
成田	1,875	化学	電気機械	一般機械	化学
佐倉	3,906	電子部品	その他	一般機械	電気機械
東金	1,199	化学	一般機械	その他	電気機械
旭	1,010	食料品	プラスチック製品	非鉄金属	食料品
習志野	1,629	電気機械	一般機械	鉄鋼	一般機械
柏	3,696	電気機械	食料品	飲料	電気機械
勝浦	96	食料品			食料品
市原	50,248	石油製品	化学	非鉄金属	化学
流山	474	金属製品	化学	窯業・土石	金属製品
八千代	2,222	金属製品	食料品	一般機械	金属製品
我孫子	1,716	情報通信機械			電気機械
鴨川	174	食料品	X	X	食料品
鎌ケ谷	384	食料品	金属製品	輸送用機械	食料品
君津	8,246	鉄鋼			鉄鋼
富津	769	金属製品			電気機械
浦安	1,169	鉄鋼			鉄鋼
四街道	356	一般機械			金属製品
袖ケ浦	11,792	化学	石油製品	一般機械	化学
八街	523	一般機械	食料品	金属製品	一般機械
印西	168	食料品	X	X	衣服
白井	1,082	金属製品	鉄鋼	電気機械	
富里	402	食料品			
南房総	163	食料品	電気機械	一般機械	
匝瑳	625	プラスチック製品	電子部品	食料品	
香取	1,272	電子部品	プラスチック製品	食料品	
山武	1,193	金属製品	家具	食料品	
いすみ	300	食料品	一般機械	X	

注：第1位の業種が50％以上を占める場合は2位，3位の業種を記していない。2位，3位の業種が不明の場合はXとした。
出所：「工業統計表 市区町村編」。

香取市,旭市,匝瑳市,富里市,八街市,山武市,富津市,いすみ市,南房総市の他,20の町村もここに含まれる。これら35市町村の出荷額合計は千葉県全体の14.1％を占めている。これら35市町村は全体として１つにまとまった地域とは言い難いが,一応「房総東部地域」と呼ぶことにする。

　以上の３地域の分布をみると図Ⅱ-4の通りである。これら３地域の業種上,出荷額上の変化を2000年時と比較してみよう（表Ⅱ-2）。2000年における各市の１位業種はそのまま2007年でも１位になっているところが多い。2007年における電子部品や情報通信機械は,2000年にはすべて電気機械に含まれていたことも考慮すれば,業種上の大きな変化はなかったといえる。出荷額上ではどうか。2000年時,京葉臨海地域の出荷額は県全体の59.4％を占めていたので,この７年間で京葉臨海地域への集中がいっそう進んだことがわかる。それに対し京葉内陸地域は2000年時24.1％であったので,集中率は低下した。また,房総東部地域も2000年時16.5％であったので,京葉内陸地域同様集中率が低下した。すなわち,千葉県の工業はこの７年間で京葉臨海地域への集中が顕著になり,相対的にその他の地域への集中は進まなかったことが明らかとなった。

　以下では,３つの地域がどのように形成され,どのような特質を持っているかを考察する。

２）京葉臨海地域

　京葉臨海地域に進出した大規模素材工場の嚆矢は,1951年に立地した川崎製鉄（現JFEスチール）であったが,広範に海岸が埋め立てられ多くの素材工場が進出するようになったのは1960年代に入ってからである。「1950年代の後半頃から製鉄,石油精製,石油化学など,海外の革新技術の導入を軸とした新しい臨海工業地域が,四日市,岩国,大竹などの旧軍工廠跡地や４大工業地帯の中核部地先に陸続と建設され……,京葉工業地帯では今日までに11,250haの埋立事業を完了し,うち工業用地が6,000haにも及ぶという世界最大級の臨海工業地帯を現出している」（笹生,1991）という状況にあっ

第Ⅱ章 工業立地からみた千葉県工業の特質

凡例:
- ☆ 京葉臨海地域
- ○ 京葉内陸地域
- □ 房総東部地域

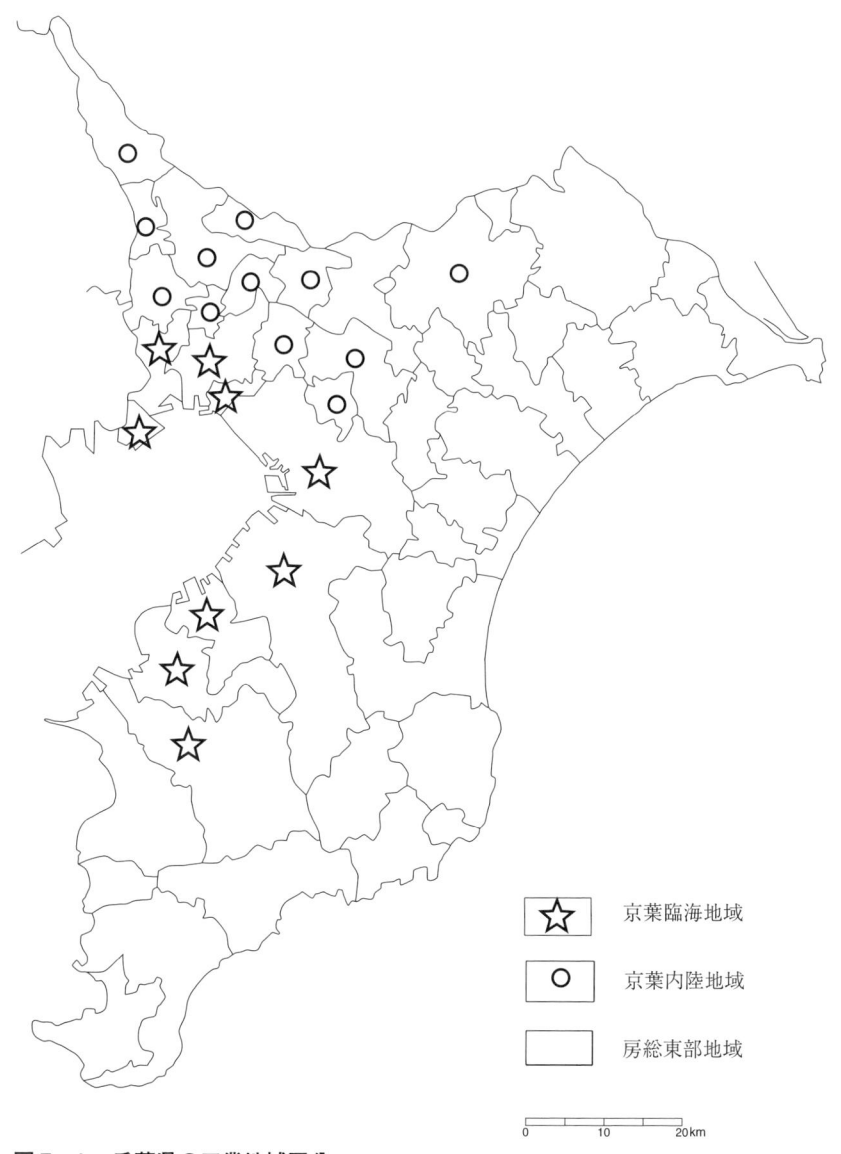

図Ⅱ-4 千葉県の工業地域区分

たが，その中心は現在の市原市であった。まず，五井・市原地区から工場の進出が始まり，さらに，千葉以北，姉崎・袖ケ浦方面へと拡大していった。

表Ⅱ-3は1959年から1970年にかけて市原市に立地した工場数の推移を示したものである。ただ，この表には立地工場のすべてが記載されているわけではない。表からは1959〜1961年の3年間はまだ，立地工場数が少なく大規模工場の立地も少ないことがわかる。本格的に工場立地が始まるのは1962年からで，この年に大日本インキ（現DIC），昭和電工，三井造船，富士電機（表にはない）などが立地した。1963年になると，石油化学コンビナートの中心企業である出光興産や丸善石油（現コスモ石油）も立地し，以降コンビナート系工場の立地が増加するようになった。1969年以降は立地工場数が減少傾向にあるので，市原市への工場立地は1960年代が中心であったといえる。

表Ⅱ-3　業種別・年次別立地工場数一覧（市原市）

業種	1959	1960	1961	1962	1963	1964	1965	1966	1967	1968	1969	1970	合計
食品			1	2(1)		1(1)		3	1				8(2)
衣服						1							1
木材	1	1		1	1						1		5
家具					1(1)			1					2(1)
紙製品				1						1			2
出版・印刷				1									1
化学	1(1)		1	1(1)	2(1)	3(2)	3(3)	1	7(3)	5(2)	1	5(2)	30(15)
石油製品					2(2)			1		1(1)			4(3)
窯業				1	3		3(1)	2(2)		1	1	2	13(3)
鉄鋼						1(1)							1(1)
非鉄金属			1(1)	1(1)				2				1	5(2)
金属製品		1		2	3	3(1)	6(1)	5(2)	2	8	4	1	35(4)
一般機械	1(1)			1(1)	2	3		3	1	1			12(2)
電気機械	1						1	1	1(1)				4(1)
輸送機械				2(1)	1		1	1					5(1)
精密機械							1				1		2
その他				1	1			1		1			4
工場以外	1				3(2)	1		1		2(1)	1		9(3)
合計	5(2)	2	5(1)	15(5)	16(6)	16(6)	15(6)	18(2)	16(5)	18(3)	10	7(2)	143(38)

注：1．（　）内は従業者100名以上工場の内訳。
　　2．工場以外には発電，建設，運送が含まれる。
資料：市原市による工場立地動態調査結果。
出所：青木（1975）。

このように，京葉臨海地域の形成は比較的新しい。第2次世界大戦後の高度経済成長期を迎えようとするこの時期，京浜工業地帯臨海部の拡大が困難な中，対岸の京葉臨海地域は，臨海立地型の素材型工場にとって最良の立地場所であったと思われる。京葉臨海地域へ進出した工場には大きく分けて2種類のタイプがある。1つは，西日本に生産拠点があるが，さらに東日本にも生産拠点を設けようとして進出したもの（主として鉄鋼，石油精製，造船，大部分の化学），もう1つは，手狭になった京浜から生産拡大を企図して移転したもの（主として非鉄金属，金属製品，機械，一部の化学）である。いずれにしても京浜とのつながりは深いといえよう。2007年現在，京葉臨海地域9市の中で最大の出荷額を上げているのは市原市で，県全体の出荷額の35.1％を占めている。

3）京葉内陸地域

　京葉内陸地域の形成も新しい。一部の食料品工場を除き，工場立地が活発化したのはやはり1960年代であった。ここでは，立地の状況を柏市を事例に考察する（青木，1996）。

　柏市は1954年に市制施行して以降，企業誘致条例を制定し，さらに，首都圏整備法に基づいて十余二工業団地を造成，また，都市開発協会（現都市開発公社）による根戸工業団地の造成，住工混在問題への対応などを目的とした柏機械金属工業団地や柏三勢工業団地の造成も行い，工場誘致に積極的に取り組むようになった。その結果，東京都区部に近接し，相対的に地価が安いという利便性もあり，工場の進出が増加するようになった。柏市に進出した主な工場としてはアサヒビール飲料，伊藤ハム，木村屋総本店，凸版印刷，トーイン，東洋ガラス，住友軽金属工業，日立メディコ，日立ホームテック（当時）など多様な業種に及んでいる。また，中小規模の工場進出では金属製品工業が多い。

　柏市が1994年から1995年にかけて実施した工業実態調査から，柏市の工業の特徴をみてみよう。まず，現在地での操業開始年次（図Ⅱ-5）では，

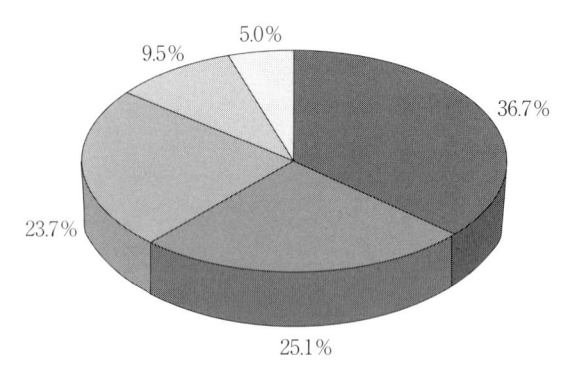

■ 1965〜1974年　■ 1975〜1984年　■ 1985年以降　■ 1955〜1964年　□ 1954年以前
資料：柏市によるアンケート調査結果（1994年実施，有効回答数379）。
出所：青木（1996）。

図Ⅱ-5　現在地での創業開始年次

　1965〜1974年が36.7％で最も多く，次いで1975〜1984年（25.1％），1985年以降（23.7％）の順となっており，1965年以降に操業開始した工場が85.5％を占めている。次に，現在地で操業する以前はどこで操業していたのか（図Ⅱ-6）をみると，東京区部が39.8％で最も多く，次いで柏市内が35.9％となっている。アンケート調査では「移転しない」と回答した工場が多かったが，後日にヒアリング調査を行ったところ，他地域から移転してきた後は柏市内では移転していないので「移転しない」と回答している例が多いことがわかった。また，「柏市内」と回答した工場には，柏へ進出後の2次的移転を市内で行ったところもある。こうしたことから，東京区部からの移転工場はさらに多いと考えられる。ヒアリング調査によれば，東京区部の中でも特に墨田区，江東区，葛飾区など城東地域からの移転が多くなっている。最後に，生産面での受注先を見ると，東京区部からの受注が最も多い。柏市に立地した後も東京区部との関係が大きいことが明らかである。
　こうしたことから京葉内陸地域には，東京との取引関係を維持したまま，千葉県に近接している城東地域を中心とする東京区部から工場が移転してきたことがわかる。柏市以外の市でも，工業団地を造成して工場誘致を図り，

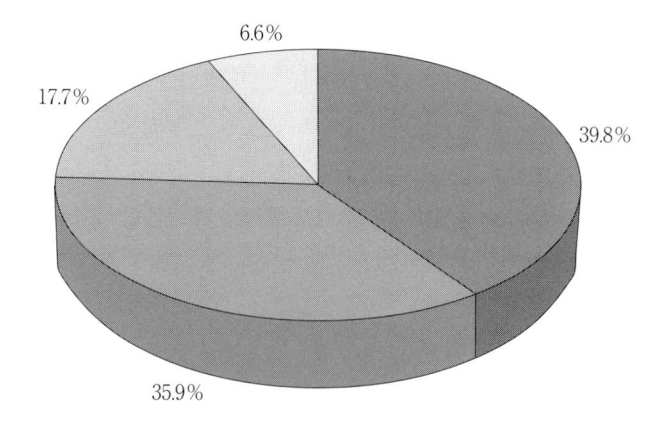

第Ⅱ章　工業立地からみた千葉県工業の特質

```
    6.6%
17.7%         39.8%

         35.9%
```

■ 東京区部　■ 柏市内　■ 千葉県内　□ その他

資料：柏市によるアンケート調査結果（1994年実施，有効回答数181）。
出所：青木（1996）。

図Ⅱ-6　以前の創業場所

主として機械工業，金属製品工業，食料品工業，飲料工業の生産を増加させてきたのである。

4）房総東部地域

　房総東部地域における工業の形成は一様ではない。地元の資源を活用した農産加工や水産加工などが中心のところもあれば，特定の進出工場の影響を強く受けているところもある。そこで，いくつかの事例を通して，当該地域の工業形成上の特質を考察したい。地元資源を活用して工業が形成された例として銚子市と山武市を，特定の大企業工場が進出した例として茂原市と香取市を取り上げる。

　銚子市では醤油工業と水産加工業が出荷額の過半を占めている。2007年の出荷額構成では食料品工業が87.8%を占め，他に目立った工業はないといってよい。ただ，2000年と比較したとき，出荷額が1,644億円から1,623億円にわずかながら減少しており，必ずしも堅調に発展しているわけではない。銚子市にとって食料品工業の停滞が大きな問題となっている。醤油工業の形成

であるが，銚子市を代表するヒゲタ醬油とヤマサ醬油でみると，ヒゲタ醬油は1616年，ヤマサ醬油は1645年に設立された。その生産技術は関西から伝えられ，常陸（現茨城県）の大豆や小麦を原料にして生産され，利根川，江戸川を使って江戸に運ばれていた。銚子の気候風土は醬油生産に適していたという。しかし，近年は高速道路から離れて輸送の便が悪く，ヤマサ醬油は成田に新しく工場を設置した（2011年7月竣工）。水産加工業は銚子漁港との関連が大きい。港で水揚げされた魚を缶詰にしたり，冷凍したり，干物にしたりして出荷している。1988年に筆者は，銚子市の水産加工業7社でヒアリング調査したが，創業は明治期2社，昭和戦前期4社，昭和戦後期1社であった。出荷先は首都圏を中心としながらも全国的な工場が多く，輸出中心の工場もある。缶詰工場の中には，売れ行き不振のため水産缶詰から農産缶詰へ転換した工場があった。銚子市は，古くから地元発生の食料品工業が中心の地域であったが，現在は停滞しているようである。

　山武市（旧山武町）ではかつて建具工業が盛んであった。この建具工業の形成について考察する（青木，2008）。山武地域と呼ばれる東金市から芝山町にかけての範囲にはかつて，山武杉を中心とした平地林が展開し，その山武杉を加工した上総戸と呼ばれる建具が旧睦岡村（現山武市埴谷）で生産されていた。上総戸は杉製の板戸で，発生時期は明確でないが明治初期と思われる。明治期は東京に出荷されていたが，大正期になると県内を市場とするようになった。第2次世界大戦後暫くの間は木製雨戸を量産し，1970年頃まで建具生産は盛んであったが，その後金属製雨戸が普及するようになり衰退した。2000年代に入ってからも建具生産は続いているが，その規模は小さく，山武市の主要産業ではない。現在，生産されているものは組子建具（仏壇用障子や間仕切り戸など），障子，襖，ガラス戸，室内用ドアといった建具類である。ただ，業者の中には，技術力を高め，関連する業者を組織化し，幅広い建具生産を行うとともにリフォーム業にも進出し，幅広い営業を行い，売り上げを伸ばしている業者もいる。建具生産すべてが衰退の一途を辿っているわけではない。

第Ⅱ章　工業立地からみた千葉県工業の特質

　茂原市は，房総東部地域の中では出荷額が最も大きく，2007年は4,706億円であった。その中で電子部品・デバイス製造業が74.5％を占めている。茂原市には複数の進出工場が立地しているが，電子部品関係の工場としては日立ディスプレイズの存在が大きい。もともとは，1943年に理研真空工業という企業を日立製作所が吸収合併し，茂原工場として電球や真空管を生産したのが始まりである。茂原への進出は，燃料として大多喜の天然ガスを利用しようとしたためである。1950年にブラウン管の生産に移行し，1975年からは液晶ディスプレイの生産も始めた。日立ディスプレイズという名称になったのは2002年からである。2005年には大型液晶生産部門を別会社化し，茂原市内に設立した。茂原では前工程を生産し，後工程は蘇州（中国）で行っている。輸送は千葉港からの水運だが，特に不便ということはない。茂原はエネルギー確保の面で都合がよい。以上からも，今後も茂原は電子部品生産が中心であると考えられる。

　香取市の2007年の出荷額は1,272億円で，電子部品・デバイス製造業が41.9％を占めている。これは旧小見川町に立地しているソニーによるところが大きい。旧佐原市はもともと食料品工業が中心である。ソニーが旧小見川町に進出したのは1974年である。ソニーの子会社であった日本光測機（東京都大田区）が，社長の出身地に近い銚子市に1971年に進出し，さらに1974年に小見川町にも工場を設立した。1989年には本社を銚子市から小見川町に移転させ，1995年には銚子工場を廃止して，生産機能を小見川工場に集約した。それは用地確保や人材確保，交通条件の面で小見川の方が優れていたためである。1990年に名称をソニー小見川に変更し，さらに1995年にはソニーコンポーネント千葉に変更した。小見川では主として，ソニー製品向けの組立部品を生産し，木更津や埼玉県，愛知県などのソニー工場へ供給していた。一部，外販もしていた。外販は輸出が多く，小見川が成田に近接しているのも好条件であった。その後，ソニーグループの再編が行われ，2001年に小見川はソニーイーエムシーエスの小見川テックとなり，同様の部品生産をしていたが，この生産機能は木更津テックに集約されることになり，2009年12月ま

でに生産終了し閉鎖されることになった（日経産業新聞，2009年5月15日号による）。この結果，香取市の出荷額は大きく減少し，業種構成も大きく変化することになる。

　以上，4カ所の事例を考察したが，地元資源活用型の工業が卓越する地域では生産が停滞ないしは衰退することが多く，地域経済の活性化のための役割を果たしていない。また，特定の大企業工場が進出した地域では地域経済の活性化に一定の役割を果たしてきたと思われるが，大企業工場が撤退した場合の影響はきわめて大きい。当該地域はそうした不安定要素を抱えた地域といえよう。

5）千葉県工業の立地上の特質

　千葉県における工業は，立地の特質上大きく3地域に区分することができる。そして，その3地域間相互にはほとんど結びつきがないことが明らかになった。形成からみると，京葉臨海地域は主として京浜臨海地域と，京葉内陸地域は主として城東地域と結びつきが強い。こうした結びつきは現在に至るまで継続されている。房総東部地域は必ずしも京浜との結びつきが強いわけではなく，一部に京浜から移転してきた企業もあるが，多くは地元発生の企業である。従って，千葉県内でのみ各地域間の結びつきを見る限り，ほとんど結びつきがないということになる。しかし，京浜との関係の中でみれば，県内各地域の特質は明らかになる。すなわち，京葉臨海地域は京浜臨海地域が拡大発展したものであり，京葉内陸地域は城東地域が拡大発展したものである。また，房総東部地域は，京浜とは直接的な関係が少ない地域である。

　こうした関係を図示すれば図Ⅱ-7のようになる。図では，千葉県の工業を首都圏全体の中に位置づけるため，首都圏の工業地域展開の全体像を示した。図からは，京浜臨海地域の工業は京葉臨海地域にしか展開していないが，城東地域の工業は京葉内陸地域から茨城県に展開するとともに，埼玉県東部から栃木県にも展開していることがわかる。また，城北地域の工業は埼玉県西部から群馬県に展開し，城南・川崎・横浜地域の工業は東京多摩地域と相

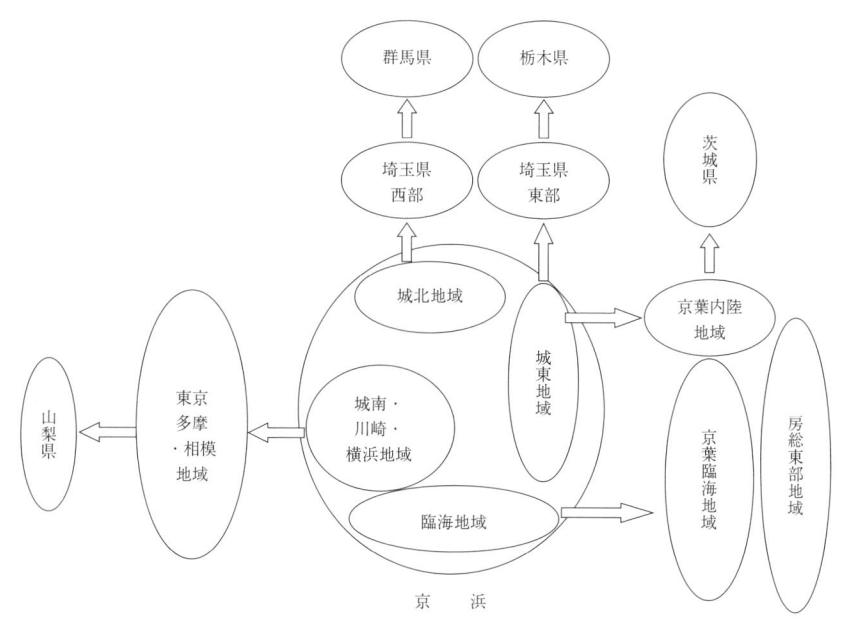

第Ⅱ章　工業立地からみた千葉県工業の特質

図Ⅱ-7　首都圏における工業地域の展開

模地域から山梨県に展開していることがわかる。首都圏の工業の大部分が機械工業である中で，京葉臨海地域の工業は素材型工業が中心になっていることから，京葉臨海地域は首都圏の中で，他地域では代替できない特定の役割を担っている地域であることが明らかである。

なお，京浜地域においては近年，生産機能に代わって，管理・企画・開発機能が中心になってきている。

5．立地工場からみた工業の特質

さらに，現実に立地している工場の分析を通して，千葉県工業の特質を掘り下げてみよう。ここでは，21社のヒアリング調査結果に基づき，立地の経緯，企業内での当該工場の役割，取引先と輸送手段，千葉県立地のプラスとマイナス，従業者，地元との関連の各面から検討する。21社の地域別内訳は，

京葉臨海地域14社，京葉内陸地域4社，房総東部地域3社である。

1）立地の経緯

　千葉県に進出した理由であるが，「生産拠点が西日本にあり，関東への進出が必要であった」というのが10社あり，10社のうち京葉臨海地域に立地する企業が9社（鉄鋼，石油製品，化学，機械），京葉内陸地域に立地する企業が1社（食料品）である。また，「京浜の既存工場が手狭になり，生産拡大を企図した」というのが7社あり，7社のうち京葉臨海地域に立地する企業が5社（化学，非鉄金属，金属製品，機械），京葉内陸地域に立地する企業が2社（非鉄金属，機械）である。その他に「地元創業」が3社（食料品），「資源を求めて進出」が1社（機械）ある。西日本からの進出や京浜からの進出が17社と大部分を占めているが，これらは関東での需要拡大に対応するための立地であったといえる。さらに，千葉県の工業は他地域からの進出企業によって成り立っているといえる。進出時期は13社が1960年代で，その他は1950年代が1社，1970年代が1社，1980年代が2社であるから，1960年代に集中的に進出したことが明らかである。

　21社の中で，自ら土地を手当てして立地し，現在に至っているのは6社のみで，他の15社は自治体が造成あるいは斡旋した工業用地を購入して立地したものである。

2）企業内での当該工場の役割

　調査した21社の工場のうち，20社は生産機能が中心であるが，A社だけは現在，研究・開発機能に特化している。ただ，京浜から進出した当初は機械の生産機能中心であった。それが，組織再編成の中で，当事業所を含むA社直轄の事業所4カ所はすべて研究・開発機能中心となり，生産は子会社が行うこととなった。1994～1995年に生産機能が子会社に移管され，現在は，当事業所（京葉内陸地域に立地）で開発された製品は一関，掛川，大月の子会社で生産されている。

他の20社であるが、生産機能といっても単に製品を量産しているのではなく、当該企業の拠点工場として、技術水準の高い高付加価値製品を生産している工場が一般的である。たとえばB社の場合、京浜から進出して京葉臨海地域で機械を生産しているが、もともと生産していた高付加価値品の生産機能を継続するだけでなく、他工場の高付加価値品生産機能も当工場に集約されることになった。さらに、2009年には本社の海外支援機能も移管されて、マレーシア、ハンガリー、中国、ブラジル、タイにある系列工場の生産性改善などの指導を行うことになった。本社にも近接し、国内の拠点工場という位置づけである。また、C社は西日本から進出して京葉臨海地域で化学品を生産しているが、国内6工場のうち当工場は唯一の石油化学部門担当である。C社の石油化学工場は千葉以外にシンガポールとサウジアラビアにあるが、シンガポールはプレミアム商品、サウジアラビアは汎用品、千葉は高機能商品と生産の棲み分けを行っている。千葉が母工場の役割を担っており、さらに、近接して研究・開発部門も立地している。D社は京浜から進出して京葉臨海地域で化学品を生産しているが、国内にある12工場のうち当工場と堺の工場に研究・開発機能が併設されている。製品そのものは同一のものを他工場でも生産しており、工場ごとの市場分割を行っている。E社は京浜から進出して京葉内陸地域でケーブル類を生産しているが、京浜の工場を閉鎖したのに伴い研究・開発部門も進出した。国内4工場の中で当工場は母工場としての役割を担っている。F社は京葉臨海地域に立地しているが、E社と同様、京浜から進出してケーブル類を生産している。立地後、製品の高機能化を進めてきたが、研究・開発機能のいっそうの充実も図った。それとともに2001年～2002年には一部の生産機能を他工場へ移管した。千葉は光関係の母工場となっている。

　A～F6社の進出工場の役割をみたが、母工場（あるいは拠点工場）としての役割を有するか研究・開発機能を有するか、またはそれら両方の役割を有する工場であることがわかった。こうした傾向は他の工場にもみられる。京葉臨海地域と京葉内陸地域に進出した残りの12社のうち、母工場としての

役割か研究・開発機能，またはそれら両方を有する工場は6社であった。他の6社は母工場としての役割も研究・開発機能も有してはいないが，生産機能上の特質を有している。すなわち，工場間で製品による棲み分けを行っている工場が4社あり，千葉の工場は高付加価値品あるいは需要量の多い製品の生産を担当している。残る2社はD社のように工場間での市場分割を行っている。

　房総東部地域に立地している3社も，研究・開発機能を有する工場が2，特有製品を生産する工場が1となっており，いずれにしても千葉県に立地している工場は，各企業内においてきわめて重要な役割を有していることが明らかになった。

3）取引先と輸送手段

　原料・素材の取引と輸送手段については，立地する地域によって異なっている。京葉臨海地域においては，鉄鋼工場や石油製品工場は海外から原料を船舶で輸送してくる。鉄鉱石や石炭は商社経由で購入しているが，原油は直接購入している。鉄鋼工場の製品は主として首都圏の機械，金属製品，建設関係の企業に販売しているが，輸送手段は船舶が中心で，工場から陸上輸送する割合は小さい。石油製品工場の製品は，地域内のコンビナート工場へはパイプラインで，販売エリア内の顧客には千葉県内や東京など近接した顧客には直接タンクローリーで輸送し，その他の顧客には最寄りの油槽所まで小型タンカーや貨車で輸送している。工場からの輸送量としては小型タンカーによるものが最も多い。化学工場は，コンビナート系は原料をパイプラインを通じて得ている。非コンビナート系は，多様な原料を主としてトラックなど陸上輸送によって得ている。製品はコンビナート系，非コンビナート系を問わず顧客企業に対し，トラックによって輸送している。ただ，先に紹介したC社は，製品が中間財であり，一括して系列の企業に卸し，そこで最終製品に加工してから一般に販売している。機械工場の場合は，B社では各部品をSCM（サプライ・チェーン・マネジメント）によって得ている。製品は

親会社に一括して納入している。また，G社の場合は製品が船舶であるため，原料も鋼板など重量物が多いこともあり，輸送はほとんど水上輸送である。顧客は日本国政府や世界の海運企業である。H社は鉄鋼工場ではあるが2次加工製品を生産しており，高炉メーカーに近接して立地する必要があった。原料のホットコイルは京葉臨海地域の鉄鋼工場から水上輸送している。製品は首都圏の建材加工企業などに陸上輸送している。輸出は船舶によっている。いずれにしても京葉臨海地域に立地している工場は，京葉臨海地域が有する地域条件を活用していることが明らかである。

京葉内陸地域においては，食料品工場は原料，製品を問わずトラックによる輸送を行っている。販売エリアは広くて関東一円，パンの場合は工場から販売店各店を巡回して片道5～6時間の範囲である。また，E社では電子部品も生産しており，輸出するのに成田に近接しているのは有利な条件である。なお，国内の顧客は全国的である。京葉内陸地域に立地する工場の事例はわずかでしかないが，それでも，内陸地域としての利点（消費者への近接性，空港への近接性など）を活用している状況がうかがえる。

房総東部地域においては，銚子市の醤油工場の場合，原料の大豆は商社を通して輸入し，小麦は食糧庁から購入している。輸入港は鹿嶋港であり，銚子港ではない。また，製品は販売委託会社あるいは東日本の特約店にトラックで輸送している。輸送上時間がかかり不便であることは否めない。一方，茂原市の液晶工場のように輸送上の不便さを感じない工場もある。房総東部地域の範囲は広く，上の事例とは異なる取引もあるであろう。そうしたことからも，房総東部地域は特定の共通した地域条件を求めて工場が立地する地域であるとは考えられない。

4）千葉県立地のプラスとマイナス

千葉県に進出した工場は当時，立地がプラスに働くと考えて立地したはずである。しかし，立地した結果マイナスの側面が現れたかも知れない。そこで，現在，千葉県に立地して何がプラスであるか，また，マイナスがあると

したらどんなことかを尋ねた。

　まず，プラスの面であるが，京葉臨海地域に立地している工場では，14社中10社が市場に近接していることを挙げている。他の4社は資材購入先に近接（2社），本社や倉庫に近接（1社），インフラが整備されている（1社）を挙げている。インフラ整備については，プラス点を複数挙げた工場の中に2社みられ，合わせて3社が挙げている。その多くは，十分な用地確保ができていることと，用水確保ができていることを挙げている。ただ，用水についてはマイナス面で挙げる工場もある。ともかく，市場への近接性がきわめて重視されていることが明らかである。

　京葉内陸地域に立地している工場（1社は研究所）では，4社中2社が市場への近接，1社がアクセスのよさを挙げている。アクセスのよさも市場への近接と同様と考えられるので，やはり京葉内陸地域でも市場への近接性が重視されているといえる。なお，他の1社は特にプラスの点はないという回答である。

　房総東部地域に立地している工場3社については，人材やエネルギー確保に便利（1社），千葉県は醤油の県としてのイメージがある（1社），特にない（1社）となっていて，工場によって評価が分かれている。市場への近接性を挙げる工場はなかった。

　次に，マイナスの面であるが，京葉臨海地域に立地している工場では，14社中，交通事情に問題がある（渋滞がひどく物流面に問題あり，千葉駅以南の電車通勤が不便，物流費が他地域よりも割高など）としたのが7社で最も多い。他には工業用水の費用が高い2社，用地を拡大できない1社，特にない3社，無回答1社である。また，複数挙げた工場もあり，環境対策に費用がかかりすぎる，各種団体からの協賛要請が多すぎるという指摘が複数の工場から挙げられた。

　京葉内陸地域に立地している工場では，4社中2社が特にないと回答している。他の2社はそれぞれ，人件費が高い，企業内他事業所との連携がとりにくいという点を挙げている。

房総東部地域に立地している工場では，3社中2社が運送の便の悪さを指摘し，もう1社は資材費や運送費の高さを指摘している。

以上から，プラス面としては市場への近接性が京葉臨海地域と京葉内陸地域の両方で最も重視され，京葉臨海地域ではインフラの整備も重視されていること，マイナス面としては交通上の問題が最も大きいこと，用水費や人件費や運送費などの費用の高さを問題にする指摘も多いことが明らかになった。

5）従業者

各社の工場では，千葉県の高校あるいは大学出身者がどの程度採用されているのか。この点については，詳細な回答が得られた工場から無回答の工場までさまざまであった。いままでに事例として取り上げたA～H社をみると，A社では約4,000名のうち大部分が他県出身者である。研究・開発担当者がほとんどを占めており，千葉県には理工系の大学院が少ないためである。B社には業務請負会社員を含み1,857名いるが，国内工場の再編成に伴う他工場からの転勤者も多く，出身は全国的に分散している。もともと採用も地元に限って行っているわけではない。ただ，居住は大部分が千葉県内である。C社は，2007～2009年に採用した新入社員約200名のうち，30％が千葉県内の学校卒業者である。D社は正社員650名中約50％が千葉県の学校出身者である。E社は現地採用の90％は千葉県の学校出身者である。本社の社員も含めて，千葉県内居住者が多い。F社では高校卒業者の76.2％，大学卒業者の15.4％が千葉県の学校出身者である。G社は千葉へ進出した当初，ほとんど西日本からの転勤者で占められていた。当時，現地採用した社員の多くは北海道や東北出身者であった。しかし，石油危機を境にして転勤者は減り，千葉県出身者の採用が増加した。H社は330名の社員中，千葉県出身者が20％程度である。西日本からの転勤者が現在でも多く，現地採用者も北海道，東北，九州出身者が多い。

以上から，E社やF社のように現地採用者や高校卒採用者については千葉県出身者の割合が高い事例もみられるが，逆にH社のように低い事例も

みられる。企業によって採用基準はさまざまであるといえる。ただ，全体としては千葉県出身者の割合が低い工場が多い。A～H社以外でも素材型の工場では，千葉県出身者が50%未満の工場がほとんどである。食料品工場（京葉内陸地域に立地）2社では，千葉県出身者が1社では77.6%，もう1社では20～30%と分かれている。房総東部地域に立地する3社は，高校卒業者あるいは現業職に限れば大部分が千葉県出身者であると回答している。しかしこれは，大学卒業者あるいは研究・開発の専門職の場合は千葉県出身者が少ないということでもある。千葉県に立地する工場の多くが研究・開発機能の充実を図っていることを考え合わせれば（すなわち，全国から人材を集めようとしていることを考え合わせれば），全体として千葉県出身者の割合が低くなるのは当然であるといえよう。

6）地元との関連

各工場が立地した地元の地域とはどのような関連を構築しているか。まず，生産面であるが，この点に関してはすべての工場が下請などの直接的関係はないと回答している。間接的な面になると，物流や構内清掃，造園などで地元業者に委託している工場が3社ある。しかし，多くの工場では，グループ企業などあらかじめ指定した業者に委託している。なお，一部の原料を地元業者を通じて購入する工場や，立地している地元からの雇用に力を入れている工場が各1社ある。それでも，立地工場全体としてみれば，地元との関連が小さいといえる。

地元との交流面では，すべての工場が力を入れている。祭りなど地元のイベントには積極的に参加し（全工場），中には自ら工場が祭りを主催しているところもある。また，地元の小中学生の工場見学を受け入れたり（多数の工場），「少年サッカー大会」（A社）や「少年野球大会」（市原市の石油製品工場），「ものづくり教室」（B社），「少年少女発明クラブ」（C社）といった子供向けの交流に力を入れたり，「奥様大学」（銚子市の醤油工場）などの講演会を定期的に開催している工場もある。その他では，工場周辺の定期的

な清掃活動（6社）に力を入れている工場もある。

　地元との関連に関しては，生産面での関連は直接，間接を問わず小さいのに対し，交流面での関連は大きく，かつ積極的であることがわかる。

7）立地工場からみた工業の特質

　千葉県外から進出してきた工場の立地場所はほとんど京葉臨海地域か京葉内陸地域であるが，それらの工場は西日本からの進出か，京浜の工場が手狭になったことによる進出であった。目的は，東京を中心とする関東の需要拡大に対応したものであった。そのため，房総東部地域への進出はほとんどみられなかった。立地した工場の機能は生産機能中心であったが，その後の全国的あるいは国際的な機能配置の再編成が進む中で，千葉の工場は次第に製品の高付加価値化，生産技術の高度化を進めて母工場化されるとともに，研究・開発機能の充実も図られるようになった。

　京葉臨海地域に立地する工場は輸入原料に依存する中間財を生産するか輸出品を生産する場合が多く，臨海地域という地域条件を活用している。また，京葉内陸地域に立地する工場は東京を中心とする関東に最終製品を提供する場合が多く，関東の市場に近接するという地域条件を活用している。特に京葉臨海地域は，臨海という特質の他に市場への近接という特質も具えており，工場にとって立地意義の大きい場所となっている。ただ，陸上交通の面で渋滞などの問題を抱える工場が多い。

　従業者からみると，高校卒業者あるいは現業職の場合は千葉県出身者が多く，大学卒業者あるいは専門職の場合は出身地が分散している。生産面での連関では地元の企業と関係している工場がほとんどないが，交流面では地元との関係を深めたいとすべての工場が考えている。

　以上からも，千葉県の工業は県外から進出した工場によって担われ，進出した工場は各企業内で特に重要な地位を占めていることが明らかである。千葉県の工業は，単に生産が行われている場であるというよりも，日本の工業生産の技術水準を示すとともに発展させている場であるといえよう。

6．今後の展望——さらなる生産の高度化に向けて——

　千葉県の工業は今後どのように展開していくであろうか。この点についても工場でヒアリングしているので，まず，その結果から考察する。その後，千葉県の対応をみて，最後に筆者の見解を述べたい。

1）各工場の展望

　21工場すべてで，今後も事業内容の大きな変更はしないという回答であった。すなわち，千葉県から撤退したいという工場はないということである。ただ，今後も継続といっても，工場によって内容に若干の相違がある。すなわち，他社との連携を深めることによって生産効率をいっそう高める（京葉臨海地域の3社），母工場としての役割をいっそう高める（京葉臨海地域の2社），研究・開発機能を中心としていく（あるいはさらに充実させる）（京葉臨海地域の2社，京葉内陸地域の2社），新製品の開発や新事業創出に取り組む（京葉臨海地域の3社，房総東部地域の1社），ほぼ現状維持（合計5社），生産機能の縮小を検討（2社）などさまざまである。

　大部分の工場では，今後さらに発展させるという展望を描いている。千葉県への立地を高く評価している現れといえる。しかし，生産機能の縮小を検討している2社についてはその内容を確認する必要がある。2社ともに京葉臨海地域に立地している。まず1社は石油製品の工場であるが，立地以来50年近く経ち設備の老朽化が進んでいる。設備更新を図る場合，環境対策費用がどの程度になるかも重要で，それらを勘案して今後の対応を検討する必要がある。全国的な生産過剰の中で稼働率の引き下げもあり得るということである。もう1社は大型の機械を生産している。そのうち，海外向けの製品は千葉港から輸出できず，横浜や東京から輸出しており，物流面に問題がある。すでに，一部の製品については海外で工場展開をしているので，海外生産にシフトさせることを検討しているということである。いずれにしても，全面

的な撤退を検討しているわけではないが，行政の対応（環境政策，物流面のインフラ整備）によって今後の展望が変わりうることを示唆している。

　この2社は環境政策や物流面のインフラ整備を行政への要望として挙げているが，他社はどうか。環境政策に対する要望は他に3社が挙げている。内容はいずれも急激な規制強化に対する危惧である。各社とも，すでに，環境対策は世界最高水準で行っているという自負があり，これ以上の締め付けは企業の国際競争力を阻害し，結果として生産機能の海外移転を促進させてしまうと考えている。物流面のインフラ整備についての要望も他に3社が挙げている。道路の渋滞緩和や港湾の規制緩和についてである。港湾の規制緩和というのは，港湾部への新たな施設の設置を認めて欲しいというものである。

　以上の他にも次のような要望がある。たとえば，各種団体からの寄付要求をもう少し減らして欲しい（3社），産学連携への橋渡しをして欲しい（2社），県内企業製品の積極利用に力を入れて欲しい（1社）などである。

　要望にはさまざまなものがあるが，特に今後の工場存立に関わるような要望は，環境政策に関するものと物流面のインフラ整備に関するものの2つであると思われる。

2）千葉県の対応

　千葉県としては，県内の工業にどのような施策を検討しているのであろうか。近年ではまず，2006年に「千葉新産業振興戦略」を立ち上げた。目的としては「国際化の進展，地域間格差の拡大，人口減少社会といった課題に対応し，持続的な強い千葉県経済を実現するためには，本県の地域特性・現にある産業集積を活かした，新しい発想による千葉県独自の産業政策を展開していく必要があり……『千葉新産業振興戦略』は，地域特性や強み，地域内外のネットワークを活かしながら，国際競争力のある産業の強化と地域資源を活用した産業の活性化を実現することを目的に，千葉県経済のリード役となる産業分野ごとに，新産業創出，企業誘致，人材育成等をより戦略的に実行していくための行動指針・千葉県独自の成長戦略として示す……」として

いる。そして，千葉県経済のリード役となる7つの産業分野を指定し，それらを産業クラスターとして重点的・戦略的に支援するとしている。7つの産業分野とは，「ものづくり産業クラスター」（新製造技術関連分野），「IT・エレクトロニクス産業クラスター」（情報通信・エレクトロニクス関連分野），「バイオ・ライフサイエンスクラスター」（バイオ・医療・福祉・健康サービス関連分野），「グリーンケミストリークラスター」（素材・環境・新エネルギー関連分野），「物流産業クラスター」（物流関連分野），「食品産業クラスター」（食品関連分野），「集客交流産業クラスター」（観光・レジャー関連分野）で，目標の2020年までに一定の発展を遂げさせるとしている。これらのうち，ものづくり産業クラスター，IT・エレクトロニクス産業クラスター，グリーンケミストリークラスターが工業に関連する産業分野である。食品産業クラスターは食料品工業も含まれてはいるが，主としては農業や水産業を想定したものである。ものづくり産業クラスターは機械・金属製品工業を，グリーンケミストリークラスターは素材型産業を想定したもので，IT・エレクトロニクス産業クラスターは新事業の展開や企業誘致を推進しようとしたものである。これら工業関係のクラスターが期待通りに形成されるかどうかは別にして，県が工業のさらなる発展に力を入れている姿勢は感じられる。たとえば，グリーンケミストリークラスターの場合，既存の京葉臨海地域を活性化するための支援事業になっている。さらに，これと関連した事業として，翌2007年に「エネルギーフロントランナーちば推進戦略」を立ち上げている。この事業は京葉臨海コンビナートの発展を目指すもので，その目的として「国際競争・地球環境問題に対応できる世界最大級の持続可能なコンビナートの確立」「京葉臨海コンビナート地域の課題克服による競争力の強化」「企業間連携による省エネ・省資源効果の創出と地域との共生」を掲げている。京葉臨海地域に対する県の並々ならぬ力の入れようがうかがえる。

　しかし，その他のクラスターの実現可能性，たとえばIT・エレクトロニクス産業クラスターは新事業の展開や企業誘致が目標とされているが，企業誘致はどの程度実現可能であろうか。企業誘致の前提として工業用地の手当

は必須であるが，まとまった工業用地を立地予定の企業が確保するにはかなりの困難が伴う。そのためにはどうしても行政によるバックアップが必要となる。『ちば経済白書2007』によると，茂原市のIPSアルファテクノロジでは，松下（現パナソニック），キヤノンとの包括提携後も，液晶需要の高い伸びが見込めるとして，新工場の建設計画を進めていた（敷地面積約48ha）。新工場の立地は，当初，相乗効果が期待できる茂原工場の近隣地域で探していたが，48haのまとまった土地は千葉県内では直ぐにはみつからず，一方で，一刻も早い新工場での生産開始が望まれたこともあって，結局，兵庫県姫路市に建設することになったという。こうした現実の中で企業誘致を進めて，果たしてどの程度の実現性があるのか疑問が残る。今後も，より高度化された工業の発展を企図するのであれば，県として用地確保のためのバックアップ体制を確立しておくことが重要であろう。

なお，工場アンケートで指摘された，環境政策に関する要望と，物流面のインフラ整備に関する要望のうち，物流面のインフラ整備については，物流産業クラスターの実行計画の中で，港湾や高速道路などのインフラ整備を予定している。環境政策については触れられておらず，必ずしも工場が期待するような方向に進むとは限らない。

3）さらなる生産の高度化に向けて

1960年代から急速に発展した京葉臨海地域と京葉内陸地域を中心とする千葉県の工業は，京浜工業地帯から拡大発展したものであった。中でも京葉臨海地域の工業は京浜の臨海地域から拡大発展したもので，千葉県の他地域や関東の内陸地域とは大きく異なる素材型工業に特化したものであった。そして，この京葉臨海地域の工業が千葉県の工業全体の発展を支えてきたのである。京葉臨海地域が有する地域条件（京浜に近接する臨海地域でインフラ整備も進んでいるという条件）は，関東の他地域にはない特質となっている。現に立地している各工場もその特質を高く評価し，撤退を検討している工場は皆無である。千葉県自身もその特質に合わせて産業振興計画を立てている

といえる。

　こうした状況から今後も，千葉県の工業は京葉臨海地域の素材型工業を中心として推移することになろう。ただ，今後ますます激しくなる国際競争の中で，京葉臨海地域の工業は現在以上に生産の高度化を進めざるを得なくなろう。生産の高度化には，新製品の開発や製品の高付加価値化を図るとともにそれら製品を生産するための高度な技術を確立するということのほか，生産効率を高めるための生産技術の向上を図るということも含まれる。こうした生産の高度化はすでに各工場で進められている。母工場化や製品の工場による棲み分け，研究・開発機能の充実がそれに当たる。しかし，生産設備の老朽化が進めば生産効率は低下する。京葉臨海地域の多くの工場は1960年代に操業開始してからすでに50年近く経過し，老朽化した設備を一部保有している工場もある。もちろん多くの工場は，すでに設備更新を済ませたり，設備の改修を進めたりしているが，一方で，遠くない将来に設備更新の時期を迎える工場も存在する。設備更新には莫大な資金が必要になるが，それでも国際競争に勝ち残るためには設備更新を実行せざるを得ない。そうした決断を企業が行うために，県としてどのようなバックアップ態勢をとることができるであろうか。その答えは，各工場が指摘した地域の問題点や，行政に対する要望の中にみられる。県としては，こうした要望に真摯に対応していくことが求められる。対応を誤れば，多くの工場が生産機能を海外に移転させることになるかも知れない。

　京葉内陸地域と房総東部地域でも生産の高度化は進むであろうが，京葉臨海地域とは若干，工場立地上の性格が異なる。それは，これら2地域で生産される製品の多くが東京を中心とする関東向けの最終製品であることによる。従って，主たる競争相手は海外の工場ではなく関東に立地している工場である。東京という市場に限定して工場立地をみれば，京葉内陸地域の地域条件（東京に近接していて東京より地価が安価である）は関東の他地域より優れているであろう。しかし，今後，生産拡大の必要が生じた場合には，新たな用地確保に困難を来す可能性が高く，他地域への工場移転もあり得る。生産

が拡大しない場合には，現在地での生産が継続されることになろう。房総東部地域の場合は，必ずしも有利な地域条件を有していないので，工業生産の発展のためには，早急な交通インフラの整備が最重要課題となるであろう。それとともに，特に在来工業の場合，製品生産の面でプロダクトアウト（生産者側の都合に基づくものづくり）からマーケットイン（消費者のニーズに基づくものづくり）への発想の転換を図る必要もある。

　結局，千葉県の工業は，それぞれ性格の異なる工業が立地する3つの地域で構成され，各地域間の結びつきは今後もほとんど無い状況のまま推移していくことになるであろう。

（青木英一）

謝辞

　今回の研究を進めるに当たり，下記の企業（事業所）にはご理解・ご協力を賜り大変お世話になりました。また，ちばぎん総合研究所専務取締役の平田直氏には研究に対する貴重なコメントをいただきました。併せて厚く御礼申し上げます。

・ご協力いただいた企業（事業所）（50音順）

　出光興産株式会社，伊藤ハム株式会社東京工場，コスモ石油株式会社千葉製油所，JFEスチール株式会社東日本製鉄所，新日本製鐵株式会社君津製鐵所，住友化学株式会社千葉工場，住友重機械工業株式会社千葉製造所，ソニーイーエムシーエス株式会社木更津テック，DIC株式会社千葉工場，日本電気株式会社我孫子事業場，ヒゲタ醤油株式会社，株式会社日立ディスプレイズ，株式会社フジクラ，不二サッシ株式会社千葉工場，古河電気工業株式会社千葉事業所，三井化学株式会社市原工場，三井造船株式会社千葉造船工場，ヤマサ醤油株式会社，山崎製パン株式会社，株式会社淀川製鋼所市川工場，ライオン株式会社千葉工場

参考文献

青木英一（1975）「市原市における工業化」『日本大学地理学科五十周年記念論文集──関東とその周辺──』古今書院，pp.181-188。

青木英一（1993）「東京近郊における食料品工業の立地と労働力の特質」『敬愛大学研究論集』44，pp.1-23。

青木英一（1996）「東京近郊地域における工業構造変化──柏市を事例として──」『敬愛大学研究論集』50，pp.19-59。

青木英一（2008）「山武市の林産加工業」北村嘉行編著『中小工業の地理学』三恵社，

pp.71-77。
笹生　仁（1991）『工業の変革と立地』大明堂，p.117。
千葉経済センター（2008）『ちば経済白書2007──緩やかな回復を続けたあと　足踏みした千葉県経済──』財団法人ひまわりベンチャー育成基金，p.37。

第Ⅲ章

千葉県の小売業
―商店街の再生に向けて―

1．はじめに

　1990年代からの大規模小売店舗法（以下,「大店法」と略す）に対する規制緩和によって，日本では，大型店舗の出店ラッシュが起こり，小売業の売場面積が大きく増加した。しかし，一方では，バブル経済崩壊後の消費の冷え込みの中，小売業全体の売上高が伸び悩んでいる。激しい競争にさらされて中小小売店の多くが倒産し，また，大型店舗を含め，生き残った小売店も売場販売効率が悪化した。たとえば，1991年から2007年まで全国の小売業売場面積は36.2％も増加した一方で，小売店舗数は28.5％減少した。つまり，大型店舗の出店が大きく増加した一方で，中小小売店が相次いで消滅した。これに加えて，小売業の売場面積 1 ㎡当たりの売上高は1991年に128万円に達したが，2007年に90万円にまで低下し，生き残った小売店の売場販売効率も大きく悪化した。これら国内小売業全体にみられる問題は，千葉県においても同様に深刻である。1991年から2007年まで千葉県の小売業売場面積は47.2％増加した一方で，小売店舗数は24.1％減少した。また，県小売業の売場面積 1 ㎡当たりの売上高は，1991年の136万円から2007年の92万円に大きく低下した。

　こうした状況の中，中小小売店が集積する商店街は衰退し，都市や地区の商業中心としてのかつての地位を失いつつある。実際，千葉県が行った商店街実態調査[1]によると，2008年に県内商店街の69.7％は，3 年前と比較して

人通りが減り，また，減少した要因として最も多く挙げられた理由は，「離れている大型店にお客をとられる」ことであった（千葉県商工労働部，2009）。さらに，商店街の景況感については，「やや衰退している」と「衰退している」商店街の合計は全体の72.8％を占め，「繁栄している」と「やや繁栄している」の合計である4.4％を大きく上回った（千葉県商工労働部，2009）。人通りが減り，「シャッター通り」に衰退した商店街の増加は，周辺の住民，特に高齢者の生活に不便をもたらすだけではなく，治安の悪化や地区の空洞化などの問題も招きかねない。千葉県は他の多くの都道府県と同様に，商店街を再生させなければならないという重要な課題を抱えている。

　では，大型店からの激しい競争にさらされている商店街はどのような方向に向けて，また，どのように再生すべきか。本章ではこの問題を，県都かつ県内最大な商業都市である千葉市の中心商店街に関する事例研究を行うことで分析する。本章の構成は次の通りである。次の第2節では，議論のバックグランドである千葉県の小売業の現状を商業統計の結果を用いて分析し，商店街の主要な店舗である中小小売店が衰退している状況を明らかにする。第3節と第4節では，商店街が再生する方向性と実現する方法について，千葉市の2つの中心商店街に関する事例研究を通じて分析する。第5節では，事例研究の結果に基づいて，商店街再生のメカニズムを理論的に検討する。最後に第6節では，本章の結論をまとめる。

2．千葉県の小売業の現状

　2007年の千葉県の小売業は，店舗数が3万9,603店舗，売場面積が625万㎡，年間商品販売額が5兆7,550億円であった。店舗数と売場面積は，東京都，大阪府，愛知県，神奈川県，兵庫県，福岡県，埼玉県と北海道に次いで第9位である[2]。年間商品販売額は，東京都，大阪府，神奈川県，愛知県，埼玉県，北海道に次いで第7位にランキングされている。

　図Ⅲ-1と図Ⅲ-2は，千葉県の小売業の業種構成[3]を示している。図から

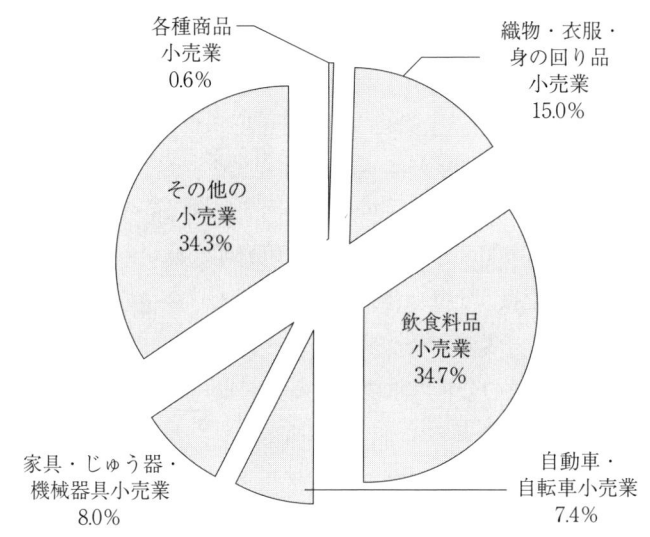

第Ⅲ章 千葉県の小売業

出所:「商業統計表 CD-ROM 平成19年第3版」。
図Ⅲ-1　千葉県の小売業の業種別店舗数の構成（2007年）

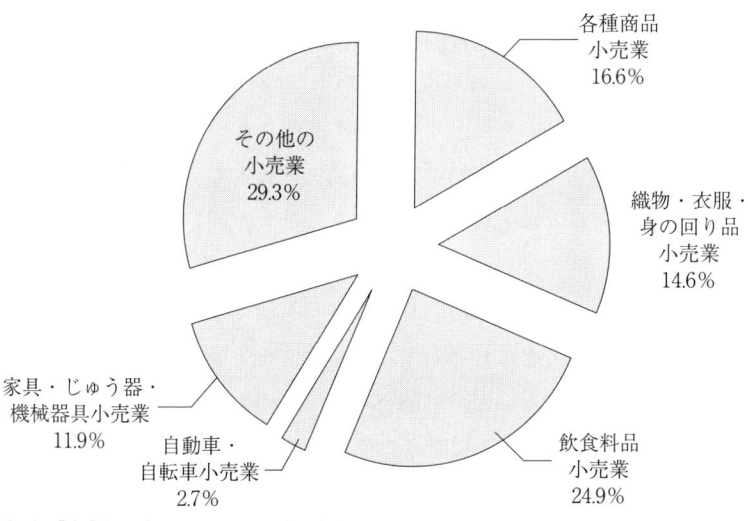

出所:「商業統計表 CD-ROM 平成19年第3版」。
図Ⅲ-2　千葉県の小売業の業種別年間商品販売額の構成（2007年）

わかるように，店舗数が多い小売業種は「飲食料品小売業」と，化粧品やスポーツ用品などを取り扱う「その他の小売業」であり，一方，「各種商品小売業」の店舗数は少ない。しかし，年間商品販売額の構成比をみると，「各種商品小売業」の構成比が高く，高い販売力を示した一方，「飲食料品小売業」「自転車・自動車小売業」「その他の小売業」は，販売額の構成比が店舗数構成比と比べてより低く，1店当たりの販売額が低い。

　同じ種類の商品を扱う小売店舗は，店舗のフォーマットや規模が必ずしも同じではないため，千葉県の小売業の特徴を把握するには，業種構成に加えて，業態[4]と規模構成の分析も重要である。図Ⅲ-3と図Ⅲ-4は，業態構成を示している。図に示されるように，専門店，すなわち衣食住のうちの小分類や細分類商品を専門的に取り扱いセルフサービスを採用しない小売店および，中心店，すなわち専門店より専門性が低くセルフサービスを採用しない小売店といった伝統的な業態は，店舗数が多い一方，年間商品販売額の構成比は店舗数構成比をはるかに下回っている。一方では，専門スーパーを始め，百貨店や総合スーパーなど近代的な業態は店舗数が少ないが，年間商品販売額が高く，県小売業に占める重要性が高い。さらに，売場面積500㎡以上の大型小売店の年間商品販売額が千葉県の小売業全体の年間販売額に占める比率は，1991年の26.9％から2004年には39.0％に大きく上昇した。このように，大型百貨店やスーパーは市場シェアが大きく拡大し一方，中小規模の伝統的な業態である専門店や中心店は衰退してきた。

　こうした状況の中，中小専門店や中心店が集積する商店街の多くは，来街者数が減少し，かつての地域の商業中心の地位を失いつつある。では商店街は再生することが可能なのか。可能ならば，どのような方法が考えられるのか。以下では，この問題を，県都かつ県内最大の商業都市である千葉市の2つの中心商店街，すなわち，千葉銀座商店街（以下，千葉銀座と略す）と中央銀座商店街（以下，中央銀座と略す）に関する事例研究を通じて検討する。これらの2つの商店街を研究対象として取り上げた理由は，立地条件に必ずしも恵まれていないにもかかわらず，衰退の状況から再生した希有な事例だ

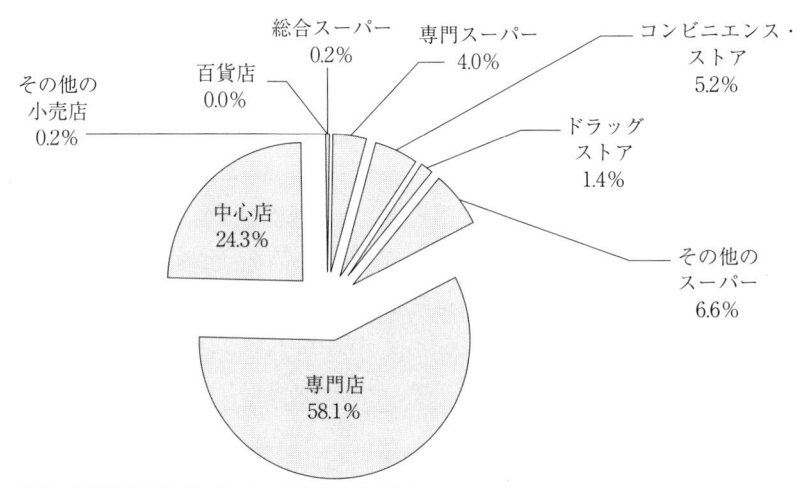

第Ⅲ章　千葉県の小売業

その他の小売店　0.2%
百貨店　0.0%
総合スーパー　0.2%
専門スーパー　4.0%
コンビニエンス・ストア　5.2%
ドラッグストア　1.4%
その他のスーパー　6.6%
中心店　24.3%
専門店　58.1%

出所：「商業統計表 CD-ROM　平成19年第3版」。

図Ⅲ-3　千葉県の小売業の業態別店舗数の構成（2007年）

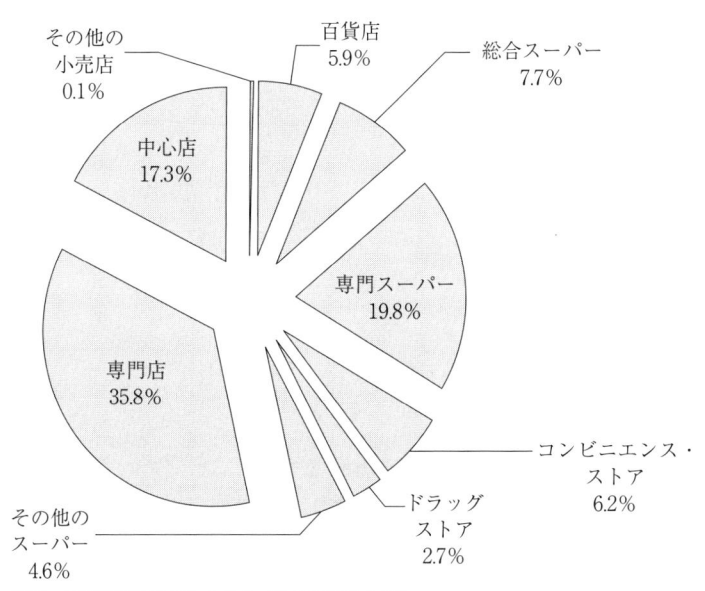

その他の小売店　0.1%
百貨店　5.9%
総合スーパー　7.7%
中心店　17.3%
専門スーパー　19.8%
コンビニエンス・ストア　6.2%
ドラッグストア　2.7%
専門店　35.8%
その他のスーパー　4.6%

出所：「商業統計表 CD-ROM　平成19年第3版」。

図Ⅲ-4　千葉県の小売業の業態別商品年間販売額の構成（2007年）

からである。

3．千葉銀座：環境の変化と商店街の対応

　千葉銀座は，千葉市の中心市街地に立地する商店街である。商店街の長さは約270mと短いが，2004年5月時点で店舗数は約130店ある。多くの中心市街地商店街と異なり，千葉銀座には空店舗がない。実際，千葉銀座は立地条件に必ずしも恵まれていない。1960年代から70年代にかけて千葉市で行われた戦災復興土地区画整理事業によって，市の交通と商業中心は千葉銀座が立地する中心市街地から西側に移動したことで，商店街の立地条件が著しく悪化したのである。しかし，商店街は環境の変化に積極的に対応し，地域の再開発や商店街の近代化事業を始め，さまざまな活性化事業を進めてきた。こうした持続的な環境適応活動によって，千葉銀座は中心業務地区と商店街の複合地区に変貌することに成功した。この節では，千葉銀座の発展史を解説することを通じて，商店街の活性化のプロセスを明らかにする。

　千葉銀座の発展は，①終戦直後〜1962年，②1963〜1985年と③1986年以降の3つの時期に分けることができる。以下では，各発展段階において商店街を取り巻く環境，商店街の経営状況と商店街振興組合の環境適応活動を説明する。

1）千葉銀座の形成と隆盛（終戦直後〜1962年）

　終戦直後千葉銀座の所在地に闇市が形成され，その後小売店舗が増え続け，商店街が形成された。1947年に商店街のラーメン店経営者であった林栄廣氏の呼びかけのもと，千葉銀座会という商店街組織が設立された。商店会が設立した直後，商店主たちは資金を集めて商店街に街路灯を設置した。これは商店会が実施した最初の共同事業であった。

　この時期では，千葉銀座は旧国鉄千葉駅から千葉県庁・千葉市役所までの一本道に立地しており，立地条件に恵まれていた。また，1951年から川崎製

鉄千葉製鉄所の工場建設が開始したことによって，商店街への来街者はさらに増加した。1950年代から1960年代前半まで千葉銀座は物品販売を中心に隆盛した。1962年8月当時の1日当たりの通行量は5万人であった。これは，当時の千葉市人口の6分の1に相当する。

　この時期では，千葉銀座の個店の経営状況は繁盛をきわめたにもかかわらず，商店主たちは環境整備や組織作りを怠らなかった。1953年に商店街はアーケード設置の資金を調達するために，協同組合[5]を設立し，同年に工事を完成した。1960年には，組合は千葉興業銀行から融資を受け，払い下げ県有地50坪を2,600万円で購入した。

2）千葉銀座の地盤沈下と再開発事業（1963～1985年）

　しかし，1963年4月に，千葉市戦災復興土地区画整理事業の一環として，旧国鉄千葉駅は西へ約600mの現在地に移転し，また，新しい駅とその周辺に大規模な小売集積が形成された。たとえば，移転開業した千葉駅には地上6階地下1階の千葉ステーションビルがあり，中にイベントホールやレストランの他，売場面積1万㎡を超えるショッピングセンターも設けられた。また，駅ビルの開業と同時に，千葉駅と京成千葉駅の間の700mの高架線路の下に千葉ショッピングセンターが開業し，1967年に千葉駅前に店舗面積が1万7,000㎡の千葉そごうが開店した。これによって，千葉市の交通・商業の中心は，千葉銀座を経て県庁へ通じる道路軸から西側に移動した。さらに，1970年には県庁に隣接した千葉市役所庁舎が臨海部埋め立て地に移転し，千葉銀座の地盤沈下はさらに進行した。実際，国鉄千葉駅が移転した直後の1963年に千葉銀座の通行量は2万7,000人と前年より半減した[6]。

　来街者の減少に歯止めをかかるために，1965年に千葉銀座商店街振興組合は買収した払い下げ県有地に4階建ての組合ビルを建設し，千葉県に本拠地を置く大手書店多田屋をキーテナントとして入居させた。さらに，組合理事会は商店街の地盤沈下を食い止めるために，より広範囲の再開発が必要であると考えて，1969年に再開発委員会を設立し，商店街を含めた街全体の再開

発を千葉市に要請した。

　こうした商店街の要請を受け，1970年に千葉市は「中心商店街造成診断」を実施した。診断の結果に基づいて，市は商店街を再開発することによってその近代化を図る方針を定め，1972年に再開発構想「中心商店街造成パイロットプラン」を策定した。その後，市は事業実行の可能性を配慮し，千葉銀座を中心とする約5.6haの地域を優先的に再開発する第1開発ゾーンに設定し，1975年に再開発の基本計画を作成した[7]。しかし，この再開発について地権者の合意がなかなか得られなかったため，1978年に市は関係者と協議した結果，事業化可能な街区として「千葉中央地区」と呼ばれる地域，すなわち，千葉銀行中央支店がある街区と，国道を挟んで千葉銀座商店街の入り口に当たる街区を事業化することを決定した[8]。1981年にこれらの街区のほとんどの土地所有者と借地権利者によって構成される千葉中央地区市街地再開発準備組合が発足し，権利変換計画と保留床の処分について協議を行った。1985年には再開発に関する「高度利用地区・市街地再開発事業の都市計画」が決定され，ホテル，文化センター，小売店舗，銀行，事務所などの施設を擁するシンボル施設として，地上17階と14階建てのツインビルを建設することが決められた[9]。1987年に工事が開始し，商店街が所有していた4階建ての組合ビルは再開発事業の対象区域にあったため，再開発後に権利交換でツインビル2号館11階の床を取得した（図Ⅲ-5）。

3）「ふれあい商店街近代化事業」の実施と商業基盤の強化（1986年以降）

　1970年代から商店街の要請の下で中央地区再開発事業が検討され始めたが，再開発に関する権利者の合意形成が難しく，協議が長引いたため，1980年代半ばまで千葉銀座の停滞がますます深刻化した。1980年代半ばに千葉銀座の通行者数は約7,000人にまで減少し，かつて県内で最も主要な商業通りであった面影は完全にみられなくなった。

　こうした状況の中，千葉銀座商店街振興組合は中央地区再開発事業の促進に力を入れたと同時に，1987年から1990年までにかけて事業費予算が5億

第Ⅲ章　千葉県の小売業

出所：筆者撮影（2007年）。
図Ⅲ-5　ツインビル2号館

1,000万円に達する大規模な商店街再生事業「ふれあい商店街近代化事業」を実施した[10]。この事業の内容は，①長さ270mの千葉銀座の主要街路，②主要街路と直行する2本の街路約150mと，③商店街地区内の細街路を含む総面積約1万1,000㎡地域の歩行者空間の整備と景観整備であった。空間整備の工事において，違法駐車であふれていた車道を一部縮小し，歩道を拡幅したと同時に，パーキングチケット制度の駐車帯を設けた。また，景観整備の事業では，商店街の既存のアーケードを撤去し，明るく開放的な歩行者空間を創出したと同時に，歩・車道を舗装し，歩道拡幅の部分に街路灯，屑入れ，電話ボックス，モニュメントなどの設備を設置し，街路樹を植えた[11]。この事業は中央地区再開発事業のツインビルが竣工した翌年の1990年に完工し，2つの事業の相乗効果によって，千葉銀座の通行量が事業実施前の3倍となり，地盤沈下が食い止められた（図Ⅲ-6）。

このように，千葉銀座は，各発展時期に環境の変化に積極的に対応し，さまざまな活性化事業に取り組み，活気あふれる商店街を築いてきた。

4．中央銀座：千葉中央第六地区第一種市街地再開発事業

中央銀座は，JR千葉駅から約1,000m離れている南北向けの商店街である。

出所：筆者撮影（2007年）。
図Ⅲ-6　「ふれあい商店街近代化事業」で整備された千葉銀座

北には千葉銀座に，南には千葉県庁や裁判所など官庁に，それぞれ隣接している。中央銀座は，1963年まで市内交通の中心であった。また，商店街と周辺に，奈良屋，扇屋，十字屋と田畑の4つの百貨店が立地し[12]，千葉県内有数の繁華街であった。1963年まで商店街の1日当たりの通行者数が4万人を超えていた[13]。しかし，1963年4月に旧国鉄千葉駅が移転してから，商店街は通行者数が減少し続け，1981年に約5,000人，1986年に約3,000人までに落ち込んだ[14]。

こうした状況の中，中央銀座は千葉銀座と同様に，1986年から1989年にかけて「ふれあい商店街近代化事業」を実施し，商店街の歩行者空間を整備し，街路をリニューアルした。その後1990年から中央銀座は千葉市とともに，17年をかけて商店街が立地する地区において「千葉中央第六地区」第一種市街地再開発事業を計画して実施した。同再開発事業は，中央銀座商店街の再生で最も重要な役割を果たしたため，以下では，この事業の計画と実施のプロセスを説明する。

1）事業に関する初期の検討（1990～1995年）

1989年にふれあい商店街近代化事業が完成した後，中央銀座はすぐ地区に

おける再開発事業を検討し始めた。その原因は，近代化事業で商店街の街路が整備されたにもかかわらず，商店街の業種構成では，1,000m離れている千葉駅周辺の大規模な小売集積との競争で顧客を獲得することが困難であると商店主たちが考えたからである。

1990年に中央銀座商店街振興組合は，店舗の場所によって商店街をA街区からM街区までの13の街区に分けて，各街区に対して街区単位の再開発勉強会を開催するよう勧めた。1990年11月に中央銀座の古川芳久理事長の働きにより，第1回K街区再開発勉強会が開催され，K街区の権利者に加えて，千葉市都市再開発課の職員3名も参加した。第1回勉強会は都市再開発課が再開発に関する質疑応答の形で進行され，権利者たちからの質問は，再開発のメリット，再開発によって生じる相続税の変化，再開発の費用，再開発事業が検討から完成までかかる年数，近隣の京成千葉中央駅の再開発計画，地下駐車場建設の実現性といった問題に集中した。

1991年2月に「中央大通りK街区再開発研究会」が正式に発足し，街区の23名の関係者のうち16名が研究会加入の同意書を提出した。1991年4月以降K街区に隣接するL街区の地権者も徐々に研究会に加わり，5月に千葉市都市再開発課の指導の下で研究会は「中央大通りK・L街区再開発研究会」に改組された。研究会は月1回に開催され，5月の月例会で中央銀座の組合員である清水建設株式会社からのアドバイザーが出席し，再開発事業の事例や行政支援の受け方を説明した。8月に研究会で権利者を中心とするメンバー25名に対して行ったアンケート調査の結果，再開発に基本的に同意または検討すると答えた人が15名であり，再開発の意思がない人が2名だけであった[15]。また，回答者からは再開発について，なるべく早くL街区の最大の地権者である扇屋ジャスコ千葉店の意向を明らかにしたいといった意見が多く，再開発に対する賛成者が多い一方，街区最大の地権者の意向が再開発に大きな影響を及ぼしたことがうかがえた。

しかし，一方，扇屋ジャスコ千葉店は赤字が続けていたため，1991年に閉店を決定し，また，同年5月に千葉市に対して5,027.28㎡の跡地と施設の買

収を要請した。要請の理由について，この敷地が扇屋の発祥地であるため，跡地が地元の活性化に利用されたいと扇屋ジャスコが説明した。1992年10月に扇屋ジャスコ千葉店は閉店し，それと同時に中央銀座商店街振興組合は，市が跡地を買収して民間地権者と一緒に再開発してほしいという主旨の要望書を千葉市に提出した。1993年6月に，千葉市の指導の下で研究会は「中央大通りK・L街区再開発協議会」に改組され，権利者22名（当時）のうち15名は協議会に加入した[16]。

2）千葉市の事業への参加

　千葉市は，K街区の再開発勉強会が発足した当初から職員を例会に派遣し，再開発に関する知識と情報を地権者たちに説明し，また，協議会などの組織づくりについても指導した。しかし，市が再開発事業に本格的に参加したのは扇屋ジャスコ千葉店の跡地を買収した後である。1993年12月に千葉市は扇屋ジャスコと商店街両方の要望に応じて，跡地を買収することを決定し，また，隣接するK街区と共同で再開発事業を行うことを決めた。1993年末土地開発公社[17]が約128億円で跡地を購入し，1995年3月に千葉市は公共用地取得事業特別会計で約136億円で土地と建物を再取得した[18]。K街区とL街区は合わせて「千葉中央第六地区」と名づけられた。1995年10月に，千葉市と民間地権者17名が「千葉中央第六地区市街地再開発準備組合」を設立した。

　1996年度から千葉市は，千葉中央第六地区の再開発基本構想の作成に着手し，その作業と準備組合の運営をコンサルティング会社「株式会社タカハ都市科学研究所」（以下では，タカハと略す）に委託した。委託契約に基づいてタカハは3つの役目を果たすことになった。1つ目は，準備組合の月例勉強会を運営し，再開発のしくみ，権利変換，中心市街地活性化に関する国の取り組みなどを組合員に説明する役目であった。2つ目は，千葉中央第六地区の整備方向性や整備コンセプトに関する合意を形成させるために，準備組合員間の話し合いを組織したり，組合員に対するアンケート調査を行ったり，他都市の視察を企画したりする役目であった。3つ目は，再開発事業におい

て，官民共同で建て替える施設に入居する意向がある法人がいる場合，交渉を進める役目であった。

千葉市は，再開発基本構想の検討を促進したと同時に，買収した用地に導入すべき公共公益施設を検討し始め，そのための策定調査業務をコンサルティング会社「株式会社日建設計」（以下では，日建設計と略す）に委託した。委託業務は，①千葉市都心部の発展方向性に関する考察，②計画地周辺の地区特性に関する調査，③計画地に導入すべき施設に関する検討，④施設が地域にもたらす効果に関する分析であった。1997年に千葉市の企画課と都市再開発課が調査の結果に基づいて，「中央第六地区市街地再開発施設構想」を作成した。この構想は同年11月に市の最高意思決定機関である助役会で決定され，12月に準備組合に提示された。

こうして再開発施設の構想を検討していた間，1998年に「中心市街地活性化法」が実施された。それに伴い，千葉市は企画課，都市再開発課，経済振興課など7課が「千葉市中心市街地活性化基本計画」を作成するワーキングチームをつくり，国の補助金の申請を取りかかった。1999年10月に「中心市街地活性化基本計画」策定作業がほぼ終了し，その中で千葉中央第六地区再開発事業は活性化事業の中心に位置づけられた。

2000年に千葉市は，官民共同の建て替え施設の構成案を準備組合に提示した。これによると，施設構成案は，①商業系（1F〜2F程度）は権利者の床を主体として，他の施設にマッチする業種を導入し，②公共施設としては，子供科学館，児童センターと産業振興支援センターを入居させる提案であった。2000年5月に千葉市は権利者全員に対して個別説明を行い，事業に絶対に反対する権利者はいなかった。

2003年2月に千葉市はさらに再開発地区内の財務省所有地約133㎡を取得した。2003年10月に再開発準備組合は大成建設株式会社と清水建設株式会社の共同体を再開発事業の特定業務代行者に選定し，「特定業務代行基本合意書」を締結した。特定業務代行者の主な業務は，事業施工，保留床処分，資金立替，テナント斡旋，代替地の斡旋，建物の管理運営，事務局業務などで

出所：筆者撮影（2010年）。
図Ⅲ-7　きぼーる

あった。2003年12月に準備組合が解散し，再開発組合が設立された。2003年12月の組合第1回理事会で，実施設計や権利変換計画作成などの業務の委託先を決定した。

2004年11月に権利変換計画が認可された。2005年4月に施設建築物の建設工事が着工し，2007年7月に竣工した。建設された建物は，地上15階・地下1階であり，1階と2階には民間小売店とレストランが，他の階には千葉市子ども交流館，千葉市子育て支援館，千葉市科学館，千葉市中央保健福祉センター，千葉市ビジネス支援センターなどの公共公益施設が，それぞれ入居した。この建物は「きぼーる」と名づけられた（図Ⅲ-7）。

5．分析：商店街の再生に向けて

千葉市の2つ中心商店街の事例からわかるように，戦後から今日まで商店街を取り巻く環境が2つの側面で大きく変わってきた。1つは，道路建設や駅の移転などのインフラの整備によって，商店街の立地条件が変化した。も

う1つは，大型店舗，特に近代的な郊外ショッピングセンターや駅ビルの発展によって，商店街が激しい競争にさらされるようになった。これらの変化は，事例研究で取り上げた千葉市の商店街だけではなく，商店街一般が経験しているものである。では，こうした環境変化の中，商店街は再生できるのか，また，どのようにして再生すべきか。この節では，これらの問題について，事例研究の結果に基づいて分析する。

1）商店街再生の方向性

　千葉市の中心商店街に関する事例研究からは，商店街は再生できるが，小売業だけではかつての規模を維持することが難しい状況が示された。そのため，商店街を再生させるには，立地条件によって商店街を小売業，公共公益施設，サービス業などの複合機能を果たす集積に変化させたり，近隣住民のニーズに焦点を合わせたりする必要があると考えられる。

　大店法の規制緩和が始まった1990年代以降，千葉県も全国の他の地域と同じように，大型店舗の出店ラッシュが起こった。こうした大型店舗と比べ，商店街は小売機能だけでは競争優位に立つことが難しい。その理由は3つある。第1に，公共交通が必ずしも便利でない千葉県において，乗用車を利用して買い物する顧客が少なくない。そのため大規模な駐車場を備えていない商店街はアクセスしにくい。第2に，商店街は大型店舗と比べ，店舗の合計面積が小さく，また，小売業種と業態構成も自然に形成されたものであり，来街者のニーズに応じて設計されていない。第3に，商店街協同組合または振興組合は，構成店舗の業種と業態を調整することが困難である。これは，テナント構成を消費者の変化に応じて調整できるショッピングセンターやショッピングモールと比べて，集客力が低いであろう。

　しかし，一方，千葉市の中心商店街の事例から明かなように，商店街は再生できないわけではない。商店街のほとんどは，駅前，駅から少し離れる中心市街地，または住宅地に立地する。駅前や中心市街地は公共交通が便利であり，また，公共施設，官庁，学校，病院など多くの施設が集積する。さら

に，事例からわかるように，戦後これらの地区に多くの公共投資が行われ，街路や景観などのインフラが整備された。このような地域に立地する商店街は，周辺の多様な施設との相乗効果をはかることによって，中心業務地区と小売施設の複合体として利用者を呼び戻すことができる。

　一方，住宅街に立地し，他の施設との相乗効果を図りにくい商店街は，近隣住民のニーズに焦点を合わせて，業種と業態を調整しなければ，再生することが困難であると考えられる。この点について，元千葉市役所の担当者は次のように述べている。

（住宅街に隣接する商店街は）昔は1階が店舗であり，2階や（商店街の）裏が住宅だった。たとえ夜遅くても（顧客に）声をかければ（店主は）店を開けてくれた。しかし，いまは千葉の場合，店主たちが郊外に住み，店員さんを雇い，夜早く店を閉めてしまう。一方，郊外大型店は品揃えが豊富であり，経営の方法も（商店街と）違う。そのため，駐車場もない商店街はこのまま（品揃えや経営の方法が変化せずに）昔のような（繁栄した）商店街に再生するのが難しい。近隣の年寄りが買いやすく，あるいはマンションの住民が歩いて買えるような，これまでの商店街と違う商店街を作っていかないと，シャッター通りを再生するのが難しい（筆者のインタビュー調査による。調査日：2007年9月14日，括弧は筆者による）。

2）商店街の再生における官と民の役割

　では，商店街の再生において，商店街，公的機関，他の民間組織はそれぞれどのような役割を果たすべきか。商店街を活性化し，構成店舗の中小小売商を近代化させることは，戦後一貫して日本の商業政策の重要な課題である。事例研究からもわかるように，商店街の発展において，市や県は補助金を提供したり，事業の計画・実施と組織作りに情報を提供したり，さらに，大規模な市街地再開発事業の場合，商店街とともに官民共同の建て替え施設を建設したりすることを通じて，積極的に参加している。市当局に代表される公

的機関が商店街の再生で重要な役割を果たすことができることが事例研究の結果から明らかにされた。その役割は4点にまとめることができる。

　第1に，公的機関の事業参加は，民間参加者と事業の計画・実施を担当する民間企業に安心感を与え，事業の遂行を保証した。この点について，千葉市役所の担当者は次のように説明している。

（再開発事業において）最大権利者が千葉市という自治体であることは，外の人（金融機関やコンサルティング会社など）からみると，圧倒的な安定感だね。自治体は逃げ隠れができなく，民間のように倒産もなかなかなく，途中で事業から撤退するのがなかなかいいづらい。だから，お金は民間の金融機関から借りているけど，貸す側からみると，千葉市が「必ず（建て替え施設の）床を買い，事業を最後までやる」といっていることは，何よりも担保と保証だ。それは（千葉市が事業で果たした）最大の役割だ。さらに，対外的だけではなく，一緒に事業を実施する民間の権利者たちからみても，千葉市と一緒に事業を実施すれば安心感があるね。（中略）建設業者も，事業は間違いなく最後まで完成できるという安定感と，資金上の安心感がある。それは（重要性が）大きいでしょう（筆者のインタビュー調査による。調査日：2007年10月3日，括弧は筆者による）。

　第2に，公的機関が国の助成金の申請について知識とノウハウを持つため，申請手続きを行う役割を果たしている。たとえば，中央銀座で実施された「千葉中央第六地区」第一種市街地再開発事業の総事業費は約430億円であったが，そのうち，千葉市が2004年に実施され始めた国の「まちづくり交付金」制度を活用し，約50億円に上る国の助成金を獲得した[19]。

　第3に，公的機関は国の商業政策，都市計画などの法令に精通するため，事業の計画と実施で必要とされる複雑な手続きや，遭遇するさまざまな問題を解決し，事業をスムーズに進行させる役割を果たす。

　第4に，公的機関は商店街と一緒に事業を計画して実施することを通じて，

商店街に組織作りのノウハウを伝達することができる。たとえば，千葉市役所の担当者は，「事業の検討，計画と実施プロセスを通じて，商店街は市役所の職員から会議の進め方や，組合員に対する事業の説明など，組織的に事業を進める仕方を学んだ」と説明した[20]。

一方，商店街の活性化事業において地権者，彼らが所属する組織である商店街振興組合または協同組合が果たす主要な役割は，事業に関する合意形成を促進することである。日本においては，公的機関が商店街の活性化事業を支援する前提条件は，商店街の構成員が事業に同意し，事業計画と実施の方法などについてコンセンサスを形成することである。商店街組織は合意構築の担い手である。この点について，元千葉市役所の担当者は次のように説明している。

> 都市再開発法的には，再開発事業に反対する権利者がいても再開発ができると書いている。しかし，実際には，百パーセントの権利者，すなわち，土地と建物の所有者だけではなく，借地者，借家者など様々な権利者全員が事業の同意書に印鑑を押さないと事業を実施することができない。これは日本の制度，すなわち，全員同意型だ。(中略) 権利者を説得するのが大変だ。(中略) 千葉銀座と中央銀座で再開発事業ができたのは，組合の努力によって，権利者は事業を理解し，事業化に向けてコンセンサスを形成することができたからである（筆者のインタビュー調査による。調査日：2007年9月14日，括弧は筆者による）。

さらに，公的機関と商店街組織に加えて，コンサルティング会社のような民間組織も商店街の活性化で重要な役割を果たす。事業の計画と実施において，事業コンセプト案の作成，そのための調査，事務局作業など多くの作業がある。これらの作業は商店街組織が担当することがほぼ不可能である。その理由は3つある。第1に，商店街組織の構成員は中小店舗の所有者・経営者とチェーン店の雇用経営者であるため，商店街活性化事業に必要とされる

都市計画法，来街者調査，設計や工事の管理などの知識を彼らは通常有していない。第2に，理事たちは，自分の店を経営する傍ら商店街の管理を担当している中小商店主であるため，商店街の経営に投入できる時間と労力に限界がある。第3に，ほとんどの商店街は事務局を整備していないため，商店街の共同事業を運営する専門的な部署がない[21]。

　商店街だけではなく，公的機関も官民共同の事業において，事務局や利害調整などの作業を担当することが困難である。商店街の再生では，こうした利害調整をコンサルティング会社が担っている。たとえば，千葉市役所の担当者はこの点について次のように説明している。

　コンサルティング会社の力は大変重要だ。民間権利者も千葉市も事業者としては素人だ。よく役所ができるといわれるけれど，役所の職員は数年に一度変わるため，事業に関するノウハウを持つ人がいない。再開発事業は非常に長期間にわたる難しい事業だから，長い間事業を経験し続けた職員は通常いない。また，官民共同の事業の場合，千葉市も権利者だから，ほかの権利者たちと利害が反する場合もある。そのときの利害調整や補償交渉などは，コンサルティング会社を活用しなければならない（筆者のインタビュー調査による。調査日：2007年10月3日）。

　このように，コンサルティング会社のような民間企業は商店街の活性化において，活性化事業のコンセプト案の作成，そのための調査，合意形成の促進，工事の管理など重要な役割を果たしている。彼らの存在なしに事業の遂行がほぼ不可能である。

6．おわりに

　1990年代以降，大型店舗の出店ラッシュと消費の冷え込みの中，中小小売店が集積する商店街の衰退は深刻化し，都市や地域の中心地としての地位を

失いつつある。千葉県は，他の多くの都道府県と同様に，商店街を再生させなければならないという重要な課題を抱えている。

では，商店街はどのような方向に向けて，どのように再生すべきか。本章では，県都かつ県内最大な商業都市である千葉市の中心商店街に関する事例研究を行うことで，この問題を分析した。事例研究から得られた結論は3点にまとめることができる。

第1に，少子高齢化が進み，また，大型店からの競争が激しくなる中，商店街は過去と同様の機能と業種・業態構成で再生することは困難である。中心市街地に立地する商店街は，近隣の公共公益施設，病院や学校などの施設との相乗効果を図り，小売を含めた複合機能を果たす地区として再生を目指すべきである。一方，住宅街に立地する近隣型商店街のように他の施設との相乗効果を図りにくい商店街は，近隣住民のニーズに適応するよう，業種と業態を調整する必要がある。

第2に，商店街が活性化事業を行い続ける前提条件は，商店街組織が事業について構成員間の意見を調整し，合意を構築する能力を持つことである。商店街組織はこうした能力を持たなければ，商店街再生のために公的支援を活用することが困難である。

第3に，商店街の活性化事業を，より効果の高い事業に計画し，効率的に実施するために，商店街，公的機関，コンサルティング会社のような民間企業，住民など多様な主体が協力することが重要である。この意味で，多様な主体間のパートナーシップの構築は商店街の活性化事業の実施で不可欠である。

商店街の再生は容易ではない。活性化事業について総論には賛成するが，具体的な計画に落とし込むと合意を構築できないという商店街は，決して少数ではない。合意構築の能力の欠如は，商店街が公的機関の手厚い支援策と他の民間企業の協力を活用する大きな障害となっている。この問題を解決するには，事務局の整備やリーダーの育成などの商店街の組織作りの強化は必要である。このような組織作りの成果が現れるには長い年月を必要だが，商

店街の長期的な発展には必要不可欠である。

(畢　滔滔)

謝辞

　この調査を進めるにあたって，千葉銀座商店街振興組合石川一登志氏，井上裕筍氏，植草一男氏，戸井良弘氏，中島浩氏，望月泰伸氏，千葉市役所太田務氏，佐久間正敏氏，元千葉都市モノレール株式会社三上都紘氏，中央銀座商店街振興組合中村知司氏（所属機関の五十音順）にインタビューを実施しました。本調査にご協力いただいたことに心より御礼申し上げます。また，本研究は敬愛大学経済文化研究所課題研究補助金（平成20年度と21年度）から経済的な支援を受けています。ここに記して御礼申し上げます。

注

1） 調査は千葉県商工労働部によって2008年7月に行われた。調査対象は商店会組織を有する県内全商店街であり，計779カ所であった。調査の実施方法は主に郵送配布・郵送回収であり，有効回答数は456（回収率58.5％）であった。
2） 1位から8位までの順位は店舗数の順位である。売場面積に関しては，1位から8位までの都道府県は同じであるが，順位は異なる。
3） 業種による分類は，取扱商品による分類であり，「日本標準産業分類」に従う。「日本標準産業分類」において，小売業は，その取扱商品によって，「各種商品小売業」「織物・衣服・身の回り品小売業」「飲食料品小売業」「自動車・自転車小売業」「家具・じゅう器・機械器具小売業」と「その他の小売業」に分けられる。
4） 業態による分類は，「小売店舗の売り方」による分類である。業態とは小売ミックスのパターン，すなわち，品揃えの幅と深さ，消費者サービス，価格レベル，販売促進，店舗のデザイン・陳列，立地などの小売要素について小売企業の意思決定のパターンである。店舗小売業の業態について，経済産業省が行っている商業統計調査では，「百貨店」「総合スーパー」「専門スーパー」「コンビニエンス・ストア」「ドラッグストア」「その他のスーパー」「専門店」「中心店」と「その他の小売店」といった業態区分が採用されている。
5） 1963年に千葉銀座商店街協同組合は前年の「商店街振興組合法」の公布を受けて振興組合に組織変更を行った。
6） 千葉銀座商店街振興組合（1997）。
7） 三上（1984），千葉中央地区市街地再開発組合（1989）。
8） 三上（1984）。
9） 三上（1984），千葉中央地区市街地再開発組合（1989）。
10） 「ふれあい商店街近代化事業」は1985年に千葉市によって提案された商店街近代化事

業である。この提案のきっかけは1981年に千葉市が都心部の都市計画として「千葉市都市美基本計画（都心部）」を作成したことである。この計画の中で，市は中央区中央に魅力的な都心を作り，中央の商店街を千葉市の経済活動の核として整備する方針を定めた。この基本計画の下で1985年に市は，中央の商店街の歩行者空間整備と景観整備をはかり，大規模な商店街近代化事業「ふれあい商店街近代化事業」を商店街に提案した。事業費負担の仕方は千葉県，千葉市と商店街それぞれ3分の1を負担するという方法であった。

11) 千葉銀座商店街振興組合（1990）。
12) 「Qiball 便り」（http://www.qiball.info/about/letters_1-2.html）による。
13) 中村（2006）。
14) 中村（2006）。
15) 回収した回答は17であった。
16) 中村（2006）。
17) 土地開発公社は1992年10月1日に設立され，主な事業は公有地取得と処分である。
18) 千葉市議会会議録（2001年3月1日）による。
19) 筆者のインタビュー調査による（調査日：2007年10月3日）。
20) 筆者のインタビュー調査による（調査日：2007年10月3日）。
21) たとえば，2009年度中小企業庁が行った「商店街実態調査」によると，調査された全国の3402商店街のうち，専従事務局員数（パート・アルバイトを含む）がいない（0名）商店街が72.3％を占めており，1名が13.1％，2名が4.2％であった。

参考文献
千葉銀座商店街振興組合（1990）『CHIBA GIN 座　ふれあい商店街近代化事業』。
千葉銀座商店街振興組合(1997)『CHIBA GIN 座　千葉銀座50年のあゆみ』。
千葉県商工労働部（2009）「千葉県商店街実態調査報告書《概要版》」（http://www.pref.chiba.lg.jp/syozoku/f_keishi/shogyou/jittai20/houkokugaiyo.pdf）。
千葉中央地区市街地再開発組合（1989）『千葉中央地区第一種市街地再開発事業』。
中村知司（2006）『開発誌』（個人日記）。
三上都紘（1984）「変わりゆく中心街」千葉市文化振興センター『カルチャー千葉』第6号，192〜199頁。

(CD-ROM)
「商業統計表 CD-ROM　平成19年第3版」。

(ウェブサイト)
「Qiball（きぼーる）」（http://www.qiball.info/index.php）。
千葉市議会会議録の検索と閲覧（http://asp.db-search.com/chiba-c/）。

第Ⅳ章

千葉県の観光の現状と展望
―新たな観光振興モデルを求めて―

1．はじめに

　農業や漁業，製造業といった産業に支えられてきた日本であるが，「観光立国」を目指し，外国人の観光客を積極的に誘致しようとの動きが2003年以降に顕著になった。千葉県も例外ではなく，「観光立県千葉」の実現を目指し，県外から多くの来訪者を誘致するべく努力をしている状況にある。

　ところで，千葉県の観光がおかれた状況はいかなるものであろうか。立地面でみると，県北西部は東京のベッドタウンとなっていることもあり，2010年8月1日現在の人口は620万335人に達している[1]。また，日本有数の人口密集地である首都圏の一翼を担っており，後背地人口も多い。さらに，北西部は大量輸送の交通機関が発達していることに加え，「東京ディズニーリゾート」「幕張メッセ」「千葉マリンスタジアム」「成田山新勝寺」「成田空港」「海ほたるパーキングエリア」など全国的な知名度を有する観光対象や施設もある。南房総や県東部に目を向けると自然資源もみられる。

　しかし，このような好ましい状況ばかりでもないのも事実である。第1に，立地面でみていくと，千葉県は半島であり，遠方から首都圏を訪れる人を取り込みにくくなっている。第2に，交通機関の面では，高速道路の整備が進みつつあるものの，県東部の銚子市や南房総の太平洋岸の地域への移動は必ずしも便利とはいえない状況にある。第3に，観光資源や観光対象をみていくと，県北西部に大型の観光対象が集中している一方で，県東部や南房総に

は，1960年代から1980年代にかけて観光地として開発された歴史もあるが，更新期を迎えている施設も多く存在している。加えて，現在の観光客が魅力を感じるような自然資源の印象が薄いことも見逃せない。かつては海水浴地として賑わった千葉県であるが，海水浴の参加人口は激減している。また，1980年代半ば以降は温泉が全国的に注目を浴びたが，千葉県内では一部を除いて温泉地として発達した歴史がなく，近年掘削して開設したものが多くみられており，その認知度にも課題を抱えている。第4に，そもそも人々が千葉県の観光に対して抱くイメージが乏しいことが挙げられる。中村（2008）では，千葉県をはじめとする首都圏在住の学生ならびに沖縄県在住の学生を対象として千葉県の観光に対するイメージを自由記述によって把握しているが，ともに「東京ディズニーリゾート」関連の回答に集中してしまっており，その傾向は沖縄県在住の学生で顕著であった。千葉県の具体的な地名を挙げたのは首都圏在住の学生の一部にとどまっていた。「東京ディズニーリゾート」を除いて，千葉県ではどのような観光地や観光対象があるのか，どのような行動をすることが可能であるのか，学生の間では認識がきわめて薄いことを物語っている。第5に，近隣他県との競合がある。首都圏の住民を誘客のターゲットとしてみた場合，千葉県の観光地は，神奈川県や静岡県，栃木県，群馬県などとの競合にさらされているのが実情である。

　ところで，千葉県の観光に関する主な先行研究をみると，全県的な動向をみたものと，県内の特定の観光地について検討したものに分けられる。全県的な動向としては，山村（1991）は，東京都を除く関東6県と山梨・長野・静岡の計9県との観光客数の比較により，首都圏における千葉県の観光的地位を明らかにしている。丸井（2000，2001）では九十九里，内房・外房における観光資源を概観した上で，千葉県の観光入込統計の分析を行い，観光地としての特徴を明らかにしている。中村（2006）では，1970年から2003年までにわたる千葉県の『観光入込調査』の結果を県内10の地域別に，観光の発展過程と併せて分析している。どれも，千葉県が毎年公表している『観光入込調査』『観光統計調査』のデータを各研究者の視点で独自に詳細な再分析

を行ったものである。このほか，千葉県の観光振興政策の1964年以降の変遷について，千葉県が策定する総合計画の記述に基づいて分析したものとして中村（2005）がある。県内の個別の観光地を検討した文献としては，地理学の研究者による報告がいくつか存在する。成田市の宿泊施設における外国人観光客の受け入れ状況と滞在中の行動特性を調査したもの（鈴木・中村・池田・福田，2010），白子町のテニス民宿の発展過程を分析した研究（井口・小島・中村・星・金・渡邉・田林・ワルデチュク，2006），香取市佐原重要伝統的建造物群の町並み保存のプロセスや観光政策との関連を研究したもの（小堀，1999；岡崎・井澤・高見澤・渡邊，2001；田口，2009；白井・西村・山本・伊藤・加藤・城山，2009），旧天津小湊町との合併前の鴨川市における宿泊施設の立地の変遷を分析したもの（黒川，2007），銚子市の犬吠埼の観光地化の過程を検討したもの（高橋，2002）などがある。千葉県全体の観光の動向を幅広い観点から包括的に捉えたものは少ない。

　そこで本章では，このような好条件と課題の双方を抱える千葉県の観光業について，2000年以降を中心とする動向を概観した上で，今後どのような発展の方向性・可能性があるのかについて論じることを目的とする。

　本章の構成は以下のとおりである。第2節では，観光地としての千葉県の発展過程と2000年以降の最新動向，千葉県の観光政策の現状について概観する。第3節では，観光統計等をもとに，千葉県の観光客の動向を分析する。第4節では，今後の千葉県の観光振興のあり方を探るべく，2000年代に注目された3つの事例を検討する。第5節では，これまでの検討を踏まえ，今後の千葉県の観光振興の方向性と新たな観光事業の発展モデルを提示する。

2．千葉県の観光の発展過程と現状

1) 2000年までの状況

　戦前から戦後の時期をみていくと，県内の集客施設として「船橋ヘルスセンター」（1925年，船橋市），「谷津遊園」（1925年，習志野市）があったが，

双方とも1980年前後に閉鎖され，現在は存在しない。これらに加え，社寺仏閣への参拝，東京湾岸への海水浴などで，千葉県の観光は成立していた。

　1960年代後半から1970年代前半にかけて，千葉・印旛・海匝・山武・夷隅・安房の県内各地域で，博物館や植物園，公園，プールなどを千葉県や各自治体が中心となって整備を行った。代表例として「太海フラワーセンター」(1965年，旧江見町，現鴨川市)，「白子町温泉センター」(1967年，白子町)，「南房パラダイス」(1970年，館山市) がある。また，民間の事業者による観光施設の開発も行われており，「マザー牧場」(1960年，旧大佐和町，現富津市)，「鋸山ロープウェー」(1962年，旧天羽町，現富津市)，「行川アイランド」(1964年，勝浦市，2001年閉鎖)，「鴨川シーワールド」(1970年，鴨川市) が挙げられる。これらと合わせて，安房地域を中心に宿泊施設も続々と開業した。

　しかし，1970年代後半から1990年代前半にかけては，新東京国際空港 (現：成田国際空港) の開港 (1978年，成田市) や東京ディズニーランドの開園 (1983年，浦安市)，幕張メッセの開業 (1989年，千葉市) とそれらにともなう周辺のホテル開業があったものの，県南部や県東部を中心として，観光基盤・観光施設の整備のための大型の投資を官民ともにしてこなかった。つまり，新たな魅力づくりの取り組みがなされずに，既存の施設や海水浴などに依存した観光が成り立っていたのである。バブル景気の時期には，1987年に施行された「総合保養地域整備法 (リゾート法)」を受けて1989年に「房総リゾート地域整備基本構想」が承認され，1990年に整備基本計画，1992年から1993年にかけて重点整備地区11カ所の実施計画がまとまった。しかし，自治体が主体となって整備する施設は開業したものの，民間活力によるリゾート基地の整備計画はその多くが実現しないままに頓挫してしまい，進捗状況は芳しくないものとなっている[2]。

　1990年代の後半以降は，大規模な施設の開業は少ないが，小規模な施設の開業が続いている。1993年に開業した道の駅「とみうら枇杷倶楽部」(旧富浦町，現南房総市) の成功や1997年に開業した東京湾アクアラインによる来

訪者の増加を見込んで，安房地域を中心に自治体主導による道の駅が相次いで開業した。本来であれば，道の駅は道路利用者に対してトイレなどの休憩，道路や地域に関する情報の提供の便宜を図ったり，特産品の加工販売などを行う，いわば観光客の行動を支援する施設であるが，観光客の主たる来訪先の1つとなるものもみられた。このほか，1980年代半ばからの住民を中心とする地道な活動が実り，1996年には文化庁より旧佐原市の小野川周辺が重要伝統的建造物群保存地区に県内ではじめて選定された（現在は「香取市佐原重要伝統的建造物群保存地区」の名称となっている）。加えて，千葉県の観光を長く支えてきた，安房・夷隅地域を中心とする夏期の海水浴客が激減したのも1990年代以降のこの時期である。

2) 2000年以降の動き

2000年以降の千葉県内の観光の動きの特色として4点指摘できる。

第1に，東京ディズニーリゾート（浦安市）の形成である。ショッピングセンター「イクスピアリ」（2000年），「舞浜リゾートライン」（2001年），「東京ディズニーシー」（2001年）ならびに大型の宿泊施設の開業が続いた。2009年度には「東京ディズニーランド」「東京ディズニーシー」を合わせて2,581万8,000人を集めるまでになっている[3]。

第2に，県内における温泉の活性化である。1980年代の半ばから，テレビの旅行番組の影響で温泉ブームが到来した。その結果，温泉資源を有する観光地（関東では神奈川県，群馬県，栃木県など）は，集客する上で，特に宿泊客を集める上で有利な状況となった。一方で千葉県内では，その当時に温泉を売り出していたのは白子町や養老渓谷（市原市）などが目につく程度であった。その中で1990年代後半以降，県内の各地で温泉を掘削する動きが広がった。1997年には銚子市の犬吠埼観光ホテル，2000年に犬吠埼京成ホテルにおいて温泉の掘削に成功して「犬吠埼温泉」が形成されたのをはじめ，2004年には「鴨川温泉組合」，2005年には「千倉温泉組合（現：南房総市温泉組合）」「館山温泉組合」が設立された。その結果もあり，確かに千葉県内

表Ⅳ-1　千葉県ならびに隣接県の温泉の状況（2008年3月末）

県	温泉地数	湧出量 (l/min)	宿泊施設数	収容定員 (人)	年度延宿泊利用人員 (千人)
千葉県	92	15,157	162	40,908	2,613
栃木県	71	63,653	477	58,877	5,838
群馬県	99	65,074	655	61,790	5,930
神奈川県	32	39,355	692	54,543	6,285

出所：(社)日本観光協会（2009）『数字で見る観光2009-2010年版』創成社，p.28をもとに作成。

における温泉湧出量や対応する宿泊施設数と収容定員数は，ここ15年で劇的に増加した。しかし，他県と比べると温泉の湧出量は豊富とはいえないのが実情である（表Ⅳ-1）。

　第3に，大型プロモーションキャンペーンの実施である。JRグループは国鉄時代の1978年より「デスティネーションキャンペーン」を実施している。これは，JRグループと地方自治体，地元観光事業者などが一体となって協力し，対象エリア（デスティネーション）の観光素材を発掘・充実させ，集中的な宣伝を広域で展開することにより，全国から送客を図ることを目的として実施する大型の観光キャンペーンである。2007年2～4月の3カ月間にわたり，千葉県全域を対象として「花と海　心やすらぐ千葉の旅」をキャッチフレーズとした「ちばデスティネーションキャンペーン」が実施された。期間中には，全国のJRの駅や車内での交通広告が集中展開されたほか，テレビ番組や旅行雑誌などのメディアを活用したパブリシティや広告宣伝が行われたり，JRグループや旅行会社による千葉県内への旅行商品が造成されたりするなどの方策により，観光地としての千葉県の露出が高まった。さらに，県内各地で地元の観光資源や伝統産業などを活用した特別企画の体験イベントの実施，特別料理の提供，主要駅と観光拠点を結ぶバスの運行などの受け入れ体制も強化された。これらの取り組みにより，2007年2～4月の県全体での観光入込客数は3,015万9,000人地点と前年比108.0％となり，特に北総地域では前年比114.0％，南房総地域では前年比113.2％と増加がみられ

た[4]。また，宿泊客数は県全体で362万8,000人泊（前年比105.5％）となり，こちらも増加傾向となった[5]。加えて，キャンペーンを機会に開発された体験イベントや現地の主要駅と観光拠点を結ぶバスの中には，終了後にも継続して展開されたり，観光プロモーションに対する積極的な取り組みを持続する動きがみられたりするなどの副次的な効果もあった。

　第4に，2008年7月に施行された「観光圏の整備による観光旅客の来訪及び滞在の促進に関する法律（観光圏整備法）」を受けての動きである。観光立国を推進するべく，国は国際競争力の高い魅力ある観光地の形成による地域の活性化を目指している。その中で，観光地が広域的に連携した「観光圏」を整備し，2泊3日以上の滞在を促進するべく，地域の伝統や食などの観光魅力の掘り起こしや宿泊サービスの向上などといった民間など複数の地域の事業主体による共同の取り組みに対して，国からの補助金や法律の特例適用等により支援がなされている。千葉県については，2008年8月に館山市・鴨川市・南房総市・鋸南町の3市1町にわたる「南房総地域観光圏整備計画」[6]が認められ，具体的な取り組みがいくつか始まったところである。しかし，2009年の民主党への政権交代後に行われた「事業仕分け」において，来訪客数の増加や経済効果が短期的に目に見える形で上がっていないことなどを疑問視された。その影響もあり，観光圏への補助金を交付する「観光圏整備補助事業」ならびに「観光地域づくりプラットフォーム支援事業」については，予算削減や抜本的な見直しの方向に進んでいる状況となっており，今後の方向性がみえなくなっている。

3）千葉県庁の取り組み

　千葉県の観光政策の変遷については中村（2005）で検討しているが，ここでは，2000年までの大まかな動きと，2000年以降の動きに分けて確認する。

　1966年度に策定された『千葉県第2次総合5か年計画』を契機に，1960年代後半から1980年代中ごろまでは，県が主導して観光施設や観光レクリエーション拠点，観光道路の整備を相次いで進めてきた。具体的には，レクリエ

ーション施設向けの土地買収と造成，駐車場設置といった基盤整備だけではなく，県民の森，勝浦海中公園，南房パラダイス，こどもの国，房総風土記の丘，酪農の郷，国民宿舎（九十九里）などの施設を開業した。

　1981年度に策定された『千葉県第2次新総合5か年計画』以降は，県主導のハード整備から，「市町村観光振興事業」などによって，県内の市町村が主導する事業への助成制度を設けるなど，各地域の取り組みを支援する立ち位置にシフトした。また，ソフト面での対応として，国際化への対応や情報宣伝，観光関係者の人材育成のための研修などを行うようになった。

　2000年以降は，観光立県を目指す方向に大きく動き出した。2003年11月に発表した『ちば2004アクションプラン』において，県政の重要5施策の1つとして「観光立県千葉の実現」が盛り込まれた。これを実現するべく，2004年1月に観光関連産業，経済団体，行政等による「観光立県ちば推進協議会」を立ち上げたほか，県庁内にも知事を本部長とする「観光立県千葉推進本部」を2004年5月に設置した。また，観光立県に関連する事業として，農作業体験やとれたての魚の買い物ツアーなどアイデアを募り，採用した団体に対してより詳しい計画の作成と実施にかかる費用の一部を助成する「広域グリーン・ブルーツーリズムモデル事業」（2004年4〜5月），まちづくりやイベント企画などの専門家を派遣したり施設整備に必要資金の一部を支援したりする「観光立県千葉モデル推進事業」（2004年6月），「ふるさとの国観光みらい塾」（2004年9月）を実施してきた。さらに，2004年10月に，オール千葉で観光振興に取り組む方向を示した『観光立県ちば推進ビジョン』を取りまとめた。目指すべき将来像として「住む人も，訪れる人も和み，元気になれる"花と海の故郷ちば"」を掲げた。施策の展開にあたっては来訪者，地域づくり，産業育成の3つの視点を踏まえ，11項目からなる重点プロジェクトを提示した。これらを実施するための県の取り組みとして，①全県的な総合プロモーション活動の推進，②先進的な観光地づくりの促進，③新たな観光産業育成支援の充実，を挙げている。

　2008年3月には，観光立県の実現に向けた基本理念や方向性を示した『千

表Ⅳ-2　観光立県千葉の実現に向けた動き

年月	事柄
2003年11月	『ちば2004アクションプラン』において，県政の重要5施策の1つに「観光立県千葉の実現」を位置づけ
2004年1月	観光産業，経済界，行政による「観光立県ちば推進協議会」を立ち上げ
2004年5月	千葉県庁内に「観光立県千葉推進本部」を設置
2004年10月	『観光立県ちば推進ビジョン』を公表
2007年2〜4月	「ちばデスティネーションキャンペーン」を実施
2008年3月	『千葉県観光立県の推進に関する条例』を公布・施行
2008年10月	『観光立県ちば推進基本計画』を策定

出所：千葉県庁商工労働部観光課〈http://www.pref.chiba.lg.jp/syozoku/f_kancon/index.html〉（2010年2月24日閲覧）をもとに作成。

葉県観光立県の推進に関する条例』を公布・施行した。条例の中では，基本理念として，①観光づくり地域活動の推進，②まちづくり・地域づくりによる来訪者との交流の促進，③観光産業の振興と多様な産業との有機的な連携，④成田国際空港および交流拠点としての港湾の活用，⑤観光と地域の環境・景観との調和を挙げた。加えて，観光のステークホルダーに関して，県の責務，県と市町村の連携，県民の役割，事業者の役割，観光関連団体の役割を定めた。特に県庁は，各地の多様な主体による自発的な取り組みの支援，ならびに地域や分野を超えた連携の促進などに取り組むとしている。具体的な施策として，①地域への来訪の促進，②観光基盤の整備，③観光産業の振興，④国際観光の振興，⑤観光学習の振興，⑤おもてなし向上，⑥人材の育成を示している。

　条例の制定を受けて，2008年10月には5年間にわたる中長期計画である『観光立県ちば推進基本計画』を策定した。ここでは5年後の2012年に達成する具体的な数値目標として，①観光入込客数を1億6,000万人（2007年は1億3,426万人），②宿泊客数を2,000万人（同1,542万人），③平均宿泊数を県外客は2.0泊（同1.41泊），県内客は1.5泊（同1.21泊），④旅行総消費額を6,000億円（同4,587億円），⑤外国人来訪者を200万人（同139.4万人），⑥国

際会議を5割増（同248件），⑦経済波及効果を150億円（同110億円），⑧旅行者満足度の向上（2007年はデータなし）を掲げている。

　その後2010年3月には，最新の千葉県の総合計画である『輝け！ちば元気プラン』が決定された。ここでの3つの基本目標の1つに「経済の活性化と交流基盤の整備」があり，重要な取り組みの1つに，千葉の魅力づくりとその発信を位置づけている。観光に関する施策をみても，①何度でも訪れたくなる魅力ある観光地づくり，②観光を支える人づくり，③観光地千葉の知名度向上，④国際的観光地としての地位の確立，⑤移住・定住の促進を示しているが，③と④にあるように，プロモーション活動に取り組み，知名度向上を図り，観光客を誘致することに力を入れようとしていることがうかがえる。

　これらの一連の流れをみていくと，2000年以降の千葉県の観光政策の具体的な特徴として4点指摘できる。第1に，県の役割が，観光施設の整備を主導することから，民間企業を含む外部の観光事業者を支援することへとシフトしてきていることがわかる。これは，2001年度にスタートした総合計画である『新世紀ちば5か年計画』において民間の観光産業（企業）の育成・支援にも取り組むとしていることからもうかがえる。第2に，観光地としての千葉県をパブリシティや広告宣伝によりメディア等への露出を図るなど，プロモーションを重視するようになってきたことが挙げられる。マーケットの中での千葉県の存在感や印象を高める必要性を認識するようになったといえよう。第3に，連携や交流の重視である。隣接する観光地間の広域的な連携，地域内のさまざまな観光のステークホルダーの連携，発地である都市部の市場の住民と着地となる観光地の住民との交流の促進など，つながりを重視していくことを打ち出している。第4に，数値目標を示したことを指摘できる。これは，国レベルでの観光立国推進基本法と観光立国推進基本計画と軌を同じくするものであると見受けられる。

3．千葉県の観光動向

1）観光入込客数・宿泊客数

　2009年の観光入込客延べ人数は1億5,215万5,000人地点である。県内客は47.2％に相当する7,181万7,000人地点，県外客は52.8％に相当する8,033万8,000人地点と推測される。宿泊客延べ人数は，全体で1,574万9,000人泊であり，うち県内客が470万9,000人泊（29.9％），県外客が1,104万人泊（70.1％）となっている。

　平均訪問地点数，平均宿泊数をもとに実人数を推計すると[7]，観光客実人数は県内から3,411万9,000人回，県外からは2,770万3,000人回と推定される。宿泊客実人数は，県内から389万2,000人回，県外から783万人回と見積もら

表Ⅳ-3　千葉県全体の観光入込客数・宿泊客総数

		2004年	2005年	2006年	2007年	2008年	2009年	パラメーター
観光客延べ人数（千人地点）	県内客	60,365	61,042	60,402	63,368	69,825	71,817	0.472
	県外客	67,526	68,285	67,569	70,887	78,109	80,338	0.528
	合計	127,891	129,327	127,971	134,255	147,934	152,155	―
宿泊客延べ人数（千人泊）	県内客	3,751	3,844	4,576	4,609	4,872	4,709	0.299
	県外客	8,795	9,012	10,729	10,807	11,423	11,040	0.701
	合計	12,546	12,856	15,305	15,416	16,295	15,749	―
日帰客実人数（千人回）	県内客	25,645	25,891	24,981	26,366	29,223	30,307	
	県外客	17,048	17,156	15,690	16,779	18,833	19,873	
	合計	42,693	43,047	40,671	43,145	48,056	50,180	
宿泊客実人数（千人回）	県内客	3,100	3,177	3,782	3,809	4,027	3,892	1.21泊
	県外客	6,237	6,391	7,609	7,665	8,102	7,830	1.41泊
	合計	9,337	9,568	11,391	11,474	12,129	11,722	―
総数実人数（千人回）	県内客	28,745	29,068	28,763	30,175	33,250	34,119	2.10地点
	県外客	23,285	23,547	23,230	24,444	26,934	27,703	2.90地点
	合計	52,030	52,615	51,993	54,619	60,184	61,822	―

出所：千葉県商工労働部観光課　「観光入込調査概要」（各年版）千葉県をもとに作成。

れる。これを差分して,日帰客実人数は,県内から3,030万7,000人回,県外から1,987万3,000人回と算出される。

表Ⅳ-3で算出した入込客数(実人数)に1人1回平均の消費金額[8]を乗ずることで,旅行消費額を推計することができる。2009年の数値をみると,日帰客については,県内客は1,167億円,県外客は1,147億円と算出できる。宿泊客は,県内客は737億円,県外客は1,922億円と推計される。すべてを合計すると,4,973億円となっている。

2)宿泊客数の状況

表Ⅳ-4は千葉県の各自治体の宿泊客総数(=延べ宿泊客数)をみたもの

表Ⅳ-4　主要自治体の宿泊客総数

(単位:人泊)

自治体名	地域	2005年	2006年	2007年	2008年	2009年
千葉県		12,855,777	15,305,210	15,415,578	16,295,579	15,749,426
浦安市	東葛飾	2,702,000	5,252,561	5,468,866	6,367,661	6,271,212
成田市	印旛	2,411,362	2,692,443	2,493,499	2,480,210	2,303,850
千葉市	千葉	2,057,294	1,887,802	1,941,949	1,860,103	1,848,149
鴨川市	安房	1,073,721	1,080,039	929,393	906,559	906,795
南房総市	安房	824,617	658,869	713,955	661,663	663,268
館山市	安房	479,976	440,197	472,096	438,938	443,744
白子町	長生	391,000	358,000	343,100	333,850	329,500
勝浦市	夷隅	311,542	306,317	305,844	313,686	311,726
木更津市	君津	313,107	318,731	349,036	346,534	334,118
市原市	千葉	299,608	316,549	325,913	304,607	263,960
銚子市	海匝	275,178	260,146	265,062	275,930	253,010
柏市	東葛飾	103,067	107,134	102,301	200,276	179,047
富里市	印旛	21,391	183,503	158,965	186,029	176,146
御宿町	夷隅	172,009	175,847	170,582	173,381	174,986

注:南房総市は2006年3月に旧富浦町,旧千倉町,旧白浜町など7町村が合併して成立。
　　合併以前の数値は関係自治体のものを合算。
出所:千葉県商工労働部観光課「観光入込調査概要(各年版)」千葉県をもとに作成。

第Ⅳ章　千葉県の観光の現状と展望

である。2009年の上位3つは浦安市（627万1,212人泊），成田市（230万3,850人泊），千葉市（184万8,149人泊）となっており，1990年代以降この状況は不変である。4位以下には，鴨川市（90万6,795人泊），南房総市（66万3,268人泊），館山市（44万3,744人泊）と，房総半島南部の安房地域の自治体が続いている。

全国の中での千葉県の位置は，国土交通省観光庁による『宿泊旅行統計調査』をもとに確認できる。これによると，千葉県の2009年の延べ宿泊者数は，全国4位の1,552万2,010人泊，実宿泊者数は全国3位の1,217万6,530人泊であった（表Ⅳ-5）[9]。外国人宿泊者は，延べ宿泊者数の10.5％，実宿泊者数の10.9％を占めている。一見すると，全国の中では東京都，北海道，大阪府に次いで多くの宿泊滞在者が存在することがわかる。ここで，千葉県の『観光入込調査概要』の2009年の数値（表Ⅳ-4）と合わせてみていくことにする。千葉県の特殊要因である東京ディズニーリゾートに関連する「浦安市」（627万1,212人泊），成田空港に関連する「成田市」（230万3,850人泊），「富里市」

表Ⅳ-5　主要都道府県の宿泊者数（2009年）

（単位：人泊）

順位	施設所在地	延べ宿泊者数	実宿泊者数	外国人内数	
				延べ宿泊者数	実宿泊者数
	全国	301,303,940	239,722,420	18,297,770	11,838,270
1	東京都	34,527,190	24,299,540	6,377,700	3,041,170
2	北海道	24,564,640	19,691,880	1,806,740	1,421,600
3	大阪府	15,707,030	11,839,480	1,966,500	1,345,900
4	千葉県	15,522,010	12,176,530	1,622,660	1,326,410
5	静岡県	13,393,740	11,068,770	372,230	280,790
6	沖縄県	11,505,900	7,203,210	293,010	173,200
7	神奈川県	11,380,880	9,191,580	609,200	386,550

出所：国土交通省観光庁参事官（観光経済担当）（2010）「宿泊旅行統計調査報告（平成21年1～12月）」国土交通省観光庁．2010年7月12日更新〈http://www.mlit.go.jp/common/000117733.xls〉をもとに作成．延べ宿泊者数が1,000万人泊以上の都道府県を記載．

(17万6,146人泊)を合計すると875万1,208人泊となっており,同調査概要による宿泊客総数の55.6％を占めている。このことから,東京ディズニーリゾートと成田空港の存在が,『宿泊旅行統計調査』における千葉県の順位を押し上げていることは否定できない。

3）観光入込客数の月別変動

　県内の地域別の観光入込客数の月別変動をみたのが，図Ⅳ-1である。ここでは，10地域のうち特徴のある5地域を示している。佐倉市や成田市を中心とする「印旛」は，1月に全体の約30％を占めている。これは「成田山新勝寺」への初詣客が集中することの影響と考えられる。香取市を中心とする「香取」では，1月の「香取神宮」への初詣客，10月の「佐原の大祭秋祭り」の影響でこの時期の客数の比率が高い。九十九里沿岸の東金市や山武市などの「山武」には，7～8月に海水浴客が集中している。茂原市を中心とする「長生」は「茂原七夕祭り」がある7月に年間入込客数の約30％近くを占めている。県南部の館山市や鴨川市，南房総市が含まれる「安房」では，花摘み客が多い1月から3月と海水浴客がある8月の比率が高い。

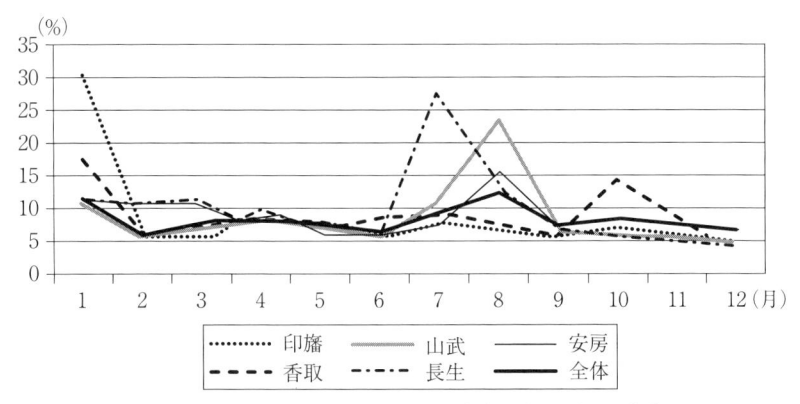

出所：千葉県商工労働部観光課「平成21年観光入込調査」千葉県をもとに作成。

図Ⅳ-1　観光入込客数の月別変動（2009年）

4) 主要な観光対象の入場者数

　表Ⅳ-6に記載した観光対象27カ所の2009年の入込数を合算すると8,134万人地点となり，県全体の1億5,215万5,000人地点のうち53.5％を占めている。

　上位からみていくと，「東京ディズニーリゾート」「海ほたるパーキングエリア」「幕張メッセ」「千葉マリンスタジアム」といった湾岸部の集客施設，「成田山新勝寺」「香取神宮」「宗吾霊堂」といった社寺仏閣への来訪者が多い。房総半島では年間90〜100万人近くを集める「鴨川シーワールド」「マザー牧場」が最大の集客施設であり，そのほかにも「とみうら枇杷倶楽部」「ばんや」「鋸山ロープウェー」「勝浦朝市」などが観光客を集めている。県東部では香取市の「小野川沿い」の重要伝統的建造物群保存地区や，銚子市の「ウォッセ21」を訪れる人が多い。

5) 事業所数ならびに従業者数[10]

　『事業所・企業統計調査』によると，2006年10月1日現在の千葉県の「旅館ホテル」の事業所数は1,534軒となっており，県内全事業所の0.79％を占めている。市町村別では，実数ベースでみると県南部の南房総市（227軒），鴨川市（134軒），館山市（108軒）で多い。各市町村の全産業に占める比率をみると，御宿町（9.28％），南房総市（8.78％），白子町（7.38％），鴨川市（5.71％）では「旅館ホテル」の占有率が5％を上回っているなど，房総半島に位置する自治体において高い値を示している傾向がある。

　「旅館ホテル」の従業者数は，県全体で24,765人となっており，全従業者の1.12％に相当する。市町村ごとに実数ベースでみていくと，宿泊客数の多い浦安市（5,783人），千葉市（3,355人），成田市（1,899人）で高い数値となっている。またこの業態への従業者比率が高い市町村としては，白子町（11.86％），御宿町（10.04％），南房総市（9.54％），鴨川市（8.88％）といった房総半島各地に加え，浦安市（7.04％）が挙げられる。

表Ⅳ-6　主要観光対象の入場者数

(単位：万人地点)

名称	所在地	地域	2005	2006	2007	2008	2009
東京ディズニーリゾート	浦安市	東葛飾	2,473	2,555	2,570	3,943	4,254
成田山新勝寺	成田市	印旛	998	1,036	1,083	1,145	1,141
海ほたるパーキングエリア	木更津市	君津	497	549	625	671	771
幕張メッセ	千葉市	千葉	608	501	614	455	489
香取神宮	香取市	香取	226	225	224	228	224
千葉マリンスタジアム	千葉市	千葉	177	171	196	198	188
宗吾霊堂	成田市	印旛	101	105	110	116	116
マザー牧場	富津市	君津	86	82	89	87	100
鴨川シーワールド	鴨川市	安房	97	98	98	92	96
露地花摘み	南房総市	安房	66	66	75	75	75
千葉市動物公園	千葉市	千葉	79	83	82	71	74
ウォッセ21	銚子市	海匝	58	56	69	67	69
東京ドイツ村	袖ヶ浦市	君津	41	51	51	53	64
とみうら枇杷倶楽部	南房総市	安房	59	61	67	68	60
ふなばしアンデルセン公園	船橋市	東葛飾	48	46	59	53	54
小野川沿い	香取市	香取	27	42	48	52	53
ばんや	鋸南町	安房	32	33	35	40	47
白子町温泉	白子町	長生	45	43	41	40	42
鋸山ロープウェー	富津市	君津	35	35	40	38	42
勝浦朝市	勝浦市	夷隅	35	36	38	37	36
白子町テニス村	白子町	長生	37	36	34	33	33
千葉県立「房総のむら」	栄町	印旛	21	22	23	28	25
南房パラダイス	館山市	安房	19	19	20	18	18
国立歴史民族博物館	佐倉市	印旛	16	19	17	17	18
地球の丸く見える丘展望館	銚子市	海匝	17	16	19	16	16
犬吠埼灯台	銚子市	海匝	14	12	16	15	16
勝浦海中公園センター	勝浦市	夷隅	16	16	15	14	13

注：一部の道の駅，祭事，ゴルフ場，海水浴場，年間入込数が100万人に満たない社寺仏閣は割愛した。
出所：千葉県商工労働部観光課「観光入込調査概要（各年版）」千葉県をもとに作成。

第Ⅳ章　千葉県の観光の現状と展望

表Ⅳ-7　千葉県内主要自治体の旅館ホテルの事業所数と従業者数（2006年10月1日）

所在地	地域	全産業		旅館ホテル		全産業に占める旅館ホテルの比率	
		事業所数	従業者数	事業所数	従業者数	事業所数	従業者数
千葉県		194,817	2,052,521	1,534	24,765	0.79%	1.21%
千葉市	千葉	28,174	370,035	105	3,355	0.37%	0.91%
市原市	千葉	8,575	106,201	73	655	0.85%	0.62%
船橋市	東葛飾	15,272	175,377	40	726	0.26%	0.41%
松戸市	東葛飾	13,196	124,072	34	448	0.26%	0.36%
柏市	東葛飾	11,474	130,534	39	651	0.34%	0.50%
浦安市	東葛飾	4,097	82,104	24	5,783	0.59%	7.04%
成田市	印旛	5,327	86,098	47	1,899	0.88%	2.21%
富里市	印旛	1,785	15,756	12	255	0.67%	1.62%
銚子市	海匝	4,798	31,569	45	686	0.94%	2.17%
白子町	長生	488	3,693	36	438	7.38%	11.86%
勝浦市	夷隅	1,410	8,065	70	503	4.96%	6.24%
御宿町	夷隅	431	2,122	40	213	9.28%	10.04%
館山市	安房	3,318	23,968	108	951	3.25%	3.97%
鴨川市	安房	2,348	17,930	134	1,592	5.71%	8.88%
南房総市	安房	2,586	14,296	227	1,364	8.78%	9.54%
木更津市	君津	5,001	48,637	37	995	0.74%	2.05%

注：従業者数には常用雇用者のほか，臨時雇用者も含んでいる。
出所：千葉県総合企画部統計課（2008）「平成18年事業所・企業統計調査結果」千葉県
　　〈http://www.pref.chiba.lg.jp/syozoku/b_toukei/jigyousyo/18kakuhou/18data/4hyou.html〉をもとに作成。

6）まとめ

　さまざまな観光関連の統計数値を一見すると，千葉県はすでに観光立県として成り立っているかのようにみえる。また，県内の市町村の中には，房総半島南部を中心に，主たる産業が観光となっているところもいくつか存在していることがわかる。しかし，東京ディズニーリゾートなどごく少数の全国レベルの知名度と集客力を誇る観光対象や，日本最大の国際空港である成田

国際空港の存在が全体の数値を押し上げているところがあることは否めない。

一方で、第2節でみたように、県内の各地域の観光の実情として、長らく社寺仏閣参詣と海水浴という特定の時期のみに来訪者が集中する活動目的を中心としてきたこと、大規模な集客が可能な観光対象は限られていること、しかも1970年代後半以降から1990年代前半までは積極的な整備がなされずに観光資源の発掘がなされてこなかったことを指摘できる。これらの影響もあり、遠方から多くの観光客を誘引することは難しく、千葉県を訪れる観光客は、県内ならびに首都圏の埼玉県、東京都、神奈川県からの日帰り客が主体となる状況が定着している[11]。

4．千葉県内の観光振興の事例

第3節までにみてきたように、千葉県の観光振興に取り組むにあたって、抱えている課題や克服の難しい条件は数多くみられる。こうした中で、千葉県内をみても、1990年代に本格的な取り組みに着手し、2000年以降も継続して積極的に取り組んでおり、なおかつ全国からも注目集めたり、マスメディアにしばしば取り上げられたりしている事例もいくつか存在する。

本節では、複数の千葉県内の有力な観光振興の事例を検討する。取り上げるのは、「香取市佐原重要伝統的建造物群保存地区」（香取市、旧佐原市）、「とみうら枇杷倶楽部」（南房総市、旧富浦町）、「ばんや」（安房郡鋸南町）である。

1）香取市佐原重要伝統的建造物群保存地区
①事例の概要

香取市佐原重要伝統的建造物群保存地区は、旧佐原市区域の小野川沿いと香取街道沿いの一帯7.1haに位置する。佐原は江戸時代から商業と利根川舟運の中心として発展し、1892年に大火があったものの、昭和初期に至るまで繁栄が続いた。

現存する繁栄していた当時の建物の建築様式は，江戸時代に建築された伊能忠敬旧宅（1793年建築）などの木造和風のものから，明治時代に建築された土蔵造の商家，大正・昭和初期の洋風建築（1914年建築のレンガ造りの旧三菱銀行佐原支店，1929年建築の鉄筋コンクリート造りの旧千葉合同銀行佐原支店など）まで多様なものとなっている。

出所：筆者撮影。
図Ⅳ-2　佐原重要伝統建造物群保存地区(1)

②歴史

佐原の歴史は，江戸時代前期に幕府が利根川の東遷事業を完了させ，舟運による東北と関東との交通輸送の拠点となったことから始まっている。陸運が発達していなかった当時においては，利根川を大型の高瀬舟が航行し，東北地方からの米などの物資の大量輸送が行われていた。佐原の小野川沿いには河岸が置かれ，物資輸送の中継地点となった。米穀中心の船問屋が多く開業したほか，1660年代からは酒，1680年代からは醤油の醸造が盛んになった。佐原の繁栄は明治時代になっても継続し，千葉県屈指の商業都市であった。1898年には鉄道が開通し，佐原駅は利根川流域や霞ヶ浦一帯の産物の舟運から鉄道への積み替え駅となった。大正時代においても，舟運と物資の集散地や商業の拠点であり，小野川沿いには水運業者と大規模な問屋が立地し，香取街道沿いには銀行や呉服・洋服，金物，陶器，菓子などの商店が並んだ。

しかし，昭和の高度経済成長期以降，佐原の商業的地位が低下した。その最大の要因は交通体系の変化である。モータリゼーションが進んだこともあり，利根川水運が衰退しただけではなく，周辺住民の購買が市外に流出した。その結果，小野川周辺の商店主の中には，近代化を焦って店舗の改装や看板の設置を進めたほか，従来の伝統的様式の建物の維持が困難になったために，

出所：筆者撮影。
図Ⅳ-3　佐原重要伝統建造物群保存地区(2)

取り壊したものもみられた。

③町並み保存の経過

高度経済成長に伴う急激な都市化や、生活様式の現代化による旧来の建築物の取り壊し、町並み・集落等の歴史的環境の破壊が全国的に進む中で、1960年代の後半より昔ながらの伝統的な町並み保存を進める住民運動や自治体による歴史的環境保全の条例策定が各地で相次いだ。これを背景に1975年には文化財保護法が改正され、文化財の区分として新たに「伝統的建造物群保存地区」が加わった。これは、周囲の環境と一体をなして歴史的風致を形成している伝統的な建造物群で価値の高いものを市町村が都市計画または条例により定めるものである。「伝統的建造物群保存地区」の区域の全部または一部で我が国にとってその価値が特に高いものについては、文化庁が「重要伝統的建造物群保存地区」として選定しており、2010年6月29日現在で全国に87地区ある。

その中で佐原は、町並み保存への着手は後発組である。岡崎・井澤・高見澤・渡邊（2001）では、佐原における町並み保存の進展プロセスを4つに区分して説明している。1つ目は「専門家による調査期（1974～1985年）」である。1974年に文化庁の補助事業として「伝統的建造物群保存対策事業」調査、1982年に財団法人観光資源保護財団（現：㈶日本ナショナルトラスト）による「町並み調査」が実施されたものの、一過性に終わった。その要因として、①保全に関する知識が不足、②住民の関心が近代化にあったことが挙げられる。特に後者に関連して、外部の研究者と住民との間で価値観の相違があったようである（田口、2009）。外部の研究者は「古い建物が残されている」と文化財の観点からその価値を評価する一方で、住民は「古いものがそのままでは恥ずかしい。暗くて現代風ではなく、使いにくい」といった考

え方であった。2つ目は「まちづくり模索期（1986～1989年）」である。この時期には、1989年に市職員の勉強会「地域づくり研究会」が発足し、町並み保存への取り組みの議論が始まったほか、三菱銀行が旧佐原支店の建物を佐原市に寄付するということがあった。地域のアイデンティティとして町並み資源が見直されるようになった時期ともいえよう。3つ目は「町並み保存啓発期（1990～1992年）」であり、専門家を交えながら、住民が主体となった本格的な取り組みが始まった時期である。取り組みとしては、1990年に国土庁の地方振興アドバイザーの助言により住民が主体的に町並み保全活動を開始したことに加え、1991年には「佐原の町並みを考える会（現：小野川と佐原の町並みを考える会）」が発足し、佐原三菱館での観光案内が始まったほか、1992年には保存計画を市長に提出している。4つ目は「計画策定期（1993～1996年）」である。伝統的建造物群保存地区を定めるための具体的な動きがあった時期である。1993年には市と佐原の町並みを考える会が「佐原市佐原地区町並み形成保存計画」を作成したり、住民説明会や専門家による討論会を経て1994年には「佐原市歴史的景観条例」が制定されたりした。同年には「歴史的町並み観光活性化プラン」も作られている。翌1995年には市と佐原の町並みを考える会によって、行政上の保存地区を決定するための町並み保存への同意書を住民から回収し、対象範囲内の92%の世帯から同意を得ることができた（柳田、2006）。その結果、1996年には伝統的建造物群保存地区として定められ、続けて文化庁から重要伝統的建造物群保存地区に選定された。

④重要伝統的建造物群保存地区以後

・修理・修景の推進

　条例制定後の1994年より、建造物の修理・修景[12]への助成が始まった。修理・修景にあたっては、1つの復元年代に設定せず、建物が建てられてから今日までの最も美しい時点への復原・復元が行われているが（柳田、2006）、主として昭和初期の町並みが想定されている。実際には、街路沿いの景観を保全することに主眼を置いており、店舗裏の住居部分については、現代様式

でもよいとされている。工事としては，足回りや構造の補強，屋根および外壁の修景，色彩変更，看板や工作物の撤去や修景がなされた。2007年までに，重要伝統的建造物群保存地区で90件，隣接する景観形成地区で32件の修理・修景が完了している（香取市都市計画課，2008）。建造物の修理・修景だけではなく，電柱の地下埋設やガードレールの擬木化などによる景観整備も行われている。

・観光事業の推進

　2000年以降の佐原における観光事業推進の特徴として2点挙げられる。

　第1に，中心市街地活性化の一環としての取り組みである。2000年度には『佐原市中心市街地活性化基本計画』が策定され，「水郷の小江戸　産業観光でにぎわいの再興」を目指し，単なる中心市街地活性化ではなく，中心市街地に位置する小野川周辺の伝統的建造物群保存地区を活かしていこうとする姿勢を示した。翌2001年度には『佐原・戦略ビジネスプラン〜TMO構想』を策定した。ここで示された10の目的の中には，「佐原を有名にする」「町並みのホンモノの魅力をひきだす歴史及び文化に関する活動を展開する」「町並み整備など，美しく住みやすい環境をつくっていく」など，観光と商業の両立を図ろうとするものが含まれている。2002年には，佐原市は佐原商工会議所をTMO機関として認定した[13]。続けて，中心市街地活性化基本計画に従って具体的な事業を展開する第3セクターの事業会社「株式会社ぶれきめら」を設立した。同社は，小野川舟運（水上バス運航），駐車場，休憩所，飲食店などの経営・運営を行っている。このうち，小野川舟運に関連して，経済産業省の「商店街活性化事業」の補助金を2003〜2004年度に活用して，船着き場の整備，船のリース，待合所設置などを行い，定期運行を立ち上げた。

　第2に，政府や千葉県からさまざまな補助金を受けて振興に取り組んでいることである。これらの補助金は全国一律に支給されるものではなく，主体的に取り組む意欲のある自治体を選定して配分するものであり，佐原では数多く活用している（白井・西村・山本・伊藤・加藤・城山，2009）。これら

第Ⅳ章　千葉県の観光の現状と展望

の補助金を活用した取り組みは，ハード面だけではなく，ソフト面での整備・開発にも着目している。国からは上述の「商店街活性化事業」のほか，「都市観光の推進による地域づくり支援調査事業」(国土交通省，2005年度)を活用して商家の家宝類の公開などに取り組み，新たな資源の発掘を図るとともに滞在時間の延長を図る「佐原まちぐるみ博物館」をスタートした。また，「観光ルネサンス補助制度」(国土交通省，2005～2006年度)を活用して成田空港での外国人トランジット客を佐原に誘致することを目指して，複数の言語での観光案内を行うバイリンガル路線バスを運行した。千葉県からは，「観光立県千葉モデル推進事業」(2004年度)に選定され，外国人や障害者も楽しめる奥行きのある観光地づくりを推進するために，歴史的資源の活用に向けた調査や，ユニバーサルデザイン案内板の整備を行った。ただし，これらの補助金をきっかけに始めた新たな取り組みの中には，軌道に乗っているものがある一方で，想定通りの成果を上げられなかったものもあった。

⑤観光の現状

千葉県の『観光入込調査概要』において，「佐原小野川沿い」は，2004年より調査対象に加わっている。2004年には37万人の入込者数であったが，2008年には52万人，2009年には53万人を集めており，香取市の主要な観光対象の1つとして定着してきたことがうかがえる(図Ⅳ-4)。季節変動をみると，水郷のあやめのシーズンである6月に来訪者が集中するきらいはあるものの，年間を通して変動は少なく，安定して推移している。

⑥効果

佐原における町並み保存の効果として3点考えられる。第1に，地域の資源を発掘・見直しをしたことである。その価値の

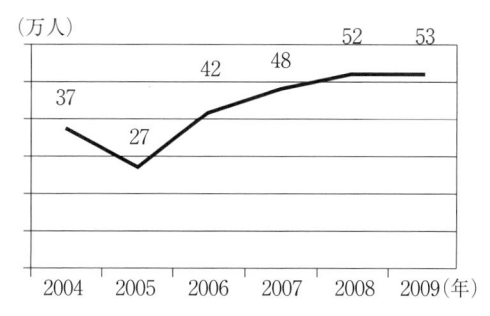

出所：千葉県商工労働部観光課「観光入込調査概要(各年版)」千葉県をもとに作成。

図Ⅳ-4　佐原小野川沿い　入込者数推移

認識においては，住民自らの発見だけではなく，外部の専門家による指摘も大きな役割を果たした。第2に，住民が参加していることである。重要伝統的建造物群保存地区の選定を目標に，専門家の指導を受けながらも住民主体で活動が進んでいったことだけではなく，9割以上の住民が伝統的建造物群保存地区となることに賛同した。また，町並みの建物にテナントとして外部の業者が入り込む余地はあるものの，住民の意思統一がある程度できている。

　一方で，重要伝統的建造物群保存地区となっている観光地に共通する限界があると考えられる。第1に，町並みの修理・修景の維持・負担の問題である。古い家屋が多いがゆえに，景観統一だけではなく，建物の安全維持の意味でも修理・修景は不可欠である。ところが，町並み保存の対象となる物件（特定物件）の所有者は一般の個人であることが多く，修理・修景時に国や県からの補助金を受けられるとはいえ，ある程度の金額を用意する必要がある。また，保存のために家の使い勝手についてはある程度の不便を受け入れざるを得ないという制約がある。第2に，町並みのデザインに関する問題である。ファザードのデザインに規制を加えることによってある程度の統一感を維持できる一方で，かつて存在した建物どおりに忠実に再現することへの限界があり真正性を保てない可能性がある。また，全国に重要伝統的建造物群保存地区が87カ所となった現在，観光客の目に入る部分はどこも似たり寄ったりになってしまい，他地区との違いを示すことが難しくなっていることも否めない。第3に，経済効果の限界がある。一般に，町並みを売りとした観光地の面的な広がりは歩行できる範囲に限られており，滞留時間も決して長いとはいえない。加えて佐原の場合は宿泊施設も少なく，宿泊する来訪者は限られている。その結果，来訪者の消費金額は限られたものにとどまっている。第4に，次世代の経営者の確保である。小野川地域での商店主の高齢化が進んでいると同時に，後継者を確保するのが困難となっている（小堀，1999）。加えて最近では，特定物件が空き家になり入居者を新たに募集することも発生しており，町並み保存を持続させていくことが大きな課題になっているといえよう。

2）とみうら枇杷倶楽部

①概要

　千葉県初の「道の駅」として1993年に富浦町（2006年3月の自治体合併以降は南房総市）が開設した。「枇杷倶楽部」という名称は，特産の「びわ」と，たくさんの出会いのある「クラブ」となる願いを込めて命名されたものである。ここは，観光業界では高い評価を得ており，初めて開催された全国道の駅コンクールである「道の駅グランプリ2000」で最優秀賞を受賞したり，全国から多数の視察者を受け入れたりしている。また，2004年には初代駅長として立ち上げと経営に尽力した加藤文男氏は，内閣府や国土交通省によって「観光カリスマ」[14]に千葉県から唯一選ばれている。

　とみうら枇杷倶楽部が位置する旧富浦町域は，「房州びわ」として広く知られるびわの産地である。2009年の『作物統計』によると[15]，全国で6,650トン，千葉県では772トンの収穫がある。市町村合併が行われる前の2004年の数値をもとに千葉県内の状況をみていくと，収穫された「びわ」594トンのうち，旧富浦町が433トン（72.9％）を占めており，この地域の特産となっている[16]。しかし，収穫されたびわはすべてが出荷されるわけではないのが実情である。2009年に千葉県で収穫された772トンのうち出荷されたのは718トンあり，7.0％に相当する54トンは市場に出回らないのである。

②事業の経過[17)18)]

　1980年代末より旧富浦町は，海水浴の低迷，民間企業によるリゾート構想の破綻という状況にあった。その中で，旧富浦町の産業振興と文化振興を担い，地域情報の発信を目指す施設の整備に取り組む「産業振興プロジェクトチーム」が1990年にスタートし，1993年に11月に「道の駅とみうら枇杷倶楽部」として開業した。施設の所有・管理は南房総市（開業時は旧富浦町），営利事業部分（加工所・売店・カフェ・農場）の経営・運営は，南房総市が全額出資をしている第三セクターである株式会社とみうら（資本金7,500万円，開業時は2,000万円）が担っている。

　「枇杷倶楽部」の施設の構成を，道の駅の3つの機能を基準に整理する[19]。

第1に休憩機能として，駐車場のほかトイレ，アトリウムがあり，ドライバーの休憩に利用されている。第2に情報発信機能として，案内所のほか，道路情報の案内端末が設置されている。また，「南房総いいとこどり」というポータルサイトを2001年より運営している。第3に地域の連携機能として，食事などを提供する「枇杷倶楽部カフェ」，土産品などを販売する「枇杷倶楽部ショップ」がある。このほか，これらの店舗で提供される，規格外品などのびわを用いた食品の加工場も隣接地に併設されている。これまでに，びわを用いた缶詰，ジャムを手始めに，ソフトクリームの加工技術の開発を行い，外部への委託製造も含めて40種類程度の商品化に取り組んできた。さらに，隣接地には「苺庭園」（1995年開業），4km離れた場所には直営農場「花倶楽部」（1993年開業）もあり，農産物の技術改良も行っている。加えて，文化事業として，地域住民の作品展示や人形劇の上演などをするギャラリーが館内にある。

　これらに加えて，旅行会社と地元の小規模な事業者を結びつける「一括受注システム」を開発した。これは，「枇杷倶楽部」が地元の農園やレストランを組み合わせたツアーの企画提案・手配・精算までを手がけることで，旅行会社の募集したお客が地元の事業者を利用することを促進するものである。

出所：筆者撮影。

図Ⅳ-5　とみうら枇杷倶楽部

③観光の現状

　「枇杷倶楽部」の来訪者数は，1997年は年間27万人であったが，年々増加しており，2001年には年間53万人，2008年には過去最高の68万人，2009年は61万人となっており，南房総市の主要な観光対象の1つとなっている。

　株式会社とみうらの年間売上額をみると，1996年9月期より

第Ⅳ章　千葉県の観光の現状と展望

年間6億円程度の売上高で推移しており，毎年2,000万円以上の利益を計上し，黒字経営を継続しているとのことである。

合わせて，「枇杷倶楽部」は旧富浦町内でも有力な小売店舗であることも注目される。自治体合併前に実施された『平成16年度商業統計調査』によると，旧富浦町内の小売店における2003年度の年間商品販売額は25億3,787万円であった[20]。同社の2004年9月期の売上高は5億8,936万円であり，そのうち商品売上が8割であることを踏まえて推測すると，旧富浦町の小売店年間商品販売額の20％弱を「枇杷倶楽部」が占めていることがわかる。

④効果

この施設の効果としては次の点が挙げられる。第1に，経済効果である。地元からの雇用者の所得と仕入額の増加を生み出しているほか，旧富浦町の人口の約1％に相当する60〜70人の雇用（正社員＋非常勤）を創出している。

第2に，地元の農業生産の安定化が指摘されている。枇杷倶楽部が町で生産されるびわの販売と消費の場所ともなっているほか，隣接する「花倶楽部」も地域の耕作放棄地の有効活用につながっている。

第3に，ノウハウの蓄積がある。これまで出荷されずに廃棄されていたびわが相当数あったわけだが（現状でもあるが），加工品にするなどの新たな用途とノウハウを開発し，それに携わる人材の育成がなされている。

第4に，町内の民間企業による物販・飲食施設の開業がある。枇杷倶楽部の周辺には土産品店など観光客に狙いを定めた施設をいくつかみることができるほか，旧富浦町域への

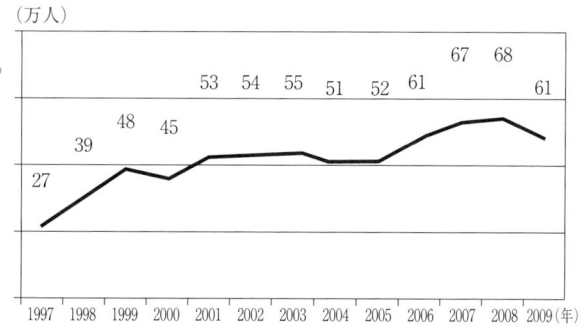

出所：千葉県商工労働部観光課「観光入込調査概要（各年版）」千葉県をもとに作成。

図Ⅳ-6　とみうら枇杷倶楽部　入込者数推移

来訪者数を増やしている。

　第5に，千葉県内に「道の駅」が多数林立するきっかけになったことである。千葉県には2010年8月現在では21カ所の道の駅があり，そのうち鋸南町，南房総市，館山市，鴨川市から構成される安房地域には10カ所あり，そのうちの8カ所は1995年以降の登録となっている（うち3カ所は既存の施設を登録）。安房地域における有力な集客施設として定着しつつある。

3）ばんや

①概要[21)22)23)]

　「ばんや」は安房郡鋸南町にある，保田漁業協同組合直営の食堂である。「ばんや」の名称は漁師の休憩所である「番屋」に由来している。漁港で水揚げした東京湾の地魚を中心とする新鮮な魚介類を，刺身，煮物，天ぷら，唐揚げ，寿司の5つの調理法により100種類のメニューで提供している。料金は，魚の時価が反映されており，変動することがある。

②事業の経過

　1995年7月に開業した当初は，漁協の組合員の福利厚生を目的としており，施設も中古のコンテナハウスでの営業であった。その後，漁業の取り巻く環境の厳しさで漁協の経営が困難になる危機感と，消費者に魚のことを伝えたいとの思いから，事業の方向性が変わっていった。そこで，海や水産資源を活用して第一次産業と第三次産業を組み合わせた「海業」を打ち出した。2000年7月には「魚食普及食堂第2ばんや」（210名収容）が，千葉県の特認事業（千葉県と鋸南町から半額の補助）により建設された。2002年3月に132名を収容できる「第1ばんや」を組合の自己資金により改築した。2008年6月には210人収容の「第3ばんや（予約専門館）」を農林水産省の「農山漁村活性化プロジェクト支援交付金」[24)]の補助を受けて建設・開業し，団体客の予約にも対応できるようになった。さらに，食堂に加えて新たな事業も展開している。1999年にはプレジャーボートの受け入れを始めたほか，2003年12月には宿泊施設も備えた24時間営業の温泉施設「ばんやの湯」を自己資

第Ⅳ章　千葉県の観光の現状と展望

金で開業，2006年5月からは遊覧船の運航を開始している。

③観光の現状

2009年には，「ばんや」は46万5,000人，「ばんやの湯」は11万2,000人の入込数となっており，過去6カ年をみても増加傾向にあることがわかる（図Ⅳ-6）。鋸南町における従来からの主要な観光対象である，鋸山

出所：筆者撮影。

図Ⅳ-7　ばんや

の「日本寺」（24万6,000人），「海水浴」（3万8,000人）を抑えて，町をリードする観光対象として定着しつつあることがうかがえる[25]。

事業拡大や人気の要因として，田中（2001）は，マグロを除き冷凍物を使わず，基本的に定置網などの漁法でその日の朝に漁獲された新鮮な魚を使っており，当日に食べられる魚は現地に行かないとわからないこと，手軽な値段で食べられることを指摘している。また，テレビなどのマスメディアの取材に積極的に対応し露出の増加を図るパブリシティによる効果も指摘されている（婁・五十嵐，2006）。このほか，ばんやの成功要因として，事業主体である漁協役員の理解と職員の一丸となった取り組みも無視できない（月刊漁協経営編集部，2003）。

④効果

第1に，水産物の有効活用である。ロットがまとまらないために販売できない水産物を食事として提供・販売することを可能にする場面を創ったほか，料理として魚に付加価値を加えて販売することを実現している。

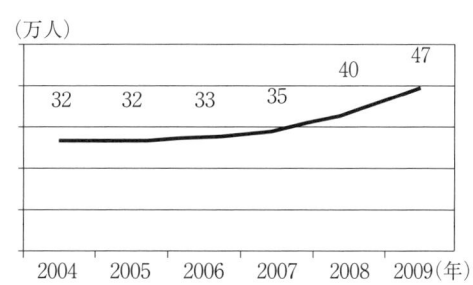

（万人）

年	2004	2005	2006	2007	2008	2009
入込者数	32	32	33	35	40	47

出所：千葉県商工労働部観光課「観光入込調査概要（各年版）」千葉県をもとに作成。

図Ⅳ-8　ばんや　入込者数推移

第2に，漁業経営の安定である。従来から漁協が運営する地元の産地市場で得ていた魚の販売手数料に加えて，食堂売り上げという新たな収入源を確保した。第3に，地元の雇用の拡大である。2007年には，パート・アルバイトの形態となるが，100名近い地元の人の雇用を実現している。第4に，漁協職員が店舗で利用客と接することにより，地元で水揚げされる魚の価値を再発見するなどの教育的効果が指摘されている（婁・五十嵐，2006）。

5．千葉県の観光の展望：新たな観光振興モデルを求めて

1）千葉県の地域資源と開発

　千葉県には全国に誇れる集客力のある大型の観光対象はあるのだろうか。第2節と第3節でみたように，「東京ディズニーリゾート」をはじめ，「幕張メッセ」「海ほたる」など，都市部に限定して立地していることがわかる。南部や東部の地域において年間100万人規模の集客可能な大型の観光対象としては，「鴨川シーワールド」「マザー牧場」が挙げられる程度である。これらは，所在地の地元の人のパワーによる内発的開発というよりも，政府や県，または外部の民間資本が主導するという外発的開発によるものである。現在に至るまで，長い期間にわたって千葉県の観光事業を支えてきた。

　同時に，多くの海水浴客と社寺参詣客の存在により，大きな季節変動はあるものの，相当数の観光客を確保してきた。特にこの2つは大きな観光開発をすることが必ずしも求められないことにも注意する必要がある。一方で，海水浴客の激減も見逃せない状況となっている。

　しかしながら1980年代以降になると，大型の観光対象の新規開発は都市部を除いてなされてこなかった。県東部・南部では外部の民間資本による新たな投資を呼び込むことが難しい，いわば観光における外発的開発を期待できない状況にあった。さらに，自治体が主導で大型の建設を進めようにもハコモノとの批判を免れない時代となってきた。何か新しい取り組みをしていくには，地元主導による内発的な開発が求められる状況になったのである。

2) 新たな観光事業の発展モデルの出現

　その中で，第4節でみたように，千葉県内においても，歴史，農業や漁業などの地域にあるさまざまな資源を発掘し，それを観光に活用していくことが1つの観光振興の方策となってきた。これらは，地元が主体的に取り組んだ，いわば内発的開発による観光振興の取り組みであり，成功事例として全国的に知られるようになったものもある。

　これらの事例を俯瞰すると，短期的ではなく長期的な地に足着いた地道な取り組みとなっており，共通する発展のモデルを見出すことができる。その構造は，「担い手の登場」→「地域資源の発見」→「スタートアップ」→「拡大・展開」→「地域内のネットワーク化」の5つの段階から構成される。

　はじめは「担い手の登場」である。具体的には，市町村，民間企業から協同組合まで含まれる地域の事業者，地域住民を想定できる。「佐原」では地域住民を中心としつつ旧佐原市が支援，「枇杷倶楽部」では地元市町村である旧富浦町，「ばんや」は地元の漁業協同組合となっており，地域の実情等による違いは認められるが，どれも国や県や外部資本ではなく地元が主たる担い手となっている。また，どの事例にも熱心なリーダーが存在していた。

　プロセスの2番目は，「地域資源の発見」である。地域に根づいているが，観光向けに使われておらず，また利用の余地や可能性があるものが資源として適切となる。その意味では，旧佐原市の"重要伝統的建造物群保存地区"，旧富浦町の"びわ"，鋸南町保田の"魚と漁港"はうまく活用できた例である。これらの資源は，地元の人が自らみつける場合もあれば，外部の専門家や来訪者による指摘によって着目される場合もある。

　3番目は，「スタートアップ」である。ポイントは3つあり，1点目は自前の資金・人材を中心に経営資源を確保しつつも，多額の投資を抑え，地道にスタートしていることである。「佐原」の場合は，三菱銀行から旧佐原市に寄付された「三菱館」でのボランティアガイドからスタートしており，「枇杷倶楽部」では開設前に"びわ"を用いた商品の開発とその試験販売をすることから始まった。「ばんや」については，最初の店舗はコンテナ等を

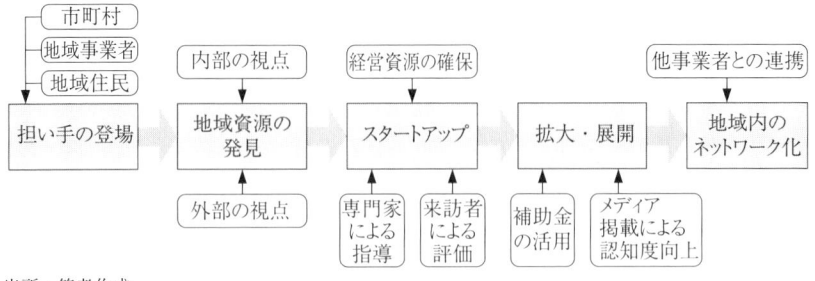

出所：筆者作成。
図Ⅳ-9　千葉県の新たな観光事業の発展モデル

活用して投資額を抑えている。2点目は，外部の専門家からの指導を受けていることである。「佐原」の町並み保存の場合は，計画策定を本格化させる時期に専門家による支援が入っていた。「枇杷倶楽部」についても，開業前の商品開発の段階でコンサルタントが関わっていた。指導を受けることにより，資源や素材をどのように組み立てて，活用していくのかについての方向性を定めている。3点目は，観光客からの支持である。「枇杷倶楽部」では試作商品の販売での手応えがあった上で本格展開に乗り出している。また，「ばんや」の開設には，漁協組合員の食堂をみた来訪者からの要望が背景の1つにあったとされている。

　4番目は「拡大・展開」のステージである。ここでの具体的な手法として2つ挙げられる。1つは「国の制度や補助金を活用」しながらの事業拡大である。たとえば「佐原」では，歴史的景観条例の制定，重要伝統的建造物群保存地区に選定されたことに伴い，建物の修理や修景をする場合には，補助金を活用することができるようになった。また，国土交通省や観光庁による競争型の補助金にも応募しているほか，経済産業省の中心市街地活性化の枠組みを用いた事業展開も行い，滞留時間の延長を図っている。「ばんや」では，レストランの拡張の際に農林水産省や千葉県による補助金を活用している。どれもゼロからではなく，ある程度の土壌ができた上で，その時点で活用可能な補助金を得ていることに注目するべきである。2つ目は，ガイドブ

ックやテレビ等で紹介されることによる「メディア掲載による認知度向上」である。たとえば,「ばんや」については,開業後の早い段階でメディアに取り上げられたことが認知度の向上に結びついたといわれている。「枇杷倶楽部」については,道の駅のコンテストでの受賞や初代駅長の観光カリスマへの選定など,国や専門家の間での高い評価を得たことも知名度向上につながっている。

5番目は,「地域内のネットワーク化」である。この段階になると,年間40～60万人程度の集客を達成し,県内でも存在感のある観光対象となってきている。そこで,この場所を拠点とした,小型の観光対象のネットワーク化を行い,地域内の他の小規模な事業者や,顕在化していない小さな観光資源・観光対象に観光客を誘導していく取り組みもみられるようになる。たとえば,「枇杷倶楽部」では,「一括受注システム」を開発し,周辺の農園などの観光対象と観光客や旅行会社との間に入って,観光客の振り分け・送客・集金等を行っている。「ばんや」では周辺の江月地区の地域づくりに協力したり,町内の里山体験を来訪者に紹介するなど,地域への面的な展開を図っている。「佐原」に関しては,2008年に「利根川舟運・地域づくり協議会」が設立され,利根川を軸とした地域連携への模索が始まったところである。将来的には,地域住民が主体となって観光資源を発掘,プログラム化し,旅行商品としてマーケットへの発信・集客を行う観光事業への一連の取り組みである「着地型観光」(尾家,2008)を展開し,来訪者の行動範囲や滞在時間の拡大を図ることへの可能性も期待できる。

3)新たな観光事業の発展モデルの課題

一方で,課題も存在する。第1に,マス・ツーリズムへの対応が難しいことである。外発的開発による大型施設では,団体客をはじめ多数の観光客を同時に受け入れることができる。本章で取り上げた事例については,拡大・展開のプロセスを経て大型バスの団体客への受け入れを行っているが,必ずしも大規模ではないので,持続可能な適正な容量に来訪者数をコントロール

していくことが求められる。

　第2に，地域内競合の発生である。特に県南部の房総半島の各地には「海」「花」「農業」といった資源が広い範囲に分布している。その中で，地域内に1つの成功事例がでると，それにならって同じような資源を活用した観光対象や施設が発生してきてしまい，対象間で差別化をすることが難しくなる。地域全体への来訪者数が拡大しない限りは，地域内での競合が発生してしまうことになりかねない。

　第3に，イメージの構築とプロモーションによる首都圏をはじめとするマーケットにおける認知度の向上である。冒頭で述べたように，千葉県の観光のイメージは「東京ディズニーリゾート」に集中しており，他の事項は想起されにくく，人々に千葉県の観光のイメージが定着していないのが実情である。和田・菅野・徳山・長尾・若林（2009）は，県が持つすべての特徴を訴求する全方位型のマーケティングを取ってしまうことでイメージが曖昧になってしまい，マーケットの人々には認識が難しくなると指摘しているように，多様な地域を抱える千葉県という規模でのブランディングやマーケティングを実施したとしても，困難が伴う。一方，大型の観光開発に限界がある中で，地域内での地道な取り組みが登場し始めている。ただし地域資源を活かし，地域の"お宝"を磨き，地域の事業者による観光サービスの提供が始まったとしても，地域外の人々が存在を知らなければ，観光客がやってくることはない（敷田・内田・森重，2010）。こうした状況を踏まえ，同質の資源とそれを活かす観光対象が位置するある程度の範囲を定め，その単位でのブランディングを行い，イメージづくりをしていくことが必要となる。

　第4は，観光対象となっている場所について，そこで提供される商品だけではなく，その場所ならではの価値を的確にマーケットや実際に来訪した人に伝えていくことが挙げられる。地域ブランドに関する議論をみていくと，成功事例の共通点の1つとして，人々の関心を惹きつけるストーリー性，あるいは歴史性，地域性が色濃く反映されていることが挙げられている（関，2007）。また，地域資産からどのような経験や体験をできるのか，その価値

を伝えていくことが必要であると指摘もある（和田・菅野・徳山・長尾・若林，2009）。これらの見解を踏まえて考えていくと，単に商品や食品，料理を提供するだけではなく，長時間の滞在者，繰り返しの来訪者を獲得するために，魅力の出し方・見せ方を継続的に工夫していくことが求められる。

　いま，千葉県の観光は転換期を迎えているといえよう。千葉県の観光の強みである既存の大型の観光対象の集客を活かしつつも，県内各地域においては，地域の資源を活用しながら，地元が主体となった独自の地道な取り組みを行い，マーケットである首都圏に対してそのイメージと魅力の認知度向上が図られていくことを期待したい。その取り組みが定着してこそ，「住んでよし・訪れてよし」の千葉県になるはずである。

（中村　哲）

注

1）　千葉県総合企画部統計課（2010）「千葉県毎月常住人口調査月報（平成22年8月1日現在）」2010年9月1日更新〈http://www.pref.chiba.lg.jp/toukei/toukeidata/joujuu-geppou/joujuu.html〉2010年9月20日閲覧。
2）　国土交通省編（2003）「総合保養地域の整備：リゾート法の今日的考察　図表編，国土交通省」〈http://www.mlit.go.jp/hyouka/pdf/resort/zuhyou.pdf〉2010年9月18日閲覧。
3）　オリエンタルランド（2010）「東京ディズニーランド(R)・東京ディズニーシー(R)2009年度入園者数データ（速報）」2010年4月2日更新〈http://www.olc.co.jp/news/index_detail.html?pid＝16〉2010年9月20日閲覧。
4）　北総地域には，印旛・香取の各地域と銚子市，南房総地域には，夷隅・君津・安房の各地域が含まれる。
5）　千葉県商工労働部観光課（2007）「『ちばデスティネーションキャンペーン』の経済効果について」2007年9月14日更新〈http://www.pref.chiba.lg.jp/syozoku/f_kancon/dc_ripple_effect.html〉2010年9月20日閲覧。
6）　館山市・鴨川市・南房総市・鋸南町（2008）「南房総地域観光圏整備計画」2008年8月更新〈http://www.mlit.go.jp/common/000058815.pdf〉2010年9月18日閲覧。
7）　県内からの観光客は平均して2.10地点を訪問しているので，実人数は7,181万7,000人地点を2.10で除して3,411万9,000人回と見積もられる。同様に県外客は2,770万3,000人回と算出される。県内からの宿泊客は平均1.21泊しているので，宿泊客実人数は，470万9,000人泊を1.21泊で除して389万2,000人回となる。同様に県外からの宿泊客実人数

は，1,104万人泊を1滞在の平均泊数1.41で除して783万人回と求められる。そうなると，日帰り客の実人数は，県内からは総数3,411万9,000人回から宿泊客数実人数389万2,000人回を引いて3,030万7,000人回，同様に県外からは1,987万3,000人回となる。

8） 1人1回の平均消費金額は，日帰客（県内客）は3,851円，日帰客（県外客）は5,770円，宿泊客（県内客）は18,945円，宿泊客（県外客）は24,550円となっている。

9） 『宿泊旅行統計調査』では，従業者数が10名以上の事業所に調査対象を限定しているため，千葉県の『観光入込調査概要』で示されている数値と異なっている。

10） 千葉県総合企画部統計課（2008）「平成18年事業所・企業統計調査結果」千葉県，2010年9月22日更新〈http://www.pref.chiba.lg.jp/toukei/toukeidata/jigyousho/h18-kakuhou/h18-4omote.html〉2010年9月23日閲覧。

11） 関連して，千葉県が2004年に実施した『観光客入込動態調査』では，県内7市町（御宿町，銚子市，富津市，木更津市，白子町，館山市，八千代市）への来訪者の出発地を把握しており，八千代市を除く6つの市町では千葉県内からの来訪者が35〜45％程度，1都3県（埼玉，千葉，東京，神奈川）からは80〜90％程度となっていることが示されている。千葉県商工労働部観光課（2005）「観光客動態調査の分析に及び旅行消費による経済波及効果の推計に関する報告書」千葉県，pp.40-82。

12） 修理とは伝統的建造物（特定建造物）および景観形成指定建築物の外観を維持する行為，修景とは一般建築物（非伝統的建造物，非指定建造物）を伝統的町並みに調和させる行為のことをいう。

13） TMOとはTown Management Organizationの略であり，中心市街地を一体的かつ計画的に整備をしていくための企画調整や事業の実施を担う役割がある。TMOの推進母体としては，商工会，商工会議所，第三セクター，NPOなどが挙げられる。

14） 内閣府と国土交通省は，従来型の個性のない観光地が低迷する中，各観光地の魅力を高めるためには，観光振興を成功に導いた人々のたぐいまれな努力に学ぶことがきわめて効果が高いと考え，各地で観光振興の核となる人材を育てていくための先達となる人々を「観光カリスマ百選」として，2002年から2005年にかけて選定した（参考：観光庁（2010）「観光カリスマ一覧」2010年7月29日更新〈http://www.mlit.go.jp/kankocho/shisaku/jinzai/charisma_list.html〉2010年9月3日閲覧）。

15） 農林水産省（2009）「平成21年産びわ，おうとう，うめの結果樹面積，収穫量及び出荷量」作物統計，2009年11月26日更新〈http://www.e-stat.go.jp/SG1/estat/Xlsdl.do?sinfid＝000005713458〉2010年9月5日閲覧。

16） 農林水産省「作況調査（果樹）平成16年産果樹生産出荷統計 市町村別の結果樹面積・収穫量・出荷量 びわ」作物統計〈http://www.e-stat.go.jp/SG1/estat/Xlsdl.do?sinfid＝000005754664〉2010年9月8日閲覧。

17） 観光庁（2010）「観光カリスマ一覧 加藤文男」2010年4月12日更新〈http://www.mlit.go.jp/kankocho/shisaku/jinzai/charisma/mr_kato.html〉2010年9月3日閲覧。

18） 観光庁観光地域振興部観光地域振興課（2009）「観光を活かしたまちづくりを推進す

る体制づくり」観光庁，pp.37-52〈http://www.mlit.go.jp/common/000059320.pdf〉2010年9月6日閲覧。
19) 「道の駅」とは，地域の創意工夫により道路利用者に快適な休憩と多様で質の高いサービスを提供する施設のことをいい，無料で利用できる十分な容量の駐車場，清潔な便所，案内・サービス施設が備わっており，バリアフリー化が図られていることが求められている。機能としては，道路利用者のための「休憩機能」，道路利用者や地域の方々のための「情報発信機能」，そして「道の駅」をきっかけに町と町とが手を結び活力ある地域づくりをともに行うための「地域の連携機能」の3つを併せ持つ。2010年8月9日現在で952駅が登録されている。
20) 千葉県総合企画部統計課（2006）「平成16年度商業統計調査結果，第8表市区町村別事業所数,従業者数,年間商品販売額,売場面積〔小売業〕」2010年7月1日更新〈http://www.pref.chiba.lg.jp/toukei/toukeidata/shougyou/h16-kekka/documents/8hyou.xls〉2010年9月7日閲覧。
21) 読売新聞2008年6月10日，読売新聞2002年8月21日，日本経済新聞2006年11月11日，日本経済新聞2006年10月26日，2006年4月4日。
22) 農村振興局農村政策部都市農村交流課「平成20年度『立ち上がる農山漁村』選定事例　鋸南町保田漁業協同組合」〈http://www.maff.go.jp/j/nousin/soutyo/tatiagaru/t_jirei/h20/pdf/2011_hota.pdf〉2010年9月7日閲覧。
23) 農林水産省農林振興部整備農村整備官農山漁村活性化支援室（2008）「農山漁村活性化プロジェクト支援交付金を活用した活性化の取り組み事例」，新往来，30，p.38〈http://www.maff.go.jp/j/nousin/nousei/sinourai/s_bk/pdf/030_5.pdf〉2010年9月7日閲覧。
24) 「農山漁村活性化プロジェクト支援交付金」とは，地方自治体が作成する，地域の自主性と創意工夫による定住者や滞在者の増加などを通じた農山漁村の活性化を図る計画に対して，国がその実現に必要な施設整備等の総合的取り組みを交付金により支援するものである。整備の対象の1つとして，地域間交流の拠点となる施設の整備がある。また，この施設の事業主体としては，市町村に加え，農業協同組合や水産業協同組合も想定されている。
25) 鋸南町（2010）「平成22年度町勢要覧」p.9〈http://www.town.kyonan.chiba.jp/kyonan/soumu/tyouseiyouran.pdf〉2010年9月7日閲覧。

参考文献
井口梓・小島大輔・中村裕子・星政臣・金玉実・渡邉敬逸・田林明・トム・ワルデチュク（2006）「九十九里浜における観光の地域的特性：白子町中里地区のテニス民宿を事例に」『地域研究年報』28，pp.127-166。
尾家建生・金井萬蔵（2008）『これでわかる！着地型観光：地域が主役のツーリズム』学

芸出版社。
岡崎篤行・井澤壽美子・高見澤邦郎・渡邊恵子（2001）「佐原における歴史的町並み保存のプロセスと住民意識」『日本建築学会技術報告集』14, pp.315-318。
香取市都市計画課（2008）「香取市佐原重要伝統的建造物群保存地区」『地図情報』274, pp.13-15。
黒川幸太朗（2007）「千葉県旧鴨川市における観光地化と宿泊施設の地域的特徴（南房総の地域調査）」『臨地研究報告』（東京学芸大学）2, pp.36-40。
月刊漁協経営編集部（2003）「現地ルポ保田漁協の『ばんや』を訪ねて：漁協もここまでやれる」『月刊漁協経営』41(6), pp.23-25。
小堀貴亮（1999）「佐原における歴史的町並みの形成と保存の現状」『歴史地理学』41(4), pp.21-34。
敷田麻実・内田純一・森重昌之（2010）『観光の地域ブランディング』学芸出版社。
白井清兼・西村崇・山本淳子・伊藤興一・加藤浩徳・城山英明（2009）「旧佐原市地区におけるまちづくり型観光政策の形成プロセスとその成立要因に関する分析」『社会技術研究論文集』6, pp.93-106。
鈴木富之・中村文宣・池田真利子・福田綾（2010）「成田空港周辺におけるインバウンド観光の地域特性：宿泊施設の経営と外国人旅行者行動の分析を通じて」『地域研究年報』32, pp.135-165。
関満博（2007）「『お取り寄せ』から，その『まちに向かう』時代に：地域ブランドとまちおこしのこれから」関満博・財団法人日本都市センター『新「地域」ブランド戦略』日経広告研究所, pp.212-220。
高橋珠州彦（2002）「観光拠点としての『犬吠』の形成と開発資本の動向」『歴史地理学調査報告』（筑波大学歴史・人類学系歴史地理学研究室）10, pp.55-69。
田口一博（2009）「佐原におけるまちづくりの政策システム」『土地総合研究』17(4), pp.55-67。
田中克哲（2001）「鋸南町保田漁協：漁協直営食事処『ばんや』」『漁協』17(5), pp.50-53。
千葉県商工労働部観光課（2005）『観光入込調査概要　平成16年』千葉県。
千葉県商工労働部観光課（2006）『観光入込調査概要　平成17年』千葉県。
千葉県商工労働部観光課（2007）『観光入込調査概要　平成18年』千葉県。
千葉県商工労働部観光課（2008）『観光入込調査概要　平成19年』千葉県。
千葉県商工労働部観光課（2009）『観光入込調査概要　平成20年』千葉県。
千葉県商工労働部観光課（2010）『観光入込調査概要　平成21年』千葉県。
中村哲（2005）「千葉県の観光の発展過程と観光政策の変遷」『経済文化研究所紀要』（敬愛大学）10, pp.75-106。
中村哲（2006）「千葉県の観光の発展過程：観光統計の分析による検討」『敬愛大学研究論集』70, pp.249-289。
中村哲（2008）「沖縄のデスティネーションイメージ測定」『敬愛大学研究論集』73,

pp.213-244。
日本建築学会編（2004）『まちづくり教科書第2巻　町並み保全型まちづくり』丸善。
八甫谷邦明（2008）「地域探訪(19)　富浦町の観光まちづくり」『まちづくり』19，pp.3-10。
丸井博（2000）「九十九里平野における観光資源とその利用」『帝京大学文学部紀要　教育学』25，pp.1-16。
丸井博（2001）「房総半島南部沿岸における観光資源とその利用：内房・外房における観光の実情」『帝京大学文学部紀要　教育学』26，pp.49-75。
柳田文夫（2006）「佐原の町並み保存」『新都市』60(10)，pp.131-135。
山村順次（1991）「首都圏における千葉県観光の地位と地域的特性」『千葉県史研究』2，pp.97-113。
婓小波・五十嵐玲（2006）「地域資源の価値創造と魚食レストランの展開」『アクアネット』9(1)，pp.70-74。
和田充夫・菅野佐織・徳山美津恵・長尾雅信・若林宏保（2009）『地域ブランド・マネジメント』有斐閣。

第V章

千葉県ICT産業の現状と課題

1. はじめに

　情報通信技術の普及と発展は全世界で進展しており，我が国においてもICT（情報通信）産業は，1970年代から「対事業所サービス」の一翼を担う産業として，製造業の生産活動に付随し，または中央政府や地方政府の情報システムの運営を担って，急成長してきた。（亀山・中澤・佐野，2008）。ICT産業はそれ自体の成長性の高さだけでなく，その波及効果についても高く評価されている。特にソフトウェア産業はイノベーションによる生産性向上のポテンシャルを秘めた知識集約型サービスの典型とみなされており，それゆえに地域経済を牽引する産業として期待されてきた（峰滝・元橋，2007）。もちろんこの背景には，情報化と通信ネットワークの発展が，企業立地における地域の制約を緩めるのではないかという予測があった（高瀬，2010）。つまり，情報通信技術の発展とネットワークの形成が地理的遠隔性という問題を解消して情報通信産業の分散化を後押しし，その結果，産業・人口の首都圏一極集中が打破され，地域産業が活性化するのではないかと考えられていたのだ。しかし，残念ながら，いくつかの先行研究によれば首都圏と地方との格差は縮小したとはいえない。また，統計データからも，首都圏と地方のみならず，首都圏を構成する県の間でも格差が生じていることが明らかだ。

　本章は，量的調査と質的調査を踏まえて千葉県におけるICT産業の現状

を明らかにすることを目的としている。まず統計データをもとに全般的な動向を明らかにした上で、日本のICT産業全体における千葉の位置づけと特性を確認するものである。

2．ICT産業の定義

1）ICT産業

　まず、本章における情報通信産業の定義を明確にしておく。分析にあたっては、総務省統計局・日本標準産業分類における「情報サービス業（中分類39）」（「ソフトウェア業（小分類391）」「情報処理・提供サービス業（小分類392）」を含む）と「インターネット付随サービス業（中分類41）」を対象とした。

　ソフトウェア業とは、顧客の要請に応じた電子計算機のプログラムの作成およびその作成に関する調査・分析・助言などのサービス、そして、電子計算機のパッケージプログラムの作成およびその作成に関する調査・分析・助言などのサービスを指す。情報処理・提供サービス業とは、顧客の要請に応じて、電子計算機を用いて委託された計算を行うサービス、電子計算機用の媒体にデータを書き込むサービス、各種データを収集・加工・蓄積し、情報として提供するデータベース・サービス、ユーザーの情報処理システム、電子計算機室などの管理運営サービスなどが含まれる。最後に、インターネット付随サービス業とは、主としてインターネットを通じて、通信および情報サービスに関する事業を行うものである。

2）ICT産業と統計データ

　分析にあたっては、総務省による「事業所・企業統計」と、経済産業省が毎年公表している「特定サービス産業実態調査」を使用した。前者については、情報通信産業の全般的な傾向を分析する際に、後者については千葉県内の事業所の詳細なプロフィール特性を分析する際に使用する。また、首都圏事業所の地理的な集積状況等については、補足的に「ソフト系IT産業の実

態調査」を利用する。

　このように複数のデータを参照するのは統計データに制約があるためである。西村・峰滝（2004）など多くの先行研究が指摘しているように，情報通信産業には広汎な企業データが存在しないという欠点があり，それゆえに同産業の分析は，実証研究よりも成功企業のケーススタディをメインに発展してきたという経緯がある。もちろん，経済地理学の分野では1980年代後半から，富田（1987）をはじめとして，情報通信産業の立地に関する多数の研究が行われてきたが，統計データの不備は同様に指摘されている（生田，1989；北村，1989など）。1973年から毎年実施されている「特定サービス産業実態調査（以下，特サビ）」は，情報通信産業に関する最も包括的な統計として知られているが，2005年までは業界団体の名簿に基づいた調査を行っていたため，補足率に問題があった。この点について生田（1989）は，1981年の時点では，実態調査に記載された事業所数は，事業所統計の3分の1程度にとどまっていたと指摘している。しかし，2006年以降は総務省の「事業所・企業統計」をベースとした全数調査となっており，これによって，「事業所・企業統計」と「特サビ」の乖離は確かに存在するものの，それ以前と比較すると捕捉率の問題は若干ながら解消されつつある。このような限界がある「特サビ」ではあるが，「事業所・企業統計調査」からはうかがい知ることができない，県別・産業別の売上高や資本金の額，従業員の構成，契約産業の構成などといった事業所経営に関する詳細なデータを含むため，情報通信産業のあり方を検討する上では無視できない資料である。

　上記以外に情報通信産業を扱った統計調査としては，国土交通省による「ソフト系IT産業の実態調査」が挙げられる。同調査は，NTTのタウンページの中から「ソフトウェア業」「情報処理産業」「インターネット」の3業種に登録している事業所を抽出したものであり，それゆえに前述の「事業所・企業統計調査」および「特サビ」とは乖離があるため，結果の評価については慎重にならなければいけない。一方で，開廃業率や事業所の分布状況に関する詳細な調査が行われているという特徴があり，情報通信産業におけ

る千葉県の位置づけを確認する上では貴重な情報源であると考えられる。それゆえ，本章では地域的な集積のあり方を検討する際に，同調査を補足的に使用する。

さらに本章を作成するにあたって，県内外の識者に対してインタビュー調査を行った。インタビューから得た質的な情報を統計データという量的調査の結果に付け加えることで，千葉県の情報通信産業の現状をより詳細に記述できると考えたためである。目的は千葉県内の情報通信産業の現状と課題を明らかにすることであり，そのためには内部の視点だけでなく，外部からも知見を得る必要があった。それゆえ，今回は，地方公共団体の担当職員，千葉県内および千葉市内のIT産業の振興に関わる担当者に加えて，多数のITベンチャーを擁する都内インキュベーションオフィスのマネージャーおよびコンサルタントに対しても聞き取り調査を行った。

最後にインタビュー期間と分析データの整合性の問題について付け加えておく。聞き取り調査の期間は2008年後半であり，その後のリーマンショックによる経済環境の変化がICT産業に与えた影響は確かに無視できない。しかし，分析に使用する各種統計データ（「事業所・企業統計」および「特サビ」）は2008年以前のものであるため，インタビュー対象者の現状認識とデータに現れた状況には大きな齟齬はないものと考えられる。

3．ICT 産業の動向

1）全国ICT産業の立地動向

千葉県のICT産業に言及する前に，日本におけるICT産業の現状を明らかにしておく。1980年代までの全国の動向については，中島（1989）に詳しい。本章では80年代半ば以降を記述することとし，それ以前のICT産業の動向は中島（1989）の研究をまとめるにとどめる。

当該産業の従業者数は，1970年代から80年代にかけて6倍に増加した。年平均増加率も70年代前半の11％から16％へと増加し，同産業の雇用は急拡大

した。また，70年代には雇用の増減率に地域差があり，東北や四国地方では雇用の増加率は比較的低かったが，70年代の後半からは従業者数の年平均増加率はどの地方も10％を超え，地域差が縮小していった。

それ以降も，90年代に一時的に増加率が鈍るものの，2006年の全国従業員数は1981年の6倍強に達している（図Ⅴ-1）。また，図Ⅴ-2から明らかなように事業所数については，1981年の5,133事業所から2006年には2万9,081事業所へと，従業員数と同じく6倍に伸びている。つまり，日本のICT産業は70年代から急速に成長しており，それとともに多くの雇用を産み出し，労働力を吸収してきたと考えられるだろう。

注目すべきは，情報通信産業における東京の位置づけである。全国の従業員数に占める東京の従業員数の割合は，従業員数で49.9％，事業所数で37.8％であり，全国トップとなっている。東京に次いで多くの従業者と事業所を抱えているのは大阪府であり，その後，愛知・神奈川・福岡・北海道が続く。この上位5県だけで，従業員の7割強，事業所の6割，売上高の8割強を占めており，情報通信産業はきわめて集中度が高い産業であることがわかる。また，関東一都六県の全国に占める割合は，従業者の6割強，事業所の5割，売上高の7割強となっている。

一方，全国の従業員数に占める東京の従業員数の割合は，1981年の53.3％から2006年は49.9％と若干減少している。しかし，1996年には40.8％にまで落ち込んだことを踏まえて考えると，東京の一極集中化は回復傾向にあるとも捉えられるだろう。さらに，全国の事業所数に占める都内事業所の割合は，1981年からの15年間で46.0％から37.8％へと10％近く低下した。しかしこれをもって，東京から地方へと情報通信産業の分散が進んだと言い切ることは難しい。なぜなら，情報通信産業全体の売上に対して東京都の事業所が占める割合は，増加傾向にあるからだ。図Ⅴ-3からは，1996年の全国売上高に占める割合は51.2％であったが，2006年には64.4％にまで増加しており，東京一極集中が進んでいることが見て取れる。対して，売上高で2位以下に続く神奈川・大阪・愛知・福岡のシェアは減少傾向にある。

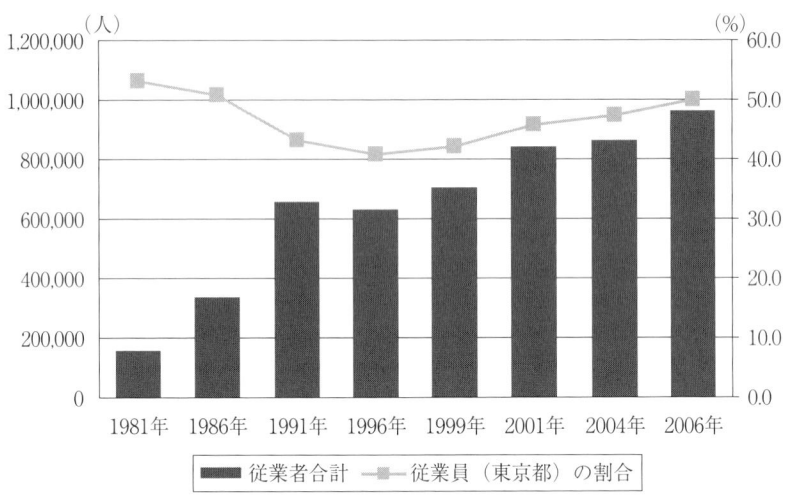

図Ⅴ-1　情報通信産業における従業者の推移

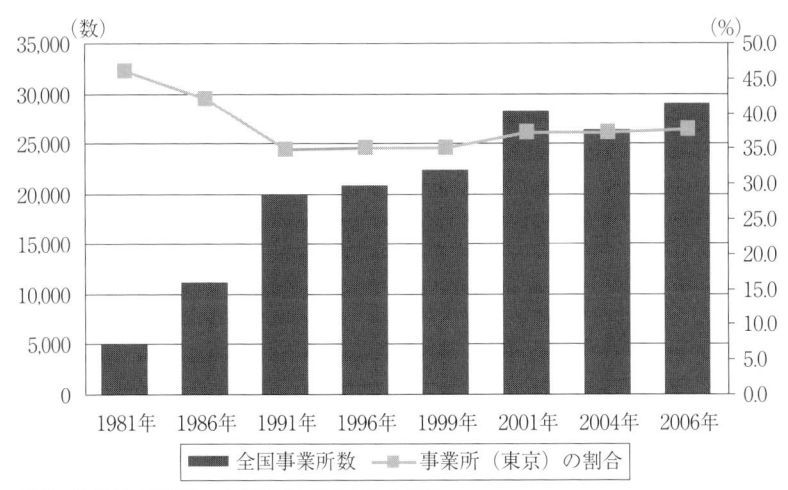

出所：総務省「事業所・企業統計」各年度より作成。

図Ⅴ-2　情報通信産業における事業所数の推移

出所：総務省「事業所・企業統計」各年度より作成。

　情報通信産業の売上高，つまり情報サービスの生産が東京に集中することについて，加藤（1996）は，東京都に多くの事業所が集積するゆえに，各地

第Ⅴ章　千葉県ICT産業の現状と課題

図Ⅴ-3　情報通信産業の売上高の推移

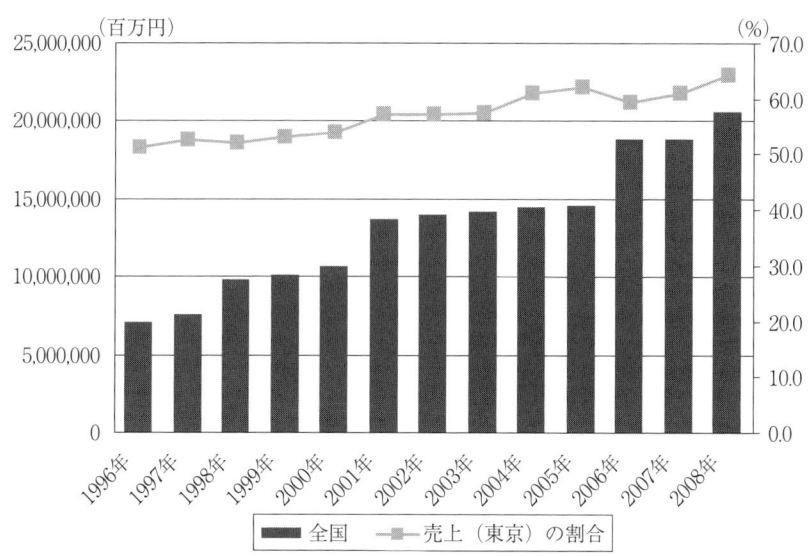

出所：経済産業省「特定サービス産業実態調査」各年度より作成。

　域で発生した情報サービス需要が東京に集中していると指摘している。しかし，その一方で，東京は情報サービスの一大供給地でもあり，地方のIT事業所の多くは東京に依存をしている。地方のソフトウェア企業の多くは，東京に拠点を置く大手システムインテグレーターの下請け・孫請けとして仕事を請け負っている。つまり，地方のICT産業はさまざまな意味で東京に依存しているといえよう。地方の自立的な経済を構築するものとして期待されたICT産業が，実際には東京都からの仕事の受注で成り立っており，地方都市の同産業は東京に対して従属的な立場であると考えられている。また，これは，矢部（2005）の研究などから顕著だ。

　そもそも，遠隔通信を可能とするIT技術は，時間と距離との壁を克服し，地理的遠隔性という弱点を解消するものだと考えられてきた。たとえば，高瀬（2010）は，情報化が企業立地に及ぼす影響として，①地域的な特色の制約を離れた立地の分散化の促進と②地域的な集積の利点による集中化の促進

という2点を挙げている。それゆえに，東京と地理的な隔絶があり経済的な劣位に置かれていた地方公共団体は，情報通信産業が分散化し地域内に高度化した産業が集積することで地域経済が活性化し，ひいては経済的中枢機能が東京一極集中から分散していくと期待していた。これは，1988年に制定された頭脳立地法（地域産業の高度化に寄与する特定事業の集積の促進に関する法律）の趣旨からも見て取れる。同法律では，ソフトウェア産業は戦略的サービス産業として東京一極集中構造の是正と多極分散型国土の形成・促進の役割を果たすものとして見なされていた（加藤，1996）。しかし，過去20年あまりの日本の情報通信産業の状況からは，東京一極集中と地域間格差が解消されるどころか，進んでいるとしかいえないのが現状だ。

　情報通信産業における東京と地方との格差構造については，80年代に行われたいくつかの先行研究においても指摘されていた（中島，1986；北村，1986など）。確かに，80年代から90年代にかけて，情報通信産業は地方へと広がっていったが，すべての業種がパラレルに分散していったわけではない。高度な技術を要しない受託計算や（データ入力を含む）情報処理サービスなどはかなり早い段階から地方へ分散していったが，ソフトウェア産業においては，受託計算や情報処理サービスほどは地方分散が進まなかった。もちろん，地方にもソフトウェア産業は存在しているが，必要とされる技術レベルは首都圏のそれとは異なる傾向にあるようだ。たとえば，加藤（1993，1996）は，情報通信産業の地方分散化は安価な労働力の確保というコストダウンとしての意味合いが大きく，地方で同産業に携わる事業所は，東京の業者の下請け的な位置づけにとどまり，技術的にも劣位に置かれていることを指摘している。つまり，量的にも質的にも，情報通信産業における地域的な格差は依然として存在しているといえるだろう。

2）国内 ICT 産業の特性とその概要

　千葉県の ICT 産業について言及する前に，日本の ICT 産業の特性を明らかにしておく。分析にあたっては，「特定サービス産業実態調査」（平成20

年）を使用した。

① **業務種類別構成**

　ソフトウェア産業は，「受注ソフトウェア（61.4％）」「業務用パッケージ（6.5％）」「ゲームソフト（1.6％）」「コンピュータ等基本ソフト（1.2％）」からなり，売上全体の約7割を占めている。情報処理・提供サービス業は，全体の24.7％を占め，その内訳は，「情報処理サービス（10.0％）」「システム等管理運営受託（8.6％）」「データベース・サービス（1.7％）」「各種調査（1.7％）」「その他（1.6％）」だ。一方，インターネット付随業は，全体の4.6％にすぎない。上記から，日本の情報通信産業の柱は，全体の6割を占める「受注ソフトウェア」であることがわかるだろう。

　これは，日本の情報通信産業の大きな特徴とされており，かねてから日本のソフトウェア産業は，米国と比較してパッケージソフトの割合が低く，受注ソフトの割合が多いといわれていた（西村・峰滝，2004；元橋，2007など）。パッケージソフトとは異なり，受注ソフトウェアの開発は，個々のユーザーニーズに対してソフトの作り込みを行う，いわばテーラー・メイドのサービスである。そしてこうした製品開発上の特性が，日本の情報通信産業，とくにソフトウェア業の立地に大きな影響を及ぼしていると考えられている。

② **契約産業別売上高**

　情報通信産業全体では，売上高が高いのは，製造業・3兆3,831億円（20.9％），金融・保健業・3兆547億円（18.8％），同業者間の取引・2兆7,126億円（16.7％）の3業種であり，次に（同業者間取引以外の）情報通信業，公務，卸売・小売業，サービス業が10％弱の割合で続く。対して，電気・ガス・熱供給・水道業，運輸業，不動産業，飲食・宿泊業は合わせて全体の5％未満にとどまっている。

　また各業種における契約産業別売上高には，業種間の差異が存在する。ソフトウェア業は，製造業および同業者間との取引が比較的高い。特に同業者間との取引が2割を超えているのは，大手システムインテグレーターを中心に下請け・孫請けのネットワークが形成される同産業の構造に要因がある。

また，情報処理・提供サービス業は金融・保険業との取引が他業種を上回る。ネット付随事業は，他の２業種と異なり，製造業，金融保険業，同業者間との取引が低い代わりに，情報通信産業（同業者を除く）とその他（その他産業および個人からの売上からなる）の売上がそれぞれ３割を超えているという特色がある。

③ ICT産業における事業者のプロフィール

　１事業所当たりの従業者数は48.2人であるが，従業者が10人以下の事業所が全体の４割，50人未満の事業所は８割を超えており，実態は中小・零細事業所が大多数を占めていると推察される。こうした小規模の事業所が売上に占める割合は15％にも満たず，一方で事業数では1.2％にすぎない500人以上の大規模事業所の売上が全体の半数を占めている。

　特に零細事業者が多いのはネット付随サービス分野である。ソフトウェア産業は，ネット付随サービス分野および情報処理・提供サービス業と比較すると，５～９人の事業所数は若干高い。情報処理・提供サービス業においては，大規模事業所よりも中小事業所が売上に占める割合が高いという特徴がある。

　次に，資本金の額に基づいて事業所数と売上高を整理する。情報通信産業においては資本金1,000万円以下の事業所が16％，5,000万円以下の事業所は全体の７割を占めるなど，圧倒的に中小・零細事業者が多い産業となっている。しかし，こうした事業者の売上全体に占める割合は非常に小さく，全体の５％にすぎない資本金10億以上の大規模事業所が，売上の大半を占めている。

　最後に，売上高別の事業所数の割合に注目する。売上高１億円未満の事業所と１億～10億円の事業所が，それぞれ４割を占めている。10億円を超える事業所は全体の13％程度にすぎず（うち100億円以上は1.4％にすぎない），一方で売上高が１億円に満たない零細事業所が全体の２割を占めている。さらに，売上高が1,000万に満たない事業所も存在している。特に，ネット付随業に携わる事業所は，ソフトウェア業や情報処理・提供サービス業と比較すると，売上高が低い事業所が多い傾向にある。

従業者数・資本金額・売上高という上記の3点から整理してみると，ICT産業においては多数の中小零細事業者と少数の大規模事業者という対照的なプレイヤーが混在していることがわかるだろう。

4．千葉県のICT産業

　次に千葉県のICT産業の現状を明らかにする。各指標については，全国平均だけでなく，東京・神奈川との比較を行う。神奈川を選択したのは，千葉県と同じく東京都の隣接自治体でありながら，千葉を上回る発展を遂げているためだ。こうした視点からの分析を行うことで，千葉県のICT産業の特性が明らかになるだけではなく，関東圏における位置づけが示されるだろう。

1）県内ICT産業の発展
　県内の情報通信産業は，急速に発展してきた。1981年から2006年までの25年間で，従業者数は約1,500人から約1万9,000人へとおよそ12倍，事業所数は約80から約550へと約7倍に達しており，2006年の事業所・企業統計によれば，従業者数で全国7位，事業所数で全国11位と上位に位置している。しかし，従業者数や事業所数で全国の上位に位置づけられているからといって，ある種のプレゼンスを獲得していると考えるのは早計である。

　日本の情報通信産業は，集中度が高く，関東一都六県の全国に占める割合は，従業者の6割強，事業所の5割，売上高の7割強となっていることはすでに述べた。しかし，その大半が東京と神奈川に集積しており，この一都一県を除いた関東他県の占める割合は事業所および従業者数の6〜7％にすぎない。

　ICT産業において千葉県が全国に占める割合は，80年代からわずかに上昇しているものの，従業員・事業所とも約2％程度にとどまっているのが現実だ。例外的に90年代にこの割合は増加に転じているが，これは隣接地域の神奈川でも同様の傾向を示している。

その要因としては，地価とオフィス賃貸料の問題が考えられる。東京の事業所が，オフィス賃貸料が高額な23区から幕張新都心やさいたま新都心，みなとみらい21といった相対的に地価やオフィス賃貸料が安価な周辺の自治体へと転出したという原因が考えられる。また，新規事業所を設立する際も，地価の高い都心を避け，周辺地域を選択した可能性がある。しかし，バブル崩壊から数年が経過すると，都心の地価およびオフィス賃貸料は急速に落ち込み，周辺地域の地価の魅力は低下していった。そのため，逆に周辺地域から都心への転出が相次ぎ，その結果，従業者数・事業所数ともに東京の占める割合がわずかに上昇し，千葉の占める割合は減少することとなったのだろう。

　この時期の都心回帰の傾向と千葉県内の事業所については，幕張新都心における状況からもうかがえる。たとえば，濱田（2003）は，「東京ガスは幕張新都心の自社ビルに計算機センターを設けバックオフィスとして利用してきたが，2002年度になって全部門を都心にある本社ビルに撤退させた（その結果，200人前後いた幕張ビルの勤務者数は0となった）」という事例に言及

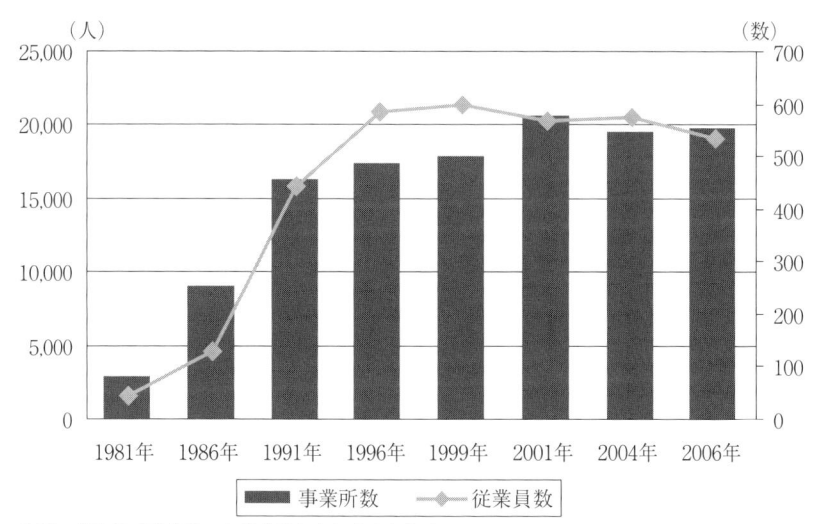

出所：総務省「事業所・企業統計」各年度より作成。

図V-4　千葉県情報通信産業の推移

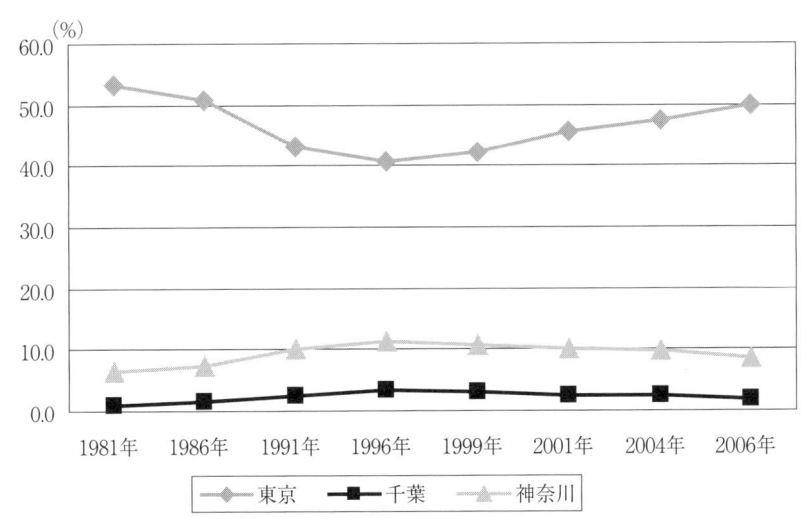

第Ⅴ章　千葉県 ICT 産業の現状と課題

出所：総務省「事業所・企業統計」各年度より作成。
図Ⅴ-5　全国従業員数に占める割合の推移

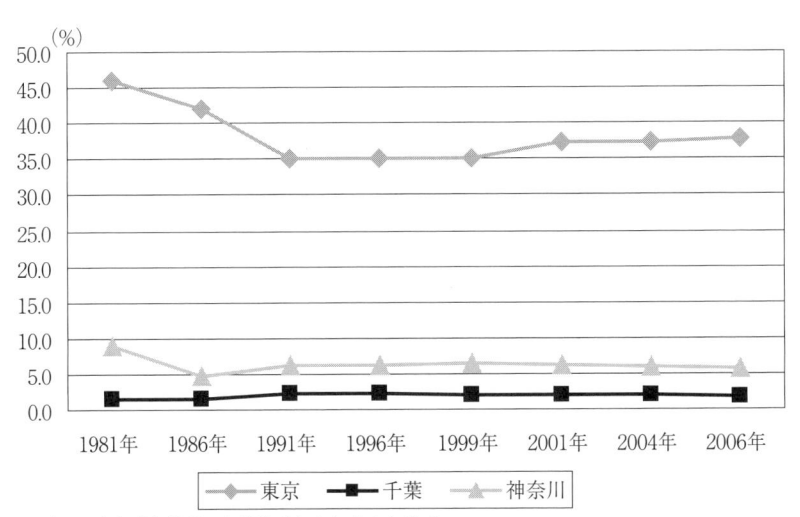

出所：総務省「事業所・企業統計」各年度より作成。
図Ⅴ-6　全国事業数に占める割合の推移

し，その理由として，「幕張新都心に進出した企業はそもそも都心立地を指向していながらも，主に地価の問題から立地させることができなかった，（しかし）都心部に立地するコストが下がったことで本来志向していた都市部へと移転を行った」のではないかと考察している。ここからも千葉県内への一時的な事業所の移転には，地価以外に大きな誘因が存在しなかったことがうかがえるだろう。

２）県内 ICT 産業の分布

次に，千葉県域の情報通信産業の分布と特性に目を向ける。検討にあたっては，「事業所・企業統計（平成18年）」のデータを用いた。「特サビ」は，都道府県レベルでは事業所数だけでなく売上高や資本構成，業種の別を含んだ詳細なデータを記載しているが，市町村レベルでの分類は行っていない。対して，「事業所・企業統計」は，取扱データには制約があるものの，市町村ごとの整理が行われているという利点がある。前述したように，「特サビ（平成20年）」は，平成18年度の「事業所・企業統計」に基づく調査ではあるが，すべての事業所の情報を補足しておらず，事業所数等に開きがあるため，単純に両データを比較することはできないのはいうまでもない。

「事業所・企業統計」をもとに作成した図Ｖ-7からわかるように，千葉県における情報通信産業の集積は千葉市以西に偏っている。インタビューでは「県内で情報通信産業を営む事業所は千葉中央より東京寄りに分布しており，それ以外の地域にはほとんど存在しない」といわれていたが，これは統計データからも明らかである。

県内事業所は，東京湾岸沿いの地域（浦安市・習志野市・千葉市・市原市・木更津市）と東葛地域（船橋市・市川市・浦安市・松戸市・鎌ケ谷市・柏市・我孫子市・流山市・野田市）の２地域に分布していることがわかる。対して，この２地域から外れた千葉県東部および南部には，少数の事業所が点在しているにすぎず，ほとんどICT産業は発展していない。千葉県は，石油精製，石油化学，鉄鋼等の素材型産業等の全国有数の集積地であること

第Ⅴ章　千葉県 ICT 産業の現状と課題

出所：平成18年「事業所・企業統計」より作成。
CRAFT MAP 〈http://www.craftmap.box-i.net/〉
図Ⅴ-7　千葉県 ICT 産業の分布

が知られているが，こうした産業が集積している市原市・袖ケ浦市・木更津市等に存在する事業所は前述の地域と比較すると少数にとどまっている。とくに袖ケ浦市には事業所自体が存在していない。インタビューでは「大手素材メーカーの多くが，都内の大手システムインテグレーターにシステムを発注しているか，自社グループ内に情報通信部門を抱え込んでいる」との指摘もあり，京葉工業地帯の地域 ICT 産業への波及効果は限られたものにとど

まっていると推測できる。

　次に，県内市町村の情報通信産業の特性を検討する。表Ⅴ-1は，県内の情報通信産業に属する事業所を多く抱える上位10市町村をピックアップしたものである。さらに市町村内の特性を明らかにするために，市町村ごとの業種の比率も記した。

　まず，千葉県内の情報通信産業の3割弱が千葉市内に集積しており，次いで，柏市・船橋市・我孫子市……と続いていく。注目すべき点は，各市町村の業種構成の違いである。千葉市は，ソフトウェア業と情報処理・提供サービス業を営む事業所の割合がほぼ半々であるのに対して，2位以下に続く柏市（59.6％）・船橋市（66.7％）・松戸市（75.0％）・我孫子市（77.8％）・市川市（71.4％）は，それぞれ「ソフトウェア業」の割合が「情報処理・提供サービス業」を上回っている。さらにいえば，千葉市内においても業種の構成には偏りがある。たとえば，市内のIT関連事業所の半数が集う中央区においては，ソフトウェア業・54.3％に対して情報処理・提供サービス業は45.7％を占めている。一方，幕張副都心を擁する美浜区では，ソフトウェア業・75.6％，情報処理・提供サービス業24.4％と，圧倒的にソフトウェア業に携わる事業所が多い。対して，「情報処理・提供サービス業」を営む事業所数が40％を超える市区町村は，千葉市の一部地域（千葉市中央区・千葉市花見川区・千葉市若葉区・千葉市緑区）と柏市・木更津市・八千代市にすぎない。

3）県内のICT産業の特性と位置づけ
①業務種類別構成

　表Ⅴ-2からも明らかなように，情報通信産業のほとんどすべての業種が東京を中心に集積している。中でも，インターネット付随業務やシステム等管理運営受託業務は，その75％以上が東京に存在している。対して，業務用パッケージや受注ソフトウェアの開発は，東京の占める割合が6割強となっている。また，前述の業種と比較すると情報処理サービスは，若干東京の比

第Ⅴ章　千葉県 ICT 産業の現状と課題

表Ⅴ-1　千葉県情報通信産業の事業所数とその業種構成（10位まで）

（下段は業種構成比）

	合計	ソフトウェア業	情報処理・提供サービス業	インターネット附随サービス業
千葉市	149	89	60	10
		59.7%	40.3%	6.7%
千葉市中央区	81	44	37	5
		54.3%	45.7%	6.2%
千葉市花見川区	9	5	4	1
		55.6%	44.4%	11.1%
千葉市稲毛	8	5	3	―
		62.5%	37.5%	―
千葉市若葉区	6	3	3	1
		50.0%	50.0%	16.7%
千葉市緑区	4	1	3	―
		25.0%	75.0%	―
千葉市美浜区	41	31	10	3
		75.6%	24.4%	7.3%
柏市	52	31	21	2
		59.6%	40.4%	3.8%
船橋市	48	32	16	12
		66.7%	33.3%	25.0%
松戸市	36	27	9	3
		75.0%	25.0%	8.3%
我孫子市	36	28	8	1
		77.8%	22.2%	2.8%
市川市	35	25	10	2
		71.4%	28.6%	5.7%
浦安市	21	13	8	1
		61.9%	38.1%	4.8%
習志野市	15	10	5	0
		66.7%	33.3%	0.0%
木更津市	13	7	6	6
		53.8%	46.2%	46.2%
八千代市	11	6	5	2
		54.5%	45.5%	18.2%

出所：総務省「事業所・企業統計（平成18年）」より作成。

表Ⅴ-2　業務種類別地域構成

	ソフトウェア業						情報処理・提供サービス業					インターネット附随業
	受注ソフトウェア開発	ソフトウェア・プロダクツ					情報処理サービス	システム等管理運営受託	データベース・サービス	各種調査	その他	
		業務用パッケージ	ゲームソフト	コンピュータ等基本ソフト								
全国	100.0%	100.0%	100.0%	100.0%	100.0%			100.0%	100.0%	100.0%	100.0%	100.0%	100.0%
千葉	1.7%	2.3%	0.2%	0.4%	2.1%			1.0%	1.1%	0.5%	0.8%	—
東京	60.9%	65.2%	67.3%	67.3%	56.8%			75.6%	70.3%	75.0%	40.8%	85.8%
神奈川	9.8%	5.6%	13.4%	18.8%	7.5%			7.0%	1.4%	1.4%	8.6%	1.4%

出所：経済産業省「特定サービス産業実態調査（平成20年）」より作成。

表Ⅴ-3　地域内業務構成比

	ソフトウェア業					情報処理・提供サービス業					インターネット附随業
	受注ソフトウェア開発	業務用パッケージ	ゲームソフト	コンピュータ等基本ソフト	情報処理サービス	システム等管理運営受託	データベース・サービス	各種調査	その他		
全国	61.4%	6.5%	1.6%	1.2%	10.0%	8.6%	1.7%	1.6%	2.7%	4.6%
千葉	68.1%	9.7%	0.2%	0.3%	13.1%	5.6%	1.2%	0.5%	1.7%	0.0%
東京	59.2%	6.7%	1.7%	1.3%	9.0%	10.3%	1.9%	1.9%	2.5%	6.2%
神奈川	70.7%	4.3%	2.5%	2.6%	8.8%	7.1%	0.3%	0.3%	3.4%	0.7%

出所：経済産業省「特定サービス産業実態調査（平成20年）」より作成。

第Ⅴ章　千葉県 ICT 産業の現状と課題

重が低く，その他の地域への分散が進んでいる。

　首都圏 ICT 産業において東京に次ぐ地位を占めるのが神奈川である。千葉のシェアは，各業種とも全国の1～2％にとどまっているのに対して，神奈川は，「受注ソフトウェア開発」（9.8％），「業務用パッケージ」（5.6％），「ゲームソフト」（13.4％），コンピュータ等基本ソフト（18.8％），「システム等管理運営受託」（7.0％）といずれも千葉を大きく上回っている。

　加えて，各業種の神奈川のシェアを東京のそれと足しあわせてみると，「受注ソフトウェア開発」（東京60.9％・神奈川9.8％），「業務用パッケージ」（東京65.2％・神奈川5.6％），「ゲームソフト」（東京67.3％・神奈川13.4％），コンピュータ等基本ソフト（東京67.3％・神奈川18.8％），「システム等管理運営受託」（東京75.6％・神奈川7.0％）など，情報処理サービス以外の分野で，この2地域で全国売上の7割以上を占めてしまう。

　表Ⅴ-3は，当地域内の情報通信産業の売上に対する業務種類別売上の割合を示したもので，地域の業務構造の特性を明らかにするために作成したものである。千葉が全国平均を上回るのは「受注ソフトウェア開発」「業務用パッケージ」「情報処理サービス」の3分野である。対して，「システム等管理運営受託」の比重は低い。

　地域内の全業務に対する「受注ソフトウェア」の比率の高さは，神奈川県と同様であるが，情報処理・提供サービス業のあり方が千葉と神奈川では異なる傾向にある。千葉では「情報処理サービス」の比重が比較的高いのに対して，神奈川（および東京）では，「システム等管理運営受託」の比重が千葉県のそれを上回っている。

②県内事業所のプロフィール

　次に，従業員数，資本金額，売上高，といった側面から県内事業所の特徴的なプロフィールを明らかにしたい。

　「表Ⅴ-4　従業者数規模別事業所比」「表Ⅴ-5　資本金別事業所比」「表Ⅴ-6　売上高別事業所比」から顕著なのは，千葉県における零細事業者の存在の大きさである。「従業員数4人以下」「資本金1,000万円」「売上高1,000

万円」という点から東京都内の事業所および神奈川県内の事業所と比較すると，千葉県の情報通信産業においては零細事業所の割合が比較的高いことがうかがえる。4人以下の事業所の占める割合は，26.0％と全国平均（21.4％）を上回っている。同じく，資本金1,000万円以下の事業所の割合も22.5％と同様に全国平均（16.0％）を上回る。さらに売上高1,000万円以下の事業所（9.8％）も全国平均以上（6.0％）だ。この傾向は県内有識者に対して行った聞き取り調査においても顕著であった。実際に，「千葉県内のIT企業の多くは零細企業であり，資本金の少ない一人会社も少なくない。その理由としては（特にソフトウェア会社は）少ない設備投資でも事業を立ち上

表V-4　従業者数規模別事業所比

	4人以下	5～9人	10～29人	30～49人	50～99人	100～299人	300～499人	500人以上
全国	21.4%	19.0%	30.1%	10.7%	9.6%	6.8%	1.1%	1.2%
千葉	26.0%	14.6%	28.3%	11.7%	7.9%	5.7%	1.9%	1.6%
東京	16.0%	16.8%	31.0%	12.1%	11.1%	9.1%	1.7%	2.3%
神奈川	20.0%	15.5%	26.9%	13.1%	11.0%	9.2%	1.7%	2.7%

出所：経済産業省「特定サービス産業実態調査（平成20年）」より作成。

表V-5　資本金別事業所比

	1,000万円未満	1,000万円以上5,000万円未満	5,000万円以上1億円未満	1億円以上10億円未満	10億円以上	資本金なし
全国	16.0%	52.4%	10.6%	13.0%	5.5%	2.6%
千葉	22.5%	47.6%	7.0%	14.0%	7.0%	1.9%
東京	10.1%	59.3%	10.9%	14.1%	4.3%	1.2%
神奈川	15.8%	54.9%	8.8%	11.9%	6.3%	2.2%

出所：経済産業省「特定サービス産業実態調査（平成20年）」より作成。

表V-6　売上高別事業所比

	1,000万円未満	1,000万円以上3,000万円未満	3,000万円以上1億円未満	1億円以上10億円未満	10億円以上100億円未満	100億円以上
全国	6.0%	10.9%	23.6%	46.3%	11.8%	1.4%
千葉	9.8%	14.6%	20.3%	42.5%	12.1%	0.6%
東京	3.3%	7.2%	20.6%	50.4%	15.9%	2.7%
神奈川	7.0%	10.7%	20.0%	44.7%	15.3%	2.4%

出所：経済産業省「特定サービス産業実態調査（平成20年）」より作成。

げられる点が挙げられる」というコメントを得ている。

　次に,「一事業所当たりの年間売上高」および「従業員一人当たりの年間売上高」に注目する。なお,後者については,紙幅の関係から表を省略している。「一事業所当たりの年間売上高」は,すべての業種において,千葉県事業所は,東京・神奈川の事業所,さらには全国平均を下回っている。この理由としては,千葉県内には中小・零細事業所が多いという点が挙げられるだろう。一方,ソフトウェア産業の「従業員一人当たりの年間売上高」においては,都内事業所には劣るものの,神奈川県内の事業所を上回る。特に千葉市内のソフトウェア業に携わる事業所は高い売上を上げており,生産性の高さがうかがえる。県内情報通信産業の分布状況を踏まえて考えると,千葉市内のソフトウェア業は美浜区に数多く存在しており,同地域に存在する幕張副都心を中心として特に生産性の高いソフトウェア産業が集積しているとも推測できるだろう。しかし,情報処理・提供サービス業に目を移すと状況は変わる。千葉県事業所の従業員一人当たりの売上は,東京・神奈川の事業所に遠く及ばず,全国平均の50%にとどまっている。千葉市内の事業所に限定すれば,若干の改善はあるものの,やはり従業員一人当たりの売上高は全国平均を下回る。

　加えて,「表V-7　事業所形態」からは,千葉の情報通信産業の特質の1つがみて取れる。地域内の事業所における支社の割合は全国25.6%,東京15.9%,神奈川23.4%であり,千葉の32.4%は突出した割合となっている。対して,地域内の事業所における本社の割合は,全国18.3%,東京21.3%,

表V-7　事業所形態

	単独	本社	支社
全国	56.1%	18.3%	25.6%
千葉	54.3%	13.3%	32.4%
東京	62.8%	21.3%	15.9%
神奈川	58.3%	18.3%	23.4%

出所:経済産業省「特定サービス産業実態調査(平成20年)」より作成。

神奈川18.3%，千葉13.3%と，情報通信産業のうち千葉に本社を置く事業所は決して多くない。

③契約産業別売上高

　表Ⅴ-8は，契約産業別の売上高比率をとりまとめたものである。地域の特殊性および千葉県の情報通信業の特殊性を明らかにするために，全国および東京，神奈川との比較およびソフトウェア業と情報処理・提供サービス業それぞれの契約産業の構成比も記載した。なお，千葉県内のインターネット付随業務は，事業所数もごくわずかである上に，契約先の大半が「その他」であるため，割愛する。ここからは，千葉県の情報通信産業に属する事業所が，どういった産業のクライアントに比重を置いているのかが読み取れる。

　全般的には，千葉の情報通信産業の特性としては，「金融・保険業(9.0%)」および「同業者(10.4%)」「卸売・小売業(2.6%)」の比重が比較的低く，その一方で「公務」と「製造業」の比重が高い。全国平均に対して「卸売・小売業」の比重が低く，「製造業」の比重が高い点は，神奈川と共通しているが，契約先産業に対する「金融・保険業」「同業者」の低さおよび「公務」の比重の高さは，千葉県特有のものであるようにみえる。しかし，富田(1986)が指摘するように，「金融・保険業などの大企業本社は東京に集中しており，そうした需要の多くが東京に集中している」と考えられる。また，多くの地域では千葉県と同様に「公務」の比率が高く，東京と神奈川がむしろ例外的な存在であった。ただし，契約先売上高に占める「公務」の割合が，県庁所在地の千葉市では60.7%へと跳ね上がっている点は無視できないだろう。これは他の地域および政令市と比較しても相対的に高い数値である。大手システムインテグレーターによる寡占化は中央省庁だけでなく地方自治体においても顕著な現象ではあり，地域産業の発展という点からすると改善が望まれているが，千葉県内，特に千葉市内においては地元企業への受発注の道が開かれつつあると解釈することもできよう。そうでなければ，市内に有力な大手システムインテグレーターが存在していると推測されるだろう。

第Ⅴ章　千葉県ICT産業の現状と課題

表Ⅴ-8　県別契約産業構成比率

		建設業	製造業	電気・ガス・熱供給・水道業	情報通信業（同業者を除く）	運輸業	卸売・小売業	金融・保険業	不動産業	飲食店宿泊業	サービス業	公務	同業者	その他
全体	全国	1.2%	20.9%	1.6%	9.3%	1.6%	7.2%	18.8%	0.5%	0.5%	6.2%	8.0%	16.7%	7.4%
	千葉	1.8%	25.7%	1.2%	7.0%	0.8%	2.6%	9.0%	0.7%	0.0%	3.4%	35.0%	10.4%	2.4%
	東京	1.1%	16.6%	1.4%	10.4%	1.8%	8.2%	23.2%	0.5%	0.5%	6.4%	8.2%	14.3%	7.2%
	神奈川	0.5%	28.7%	0.3%	9.2%	1.0%	3.9%	21.8%	0.4%	0.2%	4.7%	2.4%	19.6%	7.4%
	千葉市	3.1%	7.4%	0.3%	4.2%	1.3%	2.2%	4.2%	0.5%	0.1%	4.5%	60.7%	9.6%	2.2%
ソフトウェア業	全国	1.0%	23.2%	1.2%	8.3%	1.0%	6.5%	18.8%	0.2%	0.2%	5.5%	8.6%	20.1%	5.4%
	千葉県	0.9%	29.9%	0.2%	5.8%	0.6%	1.9%	3.5%	0.0%	0.0%	3.3%	41.1%	11.3%	1.6%
	千葉市	1.3%	7.0%	0.1%	3.6%	0.8%	1.6%	3.4%	0.0%	0.0%	4.2%	65.8%	10.1%	2.0%
情報処理・提供サービス業	全国	1.7%	17.0%	2.9%	6.8%	3.7%	9.3%	22.3%	1.0%	0.8%	8.0%	7.9%	9.9%	8.8%
	千葉県	5.0%	10.7%	4.7%	11.4%	1.8%	4.8%	29.0%	3.1%	0.1%	3.8%	13.1%	7.5%	5.1%
	千葉市	19.8%	11.9%	2.3%	9.4%	5.7%	7.0%	10.9%	4.5%	0.3%	7.1%	12.8%	5.4%	3.1%

出所：経済産業省「特定サービス産業実態調査（平成20年）」より作成。

次に業種別の契約先の内訳に注目し，整理する。「ソフトウェア業」というくくりで，地域における契約産業の比重を比較すると，千葉県全体では「製造業」は23.9%を占めるのに対して，千葉市では7.0%にすぎない。ここから，千葉県域の製造業向けソフトウェア業は，千葉市以外の地域に集積していると考えられるだろう。また，「公務」の割合は41.1%と，千葉県のソフトウェア業で突出している。特に千葉市においては，65.8%を占めており，千葉市のソフトウェア業は地方公共団体の需要に依存していることが見て取れる。さらに，「同業者」間との取引についても顕著な特徴がある。後述するように，ソフトウェア産業はその産業構造の特性から，同業者間の取引が比較的多い産業である。しかし，千葉県のソフトウェア産業においては，同業者間の取引は全国平均の半数以下にとどまっている。

対して「情報処理・提供サービス業」では，「公共」部門は，千葉県全体で13.1%，千葉市で12.8%と，全国平均を上回るものの，その割合は「ソフトウェア業」ほどは高くない。また，顕著な特性を示す部門としては，「金融・保険業」（千葉県29.0%，千葉市10.9%）が挙げられるだろう。ここからは，もともと千葉県の情報通信産業の「金融・保険」部門の売上高はそれほど多くないが，その少ない売上高の大半が，千葉市以外の地域における情報処理・提供サービス業として行われているという特色が見受けられる。

5．総　括

以上，千葉県内のICT産業の現状について統計データをもとに取りまとめを行ってきた。ここでは，上記を踏まえて，業種別ごとに産業の概況を総括し，県内ICT産業が抱える課題を検討する。

1）県内ICT産業の現状と課題
①インターネット付随サービス業
近年注目を集めている「インターネット付随サービス業」については，そ

の多くが渋谷・六本木を中心とした首都圏に集積していることが知られており，千葉県内に居を構える事業者は少数にとどまっている。「東京のネット企業実態調査」(2001)によれば，その9割が東京都区部以外にオフィスを移転する予定がないと述べており，東京都区部に立地をしていることが重要であると考える事業者が多いことがうかがえる。その理由としては，顧客への接触の容易さが挙げられている。また，同業者間のネットワークが存在していることも大きい。業務発注先の選択や人材採用を行う場合も，知人や同業者からの紹介によって行われるケースが多いなど，同業者間のネットワークの重要性は聞き取り調査からも明らかであった。また，地域のブランド性やイメージのよさも重要であり，「どこにオフィスを構えるかで，仕事の受注や資金調達の際に差が出る」という声も聞かれた。

　こうした点を踏まえて考えると，都内のインターネット関連事業所が千葉県内に移転してくるとは考えづらい。むしろ，千葉県内の事業者が，業務の拡大を考えたときに，上記のメリットを求めて，都内に移転していく可能性の方が高いと考えられる。

②情報処理・提供サービス業

　県内の情報処理・提供サービス業の多くは，千葉市内（特に中央区），柏市，木更津市，八千代市等に事業所を構えている。情報処理・提供サービス業の中核は，「情報処理サービス」と「システム等管理運営受託」であると考えられているが，千葉県内においては前者の割合が比較的高い。一方，都内および，同じく東京の近接自治体である神奈川では，「システム等管理運営受託」の割合が千葉を上回っている。

　この違いは，2つの業種に求められる技術水準とそこから生じる距離上の制約にあると考えられる。まず，「システム等管理運営受託」は，クライアントの情報処理システムや電子計算機室などの管理運営を受託するもので，当該事業所への従業員派遣という形態で行われることが多い。また，システムの管理運営という性質上，長期的な関わりが必要となる。中島(1986)は，派遣元の事業所で派遣要員を管理するには，派遣先の事業所からそれほど離

れられないという距離上の制約要因があるため，顧客との近接性が必要になるのであろうと指摘している。対して「情報処理サービス」は，それほど高度の技術水準を必要としない上に，システムの管理運営と比較すると対面接触の必要性が低く，オンライン化によってクライアントと距離的に離れていてもデータの授受が容易である。さらに，オペレータ等の人件費を抑制するため，その他の業種と比較すると地方分散が進んでいる。

つまり，千葉県の事業所は，都内や神奈川の事業所と比較すると顧客との近接性に劣るため，それほど対面接触が求められない，遠隔地でも事業が可能な「情報処理サービス業」を中心に発展してきたとも考えられるだろう。

③ソフトウェア業

県内のソフトウェア産業についての総括を行う前に，同産業の特性とそれが立地に及ぼす影響について踏み込んでおきたい。先に述べたように，日本における「ソフトウェア業」の中核は，「受注ソフトウェア」である。西村・峰滝（2004）によれば，日本の企業は，テーラー・メイド型のきめの細かいサービスを望むため，既存のパッケージ・ソフトウェアよりも受注ソフトウェアを重視する傾向があるという。また，この背景には，国内の有力大手ハードウェア・ベンダーがユーザーを囲い込むために独自仕様のハードウェアを提供してきたこと，また，ユーザー企業側も独自の商慣行や仕事の進め方を維持し続けようとしたという経緯がある。それゆえ，結果的にハードウェア・ベンダーの仕様に熟達し，クライアントの商慣行や仕事の進め方を理解する特定のソフトウェア・ベンダーに自社のニーズに合うシステムの開発を依頼し，長期的な取引を行うというのが日本の慣行となった。また，日本企業は外注内容を事前に明確化していることは少なく，システム構築の内容を外注先のソフトウェア・ベンダーとの相談で決定していく傾向がある（西村・峰滝，2004；元橋，2007）。つまり，どのような機能が必要であり，そのためにどのようなソフトウェアを開発すべきかといった，発注側（クライアント）が事前に決めるべき仕様を発注者が事前に決定できず，内容が明確にならないまま開発作業がスタートするため，調整コストが高くつくとい

う問題がある。また，クライアントとソフトウェア・ベンダーの間で密な調整が必要となるため，近接性が必要となり，これがソフトウェア業の立地のあり方に大きな影響を与えている。かつては，情報通信技術の発展とネットワークの形成が地理的遠隔性という問題を解消するのではないかと考えられていたが，「受注ソフトウェア」を好む日本企業とその特性ゆえに，こうした期待は現実には至らなかったのだ。

また，日本企業のソフトウェア開発の受発注においては，大手システムインテグレーターを中心とした下請け・孫請け構造が存在することはよく知られている。西村・峰滝（2004）をはじめとした多くのソフトウェア産業に関する研究で指摘されているように，中小ソフトウェア会社は資金力不足から研究開発能力に劣り，それゆえにカバーしうる事業分野も狭い，さらに知名度も低く，営業力も弱いため，資金力・信用力に長け，広範囲な事業を手がける大手ベンダーへと受注は集中する傾向にある。従って，大手ベンダーが元請けとなり，必要に応じて中小ソフトウェア企業にソフトウェア開発の一部を外注し，それを受けた下請けのソフトウェア会社はさらに孫請けに外注するという，下請け・孫請け構造が日本のソフトウェア産業の特徴となっている。元請けの大手ベンダーにとっては，自社に人員を抱え込まず，外注を活用することで受注量の変動に対応でき，下請け・孫請けの中小・零細ソフトウェア業側は受注が比較的安定するというメリットが存在する。

佐野（2001）や矢部（2005）などによれば，ソフトウェア開発工程は，設計段階・開発段階・テスト段階に分けられており，元請けは設計やテストの段階は自社内で行うものの，開発段階では外注化を行い，他社のスタッフを行程に参加させるのが一般的だ。また，小川・石川（1989，1990）においてはシステム開発のプロセスの中でも，対面接触をさほど必要としない工程については郊外への分散化が可能であると指摘されており，また，加藤（1993）の研究からは，それほど高い技術水準を求められない工程の下請け業者として地方のソフトウェア業が存在している様子が見て取れる。

ソフトウェア産業と立地についての研究はこれまでも数多く行われてきた

が，ここでは富田（1986，1987）による神奈川圏内のソフトウェア産業の立地に関する研究と，矢部（2005）の都内ソフトウェア産業の立地に関する研究に注目したい。富田（1986，1987）によれば，神奈川県内のソフトウェア・ベンダーは都内企業からの受発注によって成り立っており，特に東京都の空間的近接性が高い県東部に集積している。この背景には，「受注先との対面接触が毎日もしくは週に何回か」と高い頻度で行われていることなどがあり，顧客へのアクセシビリティ，つまり近接性が重要であることがわかる。また，都内ではなく，神奈川県内に事業所を構えている理由としては，東京に立地が困難な零細なソフトウェア業などが，東京への近接性と雇用の便などから神奈川県内に多く立地していると指摘されている。加えて，県内に存在するコンピュータ・メーカーをはじめとした大規模工場の需要があることも神奈川圏のソフトウェア産業を発展させてきたという。矢部（2005）においては，企業の所在地と顧客を結んだ取引の直線距離の平均値は12.7kmであるとして，ソフトウェア産業の立地要因の1つが顧客への近接性であることを明らかにしている。実際，日本において最もソフトウェア産業が集積している23区内に立地する企業の取引相手の4分の3が23区内に存在しており，23区から横浜や川崎，千葉といった業務核都市への取引は10％前後にとどまっていた。一方で，業務核都市に立地する企業の4割が23区内の企業と取引を行っている。これは，自地域内との取引（2割）を上回っており，周辺自治体に立地するソフトウェア・ベンダーの多くが23区内との取引に依存していることも指摘している。

　上記を踏まえて，千葉県内のソフトウェア産業について検討する。まず，表V-3から明らかなとおり，県内のソフトウェア産業の柱は「受注ソフトウェア」（68.1％）である。しかし，県内受注ソフトウェア業の全国に占める割合（表V-2参照）は1.7％にとどまっており，神奈川県の9.8％には遠く及ばない。

　なぜ，同じく東京都に隣接する自治体でありながら，千葉と神奈川にこれだけの差が生じたのかについては，都内における情報通信産業の分布と域内

産業の存在という2つの要因から考えられる。ソフトウェア産業の黎明期である70年代から80年代後半にかけての都内の情報通信産業の分布は北村（1989）に詳しいが，70年代には千代田区を中心として中央区・港区に集積していた情報通信産業の中心地が80年代半ばには港区に移っただけでなく，新宿・渋谷といった副都心での発展が進むなど，都内西部への広がりをみせたことがターニング・ポイントとなった。この背景には，多摩地区や神奈川に立地しているコンピュータ・メーカーをはじめとした電子機器工業を営むクライアントの存在があった。つまり，クライアントとのアクセスを容易にするために，都内の情報通信産業が都内西部へと移動したのだ。これは，同時に神奈川県内のソフトウェア産業へも影響を与えた。神奈川県内のソフトウェア産業は，都内の情報通信産業が神奈川圏の近接地域である都内西部へと比重を移したことで，県内東部に集積し，都内ソフトウェア・ベンダーの下請けとして都内のソフトウェア産業と一体的な成長を遂げることができたと考えられるだろう。また，富田（1989）は，神奈川県内にはコンピュータ・メーカーだけでなく，そのソフトウェア開発部門も存在しており，県内のソフトウェア産業は（都内ソフトウェア業だけでなく）それらの下請けとしても発展を遂げることができたと指摘している。

他方，大規模工場は千葉県内にも存在していたが，コンピュータ・メーカーなど電子機器工業が数多く立地していた神奈川とは異なり，千葉県内のそれは素材産業が主体であった。また，そうした産業が集積している京葉工業地帯は都内から比較的離れていたため，神奈川県のソフトウェア産業のように都内と一体的に発展していくことは困難であったのではないかと考えられる。また，聞き取り調査からは，京葉工業地帯に存在する素材型産業の多くは都内の大手システムインテグレーターに受注をするか，自社グループ内でのシステム開発を行っており，地域のソフトウェア産業への波及効果は小さなものにとどまっていたのではないかと推察できる。

千葉県内のソフトウェア産業の都内への依存度については詳細な統計データが存在しないが，ヒアリング調査からはかなりの割合を都内に依存してい

ることが明らかになった。近年は中小企業のIT化が進んでいるため，地元需要も生まれつつあるが，やはり売上の多くは都内からのものである。千葉県内のソフトウェア産業は，前述したように千葉市（美浜区・中央区）や柏市，船橋市，松戸市，我孫子市，市川市，浦安市などに集積しているが，こうした地域と30分圏内の交通機関で結ばれた都内の駅近郊で近年ソフトウェア産業が活況を呈している。近年の首都圏のソフトウェア業の立地については，「ソフト系IT産業の実態調査」（平成19年）に詳しいが，同調査によれば，駅を基準とした都内の4大集積地は秋葉原・新宿・茅場町・渋谷であり，特にこの数年は東部の秋葉原・神田・茅場町周辺でソフトウェア産業が活性化している。こうした点を踏まえて考えれば，千葉県内のソフトウェア産業の発展の可能性は決して低くはないだろう。特に秋葉原からつくばエクスプレスで結ばれた柏市には，東京大学や千葉大学がキャンパスや研究機関を開設しており，こうした教育研究機関と連携を図ることでさらなる発展が期待できる。こうした動きは，「柏の葉キャンパスシティITコンソーシアム」におけるIT実証実験からもうかがえる。

　しかし，千葉県内のソフトウェア産業にはいくつかのウィークポイントも存在する。それは，中小・零細事業者の成長機会の問題だ。県内の事業者の多くは都内ソフトウェア・ベンダーの下請け・孫請けとして存在しているが，その多くが零細事業者であり，また聞き取り調査によれば，技術者を他社の開発現場に派遣する人材派遣業に近い形態の事業所も少なくない。また，県内事業者の人月単価は都内事業者や神奈川の事業者と比較すると相対的に低いという声もあり，県内ソフトウェア産業の競争優位は高い技術力というよりは価格競争力にあるとも考えられる。むろん，県内事業者の多くは技術力の向上やそのための技術者の教育の機会の必要性は認識しているものの，資力に乏しい零細業者では自社内で十分な教育コストをかけて技術者を育てることが難しいのが現状だ。もちろん，独自技術を有していたとしても，クライアント側の大手ベンダー志向が強いため，知名度や営業力に劣る県内事業者が大きな仕事を受注するのは難しい。それゆえ，県内の中小・零細事業者

が成長し，県内ソフトウェア産業が発展するためには，外部の支援が必要となるだろう。

2）県内 ICT 産業の発展を目指して

　千葉県内の ICT 産業の活性化の必要性は，地域経済への波及効果というだけにとどまらない。近年注目を集めている地域間競争という局面から捉えれば，千葉県の ICT 産業は，神奈川や埼玉をはじめとしたその他の自治体と東京都内の事業所から生み出された業務を巡って競争を繰り広げているとも考えられる。また，千葉県内で生まれた ICT 需要を巡っては，都内事業所と競合関係にあるといえる。それゆえ，県内の ICT 産業振興の重要性は大きいだろう。

　地方都市における ICT 産業の成功例としてはサッポロバレーの例が挙げられる。札幌市内の ICT 産業の発展とその要因については，内田（2009）や前田（2006）に詳しいが，同地域の発展の歴史は，70年代に北海道大学の青木由直教授というキーパーソンを中心として立ち上げられた「北海道マイクロコンピュータ研究会」に遡る。このコミュニティの出身者が立ち上げたソフトウェア・メーカーがその後の道内 ICT 産業の礎となり，さらにそこから多くのスピンオフ企業が生み出されていった。その後，80年代にインキュベーション施設として整備された「札幌テクノパーク」には北海道を代表とするソフトウェア・メーカーだけでなく，日本 IBM や日本ユニシスといった大手企業も入居しており，ここから地元企業と中央の企業の連携が育まれていった。以降も札幌市を中心に人材育成や施設整備が行われているが，それ以上に大きな成果を産んでいるのは，地元のベンチャー起業家によって設立された「ビズカフェ」の存在だ。「ビズカフェ」ではさまざまな勉強会やセミナーが開催されているが，それ以上にこうした場を通じて，地元の企業がネットワークを形成することができた点がサッポロバレーの成功を後押ししている。しかし，このサッポロバレーの成功にはキーパーソンの存在と自然発生的な地元企業間のネットワークという得難い2つの地域資源が存在

しており，それゆえに他自治体が同地域の成功をそのままなぞるのは難しいだろう。

支援のあり方としては，ポーター（1998）によれば，2つの方向性が考えられる。それは，補助金や産業保護などといった直接的な支援か，大学などをはじめとした専門教育機関への投資や産業フェア等への後援などからなる間接的な支援である。

前者の直接的な支援を中心として地域の産業振興を行った例としては，通信費の低減や雇用開発助成等を駆使してコールセンターの誘致を行った沖縄のケースが挙げられる（宮城，2006）。しかし，ポーターはこのような直接的な支援は短期的にはわかりやすいメリットをもたらすようにみえるが，こうした政策はかえって地域のイノベーションを阻害するとも指摘している。

それゆえ，千葉県内のICT産業の振興に際しては，補助金や産業保護といった直接的支援よりも，間接的な支援を行う方がより望ましいだろう。前述したように，県内ICT産業のウィークポイントは中小・零細事業者が多く，それゆえに成長の機会が限られているという点だ。成長の限界は，主に以下のような要因からなる。第1に，社員教育が十分に行えないため，技術者の技術力向上に課題がある，第2に，知名度と営業力に乏しいため，大型案件の受注が困難であり，第3に，自社のみでの技術開発には限界がある，第4に，顧客のニーズを捉えるのが難しいといった点だ。

しかし，県の産業振興センターや情報サービス協会を中心にこうしたウィークポイントを解消するための後押しが進められている。たとえば，社内教育の機会に乏しい中小・零細事業者に代わって多様な研修機会を提供している。最近では，千葉工業大学と共同でプロジェクトマネジメント研修を行うなど，産学の連携も進んでいる。また，産業振興センターでは，販路の開拓や助成金の申請補助にとどまらず，異業種の事業者や教育研究機関とのマッチングが行われており，こうした取り組みによって事業機会を広げる事業者も出現しつつある。さらに，複数社による大型案件の共同受注を目的としてつくられた県内のソフトウェア事業者の集団からなる協同組合シー・ソフトウ

ェアといった組織を通して,県内事業者間のネットワークが形成されつつある。これは小規模ながら,サッポロバレーの「ビズカフェ」と類似した取り組みとしても評価できるだろう。

　上記のような補助的な支援は,直接的な支援と比較すると,実を結ぶまでに時間はかかると考えられるが,こうした取り組みの1つひとつが千葉県のICT産業の競争力を向上せしめ,ひいてはそれが千葉県経済の活性化を後押しすることにつながるだろう。

（藤原七重）

参考文献
内田純一（2009）『地域イノベーション戦略：ブランディング・アプローチ』芙蓉書房出版。
小川剛志・石川允（1989）「東京圏における情報処理産業の立地動向とその集結要因について」『日本都市計画学会学術論文集』24, pp.67-72。
小川剛志・石川允（1990）「東京における情報処理産業の分化形態と空間的は位置構造に関する研究」『日本都市計画学会学術論文集』25, pp.427-432。
加藤幸治（1993）「仙台市におけるソフトウェア産業の展開」『経済地理学年報』39(4), pp.318-339。
加藤幸治（1996）「情報サービスの地域的循環とその東京一極集中――東北地域を事例として――」『地理学評論』69A-2, pp.102-125。
亀山嘉大・中澤高志・佐野浩（2008）「情報通信産業のクラスター化にもとづく北部九州地域の活性化」電気通信普及財団研究調査報告書, No.23, pp.184-195。
北村嘉行（1989）「東京の情報サービス業の立地的展開」北村嘉行・寺阪昭信・富田和暁編著『情報化社会の地域構造』大明堂。
経済産業省・富士通総研「東京のネット企業実態調査」(2001)。
経済産業省「特定サービス産業実態調査」（平成20年）。
国土交通省「ソフト系IT産業の実態調査」（平成20年）。
近藤満（2007）「組込ソフトウェア開発の課題と対応」『赤門マネジメントレビュー』6(10), pp.493-502。
佐野嘉秀（2001）「情報サービス業における外注化と社員の役割」佐藤博樹監修, 電機総研編『IT時代の雇用システム』日本評論社。
社団法人情報サービス産業協会編（2010）『情報サービス産業白書2010』日経BP。
総務省「事業所・企業統計」（各年度）。
高瀬武典（2010）「日本のソフトウェア産業における競争と地域性：密度依存仮説の適用

可能性をめぐって」『組織科学』43(4), pp.27-37。
田中辰雄（2007）「日本のソフトウェア産業——何が問題なのか」『智場』110, pp.8-16。
富田和暁（1989）「神奈川県の情報サービス業の立地特性」北村嘉行・寺阪昭信・富田和暁編著『情報化社会の地域構造』大明堂。
富田和暁（1987）「神奈川県におけるソフトウェア産業の立地展開」『経済地理学年報』33(3), pp.216-227。
千葉県商工労働部産業振興課（2007）『IT産業の振興と中小企業のIT利活用支援に関する「施策展開」について』千葉県。
中村清（1989）「情報サービス業の地域的展開」北村嘉行・寺阪昭信・富田和暁編著『情報化社会の地域構造』大明堂。
西村清彦・峰滝和典（2004）『情報技術革新と日本経済』有斐閣。
濱田博之（2003）「幕張新都心におけるオフィス集積と機能変化」『地理科学』58(4), pp.253-267。
福井雅（1999）「情報通信産業集積から見たアジア地域における沖縄のポジショニング」『産業立地』38, pp.12-21。
マイケル E. ポーター（竹内弘高訳）（1999）『競争戦略論Ⅱ』ダイヤモンド社。
前田昇（2006）「欧米先進事例から見たクラスター形成・促進要因」石倉洋子・藤田昌久・前田昇・金井一頼・山崎朗『日本の産業クラスター戦略—地域における競争優位の確立—』有斐閣。
峰滝和典・元橋一之（2007）「日本のソフトウェア産業の業界構造と生産性に関する実証分析」RIETI Discussion Paper Series, 07-J-018。
宮城和宏（2006）「島嶼経済における情報通信関連産業クラスターの形成過程と課題」『地域研究』2, pp.163-176。
元橋一之（2007）「日米韓企業のIT経営に関する比較分析」RIETI Discussion Paper Series, 07-J-29。
矢部直人（2005）「東京大都市圏におけるソフトウェア産業の立地—ネスティッドロジットモデルによる分析—」『地理学評論』78-8, pp.514-533。

第Ⅵ章

千葉県の市町村財政の現状と課題
―「平成の大合併」と「三位一体の改革」の影響に注目して―

1．はじめに

　2010年3月31日現在，千葉県内では614万9,799人の住民が生活している（住民基本台帳人口による）。これらの住民は，日々の生活の中でさまざまな公共サービスを受けている。公共サービスを提供するのは，中央政府（国）と地方政府（都道府県（千葉の場合は千葉県），市町村（千葉の場合は54市町村））である。さまざまな分野の公共サービスのうち，国の支出のみで供給されているのは防衛，年金のみであり，それ以外の公共サービスは，主に地方政府の支出によって供給されている。たとえば，衛生費はその97％を，学校教育費はその88％を，司法警察消防費はその78％を，それぞれ地方政府が支出している。

　我が国では，地方政府（普通地方公共団体）は，基礎自治体としての市町村と広域自治体としての都道府県との2層からなる。地方自治法第2条には，市町村，都道府県の役割が次のように規定されている。まず，普通地方公共団体の事務を，「地域における事務およびその他の事務で法律又はこれに基づく政令により処理することとされるもの」と規定している。これらのうち，①広域にわたるもの，②市町村に関する連絡調整に関するもの，③事務の規模・性質上，市町村の規模・能力に応じて処理すべきかどうか判断するのが適当と考えられるもののうち，一般の市町村が処理することが適当でないと認められる事務が，都道府県が処理するものと規定されている。市町村は，

それ以外のすべての事務を処理するものとされている。要するに，地域における公共サービスの提供は，基本的には市町村が担当し，市町村単位で処理するのが適当でないものを都道府県が担当するという考え方に立っているといえる。

　ここから，われわれが日常生活を円滑に営むために受けているさまざまな公共サービスの供給にとって，地方財政，それも市町村の役割がまず重要であるといえる。

　翻って，市町村が地域の課題に対処し，住民のニーズに合った公共サービスを安定的に供給していくためには，その財政状況が良好であることが求められる。財政状況が良好あるいは健全であれば，民間部門（家計および企業部門）の活動を支える財政の役割を適切に果たせるだろうし，危機的であれば，必要な役割を十分に果たせず，われわれの日常生活にもさまざまな支障が生じるだろう。

　近年，地方分権が推進され，国から地方に権限と責任を移譲する動きが強まっている。地方分権によって，公共サービスの供給に当たって地方公共団体の裁量の余地が増えると考えられるが，その分，責任ある財政運営が求められる。そこで，さまざまな財政指標，健全性を測る指標が開発され，法律によって公開も義務づけられている。住民も，財政破綻に陥った夕張市の事例を見聞したことで，自分が住む市町村の財政状況に関心を持ち始めている。本章では，多くの財政分析指標がある中で，市町村の財政力と財政構造の弾力性に注目して，財政状況を分析することにする。

　ところで，千葉県の市町村財政を分析するに当たって（千葉県に限らず全国的な分析をする場合でも），市町村を取り巻く2つの環境変化を考慮することが重要である。1つは「平成の大合併」と呼ばれる市町村合併であり，もう1つは「三位一体の改革」（国庫補助負担金の改革，地方への税源移譲，地方交付税の改革）である。これらは，公共サービスの供給主体としての市町村の「器」と「中身」に変化をもたらす要因だからである。

　以下，本章の第2節では，「平成の大合併」の概要とそれによる市町村の

第Ⅵ章　千葉県の市町村財政の現状と課題

人口規模の変化について整理する。第3節では，「三位一体の改革」の概要を確認し，第4節で千葉県の市町村財政の状況を財政力と財政構造の弾力性に注目して分析する。そして，第5節でまとめを行う。

2．「平成の大合併」の概要とそれによる市町村人口規模の変化

1）「平成の大合併」の概要

　われわれはさまざまな公共サービスを，地方公共団体の供給を通じて消費している。その意味で，地方公共団体は公共サービス供給の器といえる。先にも述べたように，我が国の地方公共団体は，基礎自治体としての市町村と広域自治体としての都道府県の2層制である。われわれは，いずれかの都道府県内のいずれかの市町村に住んでいることになる。

　都道府県の数は，地方自治法の施行（1947年）以来47で推移しており，現在，道州制の検討が行われているが，具体的に廃置分合の動きはない。市町村の数は，1889年の市制・町村制施行時の1万5,000あまりと比べると，2010年3月31日までに1割強にまで減少した。この間，まず「昭和の大合併」（1953年から1961年にかけて）によって，4,600あまりまで減少した。その後は大規模に合併が行われることはなかったが，1990年代後半までに3,200あまりになった。その後，地方分権改革の一環で「平成の大合併」が推進され，市町村数は3,232（1999年3月31日）から1,821（2006年3月31日）に減少した（表Ⅵ-1）。合併に対して手厚い財政措置を用意した旧合併特例法（1965年制定，その後累次延長，改正）が2005年3月末をもって期限切れとなり，1年間の経過期間が過ぎた後も，2005年4月施行の新合併特例法のもとで合併が推進され，2010年3月31日時点で全国の市町村数は1,727となっている。

2）千葉県における「平成の大合併」の動き

　以上のような「平成の大合併」（1999年度〜2009年度）の間に，千葉県に

169

表Ⅵ-1　全国および千葉県の年度別市町村合併件数と市町村数の推移

	合併件数（件）		時点	全国の市町村数			千葉県の市町村数		
	全国	千葉県			うち市	うち町村		うち市	うち町村
1999年度	1	0	2000/3/31	3,229	671	2,558	80	31	49
2000年度	2	0	2001/3/31	3,227	670	2,557	80	31	49
2001年度	3	0	2002/3/31	3,223	672	2,551	80	32	48
2002年度	6	0	2003/3/31	3,212	675	2,537	80	33	47
2003年度	30	1	2004/3/31	3,132	689	2,443	79	33	46
2004年度	216	2	2005/3/31	2,521	732	1,789	77	33	44
2005年度	324	8	2006/3/31	1,821	777	1,044	56	36	20
2006年度	12	0	2007/3/31	1,804	782	1,022	56	36	20
2007年度	6	0	2008/3/31	1,793	783	1,010	56	36	20
2008年度	12	0	2009/3/31	1,777	783	994	56	36	20
2009年度	29	1	2010/3/31	1,727	786	941	54	36	18

出所：総務省ホームページ（2010a），千葉県ホームページ（2010）から筆者作成。

おいては12件の合併が行われた。そのうち11件が旧合併特例法下での合併であり，最後の1件が新合併特例法のもとでの合併である（表Ⅵ-2）。合併に伴って，千葉県の市町村数は，80（31市49町村）から54（36市18町村）まで減少した。

　この間の全国や関東の各都県の市町村数の減少率も合わせてみてみよう（表Ⅵ-3）。千葉県の減少率32.5％は全国の減少率46.6％よりも低く，全国で39位である。関東内では，北関東に位置する群馬，茨城，栃木の3県で半減かそれに近い減少をしている。千葉県はそれに次ぐ域内4位の減少率であり，埼玉県も千葉県と同程度の減少率である。関東の各都県の減少率の全国における順位に注目すると，最高が群馬県の26位であるから，合併による市町村数の減少は全国的にみて中位から下位に位置している。これには，関東の各都県，特に南関東の1都3県では，もともと（1999年時点で）県内の市町村数に占める市の数の割合が高かったこと（合併は小規模の町村を中心に行われた）や，東京都や神奈川県はもともと市町村数が少なかったことが影

第Ⅵ章　千葉県の市町村財政の現状と課題

表Ⅵ-2　千葉県における市町村合併の内容

新市町名	合併日	合併関係市町村
（旧合併特例法下での合併）		
野田市	2003年6月6日	野田市，関宿町
鴨川市	2005年2月11日	鴨川市，天津小湊町
柏市	2005年3月28日	柏市，沼南町
旭市	2005年7月1日	旭市，海上町，飯岡町，干潟町
いすみ市	2005年12月5日	夷隅町，大原町，岬町
匝瑳市	2006年1月23日	八日市場市，野栄町
南房総市	2006年3月20日	富浦町，富山町，三芳村，白浜町，千倉町，丸山町，和田町
成田市	2006年3月27日	成田市，下総町，大栄町
香取市	2006年3月27日	佐原市，山田町，栗源町，小見川町
山武市	2006年3月27日	成東町，山武町，蓮沼村，松尾町
横芝光町	2006年3月27日	横芝町，光町
（新合併特例法下での合併）		
印西市	2010年3月23日	印西市，印旛村，本埜村

出所：千葉県ホームページ（2010）から筆者作成。

表Ⅵ-3　「平成の大合併」に伴う関東1都6県の市町村数の変化

	1999年3月31日の市町村数					2010年3月31日の市町村数					減少率	全国順位
	全国	内訳				全国	内訳					
	順位	市	町	村		順位	市	町	村			
茨城県	85	13	20	48	17	44	9	32	10	2	48.2%	27
栃木県	49	34	12	35	2	27	28	14	13	0	44.9%	28
群馬県	70	19	11	33	26	35	18	12	15	8	50.0%	26
埼玉県	92	8	43	38	11	64	3	40	23	1	30.4%	40
千葉県	80	14	31	44	5	54	7	36	17	1	32.5%	39
東京都	40	43	27	5	8	39	16	26	5	8	2.5%	46
神奈川県	37	45	19	17	1	33	24	19	13	1	10.8%	45
全　国	3,232		670	1,994	568	1,727		786	757	184	46.6%	

出所：総務省ホームページ（2010b）から筆者作成。

響していると考えられる。結果として,「平成の大合併」を経て,関東の1都6県とも,県内の市町村数の全国順位を上げる(市町村数が相対的に多い都県になる)ことになった。

3) 市町村合併による市町村の人口規模の変化

　前項では合併による市町村数の変化をみたが,本項では合併に伴う市町村の内容の変化に目を向けたい。まずは人口規模の変化である。そもそも市町村合併の目的の1つに,人口規模が小さい市町村が合併して一定の人口規模となることで,財政の効率化(公共サービスの供給コストの低下)を図ることがあった。合併を経て市町村の人口規模が拡大したかをみるのである。

　ところで,本章では,第4節で行う財政分析との関連もあって,経年比較の対象として2003年度と2008年度に注目する。本章執筆時点で利用できる市町村の決算データは2008年度分までである。よって,最新の年度は2008年度にせざるを得ない。「平成の大合併」,そして後にみる「三位一体の改革」以前の比較対象年度を2003年度にするのは,間がちょうど5年空いているという便宜に加え,表Ⅵ-1からわかるように「平成の大合併」期に行われた市町村合併のうち9割弱が2004年度から2007年度に行われているからである。さらに,「三位一体の改革」が行われたのは2004年度から2006年度にかけてである。2008年度は,改革に伴う諸制度の変更の影響が平年度化されている点でも,比較対象年度として適切と考えられる。

　以上を踏まえて,2003年度と2008年度の市町村の人口規模を比較してみる。図Ⅵ-1は,市町村(東京23区を含む)を人口規模別に10の階級に分け,2003年度と2008年度について階級ごとの構成比を示したグラフである。2003年度については,全国,関東,千葉県とも,1万人以上3万人未満の市町村(市になるためには人口5万人(旧合併特例法では特例で3万人にまで緩和された。なお,合併特例法の成立,改正の経緯については,青森県ホームページ(2009)の解説が便利である)以上という要件があるので,その大半は町村である)がピークである点で共通する。しかし,全国はそれより人口規

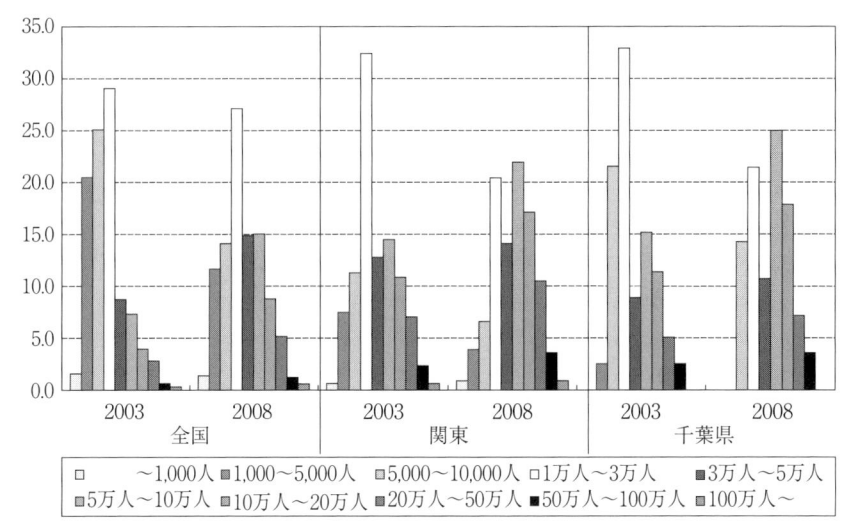

第Ⅵ章 千葉県の市町村財政の現状と課題

注：東京23区を含む。
出所：地方財政調査研究会（2005, 2010）から筆者作成。

図Ⅵ-1 市町村の人口規模の変化の様子（%）

模の小さい市町村の構成比の方が高いのに対し，関東や千葉県はそれより人口規模の多い市町村の構成比の方が高い。2003年度と2008年度を比較すると，最も構成比の高かった1万人以上3万人未満の階級をはじめ人口規模の小さい市町村の構成比が低下し，5万人以上10万人未満の市町村やそれより人口規模の大きな市町村の構成比が高まったことがわかる。これは全国，関東，千葉県のいずれについても当てはまるが，関東，千葉県ではその傾向が全国より強いといえそうである。

次に，市町村（東京23区を含む）の人口の平均値，最大値，最小値，中央値，標準偏差をみたものが表Ⅵ-4である。平均値に注目すると，全国は75.6%増加している。関東と千葉県はともに44%増加している。全国よりも増加率が低いのは，基準となる2003年度の平均値が大きいためであると考えられる。中央値についても，いずれも100%を超える増加率であるから，2倍以上に増加している。ここから，「平成の大合併」によって，市町村の人

表Ⅵ-4　市町村人口の平均値等の変化
(単位：人，%)

	全国			関東			千葉県		
	2003年度	2008年度	増加率	2003年度	2008年度	増加率	2003年度	2008年度	増加率
平均値	40,198	70,598	75.6	86,749	124,954	44.0	75,962	109,365	44.0
最大値	3,495,117	3,605,951	3.2	3,495,117	3,605,951	3.2	894,973	925,951	3.5
最小値	198	157	-20.7	198	157	-20.7	4,569	6,656	45.7
中央値	10,939	24,959	128.2	27,954	56,996	103.9	20,715	54,350	162.4
標準偏差	131,529	177,127	34.7	211,465	255,268	20.7	140,144	164,763	17.6

注：東京23区を含む。
出所：地方財政調査研究会（2005，2010）から筆者作成。

口規模は拡大し，公共サービスの供給主体としての器が（ひとまず外形的に）強化されたということができるだろう。

ただ，市町村人口の平均値や中央値の増大とは対照的に，全国および関東の最小値（関東にある同一の村）はむしろ減少している。さらに，標準偏差は全国，関東，千葉県のいずれも拡大している。我が国では，2005年に人口動態統計（厚生労働省）で初めて自然減を経験しており，以後人口減少社会に突入している。地域差はあろうが，全般的傾向として人口が減少し始めた社会にあって，合併しなかった市町村の人口減少と，合併した市町村の人口増加とによって，市町村間の人口格差が広がった可能性がある。

4）人口規模の変化の財政効率への影響

最後に，市町村合併を経て人口規模が大きい市町（村）に変化したことに伴い，財政効率にどのような変化があったか，簡単に検証を試みる。

図Ⅵ-2は，横軸（対数目盛）に市町村の人口，縦軸に一人当たり歳出をとって，2008年度について人口規模と歳出規模の関係をみたものである。図中の点は市と町村を区別しているが，町村は人口規模が大きくなるほど一人当たり歳出が小さくなる傾向がはっきりと見て取れる。市についても，町村ほど明瞭ではないが，10万人未満の市よりも10万人以上の市の方が一人当たり歳出がやや少なく，50万人を超え100万人以上の大都市になるとまた高くなる傾向がみられる。すなわち，町村まで含めてみると，市町村の人口と一

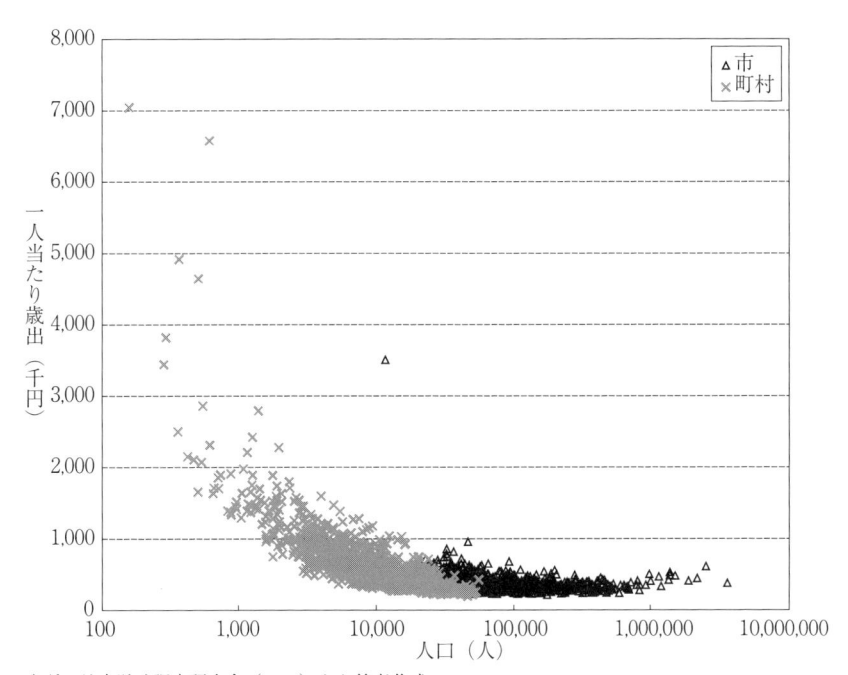

第Ⅵ章　千葉県の市町村財政の現状と課題

図Ⅵ-2　2008年度の市町村の人口規模と一人当たり歳出額（全国）

出所：地方財政調査研究会（2010）から筆者作成。

人当たり歳出の間には，緩やかなU字型，あるいは逆J字型の関係があることがわかる。

　これを踏まえ，千葉県の2003年度から2008年度までの市町村の一人当たり歳出の変化をみて，その要因を探ってみよう。まず千葉県では，市町村全体の一人当たり歳出は29.2万円から28.7万円に1.9％減少した。市と町村に分けると，市では28.7万円から28.5万円に0.4％減少，町村では34.3万円から31.1万円に9.2％減少した。市よりも町村において減少率が大きいのは，合併によって人口規模の小さな町村が減ったことによると考えられる。千葉県では，合併の影響で町村の平均人口が13,479人から15,183人に12.6％増えている。図Ⅵ-2からもわかるように，人口規模の小さい町村では，どうしても行政効率が悪くなってしまう。この状況が市町村合併によって多少緩和さ

175

れ，財政効率が向上したといえよう。市で一人当たり歳出がほぼ横這いだったのは，合併が町村を中心に行われ，町村が合併して新設された市の中に人口規模が5万人未満の小規模な市があることなどから，市の平均人口もほぼ横這い（0.8％の減少）だったことが理由だと考えられる。

以上から，千葉県の市町村合併は，町村を中心に器の強化が財政効率の向上という質的な変化も伴っていたことが指摘できる。

3.「三位一体の改革」の概要

前節では「平成の大合併」によって，千葉県では，人口規模の大きな市町村の割合が高まっていることがわかった。このような市町村の「器」の変化によって財政効率が変化して財政状況も変化することが予想されるが，合併の影響だけを考えても不十分である。なぜなら，2004年度から2006年度にかけて行われた「三位一体の改革」によって，地方財政に関して3つの大きな改革が行われたからである。本節では，近年の市町村（市町村財政）を取り巻く環境の2大変化のうちのもう1つである「三位一体の改革」の概要をみる。

「三位一体」とは，辞書的には「①キリスト教で，父・子・聖霊の三位は，唯一の神が三つの姿となって現れたもので，元来は一体であるとする教理。②三者が本質的に全く同一であるということ。③三つのものが一つになること。また，三者が心を合わせること」（「デジタル大辞泉」による）という意味である。「三位一体の改革」における「三位」とは，「国庫補助負担金，地方交付税，そして税源移譲を含めた税源配分のことであり，その財政的側面が政府間財政関係，あるいは国・地方間の財源配分という点で」（出井・参議院総務委員会調査室，2008，p.288），②の意味に近い「三位一体」の用法である。また，上記3つの改革を同時一体的に進める点で，③の意味合いも含まれているといえるだろう。

「三位一体の改革」は，小泉構造改革のもとで打ち出された。改革検討の

源泉は，2001年の「経済財政運営と構造改革に関する基本方針」（通称「骨太の方針」）にさかのぼることができる。ここで，国庫補助負担金や地方交付税，地方財政計画により財源を手当てする歳出の範囲・水準の縮小が打ち出されている（平岡・森，2006，p.29）。

続いて2002年の「骨太方針」では，「地方行財政改革については，これを強力かつ一体的に推進する必要がある。先ず，国の関与を縮小し，地方の権限と責任を大幅に拡大する」と述べた上で，国庫補助負担事業の廃止・縮減について年内を目途に結論を出し，それを踏まえ，国庫補助負担金，地方交付税，税源移譲を含む税源配分のあり方を三位一体で検討し，具体案を取りまとめるという方針が出された。特に，地方交付税改革については，財源保障機能を縮小し，財政調整機能の程度についても議論を行っていくとされた。その際，「現在，地方には約14兆円の財源不足が生じている。歳出削減や地方税の充実など様々な努力により，できるだけ早期にこれを解消し，その後は，交付税による財源保障への依存体質から脱却し，真の地方財政の自立を目指す」という問題意識が示された（経済財政諮問会議，2002）。すなわち，「三位一体の改革」には，分権改革推進の一環という意味合いがあったのである。しかし，改革の現実をみれば，「実は分権社会の創造といった高尚な理念の実現のために行われているのではなく，国の財政再建のために移転財源を大きく純減させている」（平岡・森，2006，p.22）という見方があり，国の厳しい財政事情が改革の背景にあったことが指摘できる。

その後，2003年の「骨太方針」で，「三位一体の改革」によって達成されるべき「望ましい姿」と具体的な改革工程が示されている。まず「望ましい姿」とは，①地方の一般財源の割合の引き上げ，②地方税の充実，交付税への依存の引下げ，③効率的で小さな政府の実現，の3点である。それを達成するために，具体的な改革工程として，①国庫補助負担金の改革については，2006年度までに，公共事業関係の補助金の改革も進め，おおむね4兆円程度を目途に廃止・縮減する。②地方交付税の改革については，地方財政計画の歳出を徹底的に見直して，地方交付税総額を縮小し，財源保障機能を縮小す

る。③税源移譲を含む税源配分の見直しについては，廃止する国庫補助負担金の中で引き続き地方が実施する必要のあるものについては8割程度を目安に，基幹税の充実を基本にして，税源移譲する。ただし，義務的な事業については徹底的な効率化を図った上で所要額の全額を移譲する，といった内容が示された（経済財政諮問会議，2003）。

このような基本方針のもとに進められることとなった「三位一体の改革」は，改革が始まるにつれ，財務省，総務省，地方公共団体といった関係者の意見対立が深まり，紆余曲折を経たが，政治的判断により地方の意見を組み入れながら全体像が固められ，実行された。改革の成果（全体像）を図示したものが図Ⅵ-3である。

4．2 大改革を経た千葉県の市町村財政の現状と構造変化

本章第2，3節で近年の市町村を取り巻く環境の2つの変化についてみた。本節ではその内容を踏まえて，これらの改革を経て千葉県の市町村の財政がどのように変化して，現状がどのようになっているのかを分析する。

1）分析の視点

本章では，市町村の財政力と財政構造の弾力性に注目して分析を行う。財政力とは，端的にいえば，市町村の収入調達力である。特に，使途の特定されていない財源（一般財源），国や都道府県に依存しない自前の財源（自主財源）を多く収入できるほど，財政力が豊かになり，市町村の財政運営は自由度が増し，安定的になると考えられる。「市町村合併」や「三位一体の改革」が目指したのは，市町村の財政力の向上である。改革を経てそれがどの程度達成されているのかをみる。

一方の財政構造の弾力性は，市町村財政が地域の課題あるいは住民ニーズに対して，柔軟に，機動的に対応できるかどうかである。財政構造が弾力的であるほど，財政支出の調節の余地が大きく，地域課題への対応力が高い。

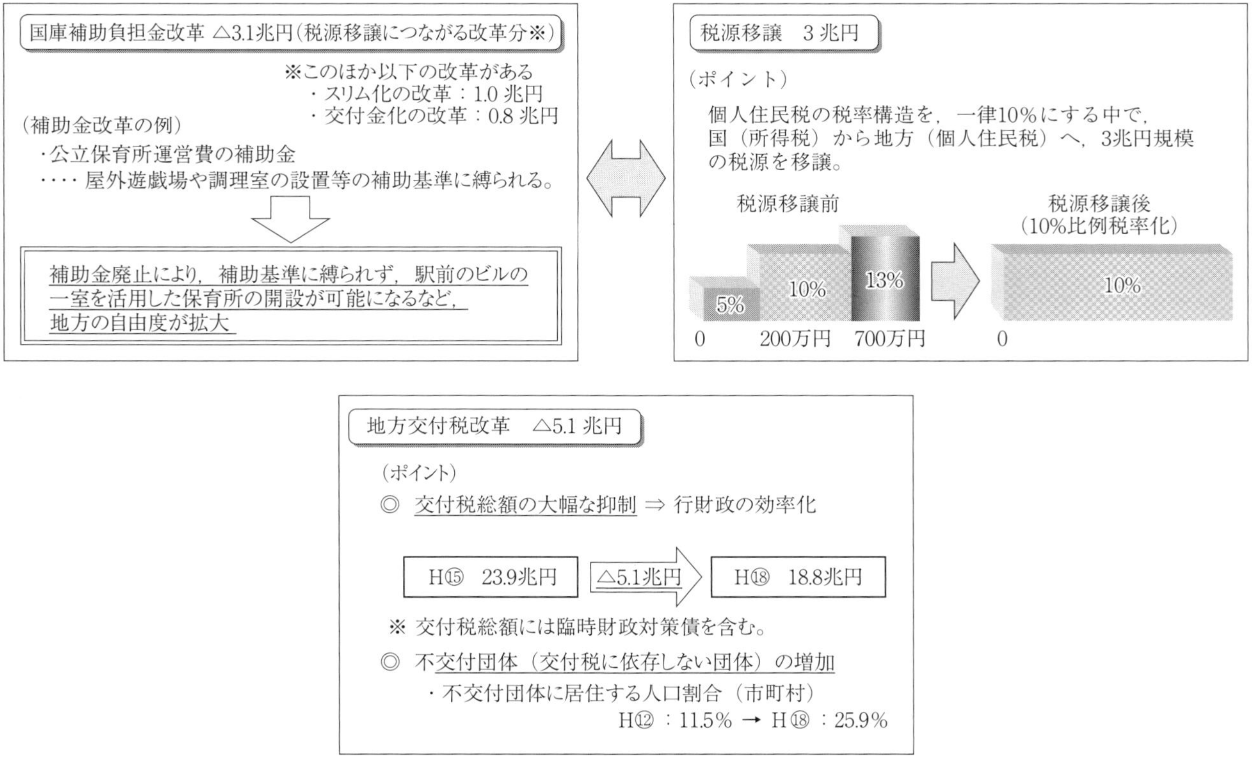

第Ⅵ章　千葉県の市町村財政の現状と課題

国庫補助負担金改革 △3.1兆円（税源移譲につながる改革分※）

※このほか以下の改革がある
・スリム化の改革：1.0兆円
・交付金化の改革：0.8兆円

（補助金改革の例）
・公立保育所運営費の補助金
……屋外遊戯場や調理室の設置等の補助基準に縛られる。

補助金廃止により、補助基準に縛られず、駅前のビルの一室を活用した保育所の開設が可能になるなど、地方の自由度が拡大

税源移譲 3兆円

（ポイント）
個人住民税の税率構造を、一律10％にする中で、国（所得税）から地方（個人住民税）へ、3兆円規模の税源を移譲。

税源移譲前
0 200万円 700万円
5% 10% 13%

税源移譲後
（10%比例税率化）
10%

地方交付税改革 △5.1兆円

（ポイント）
◎交付税総額の大幅な抑制 ⇒ 行財政の効率化

H⑤ 23.9兆円 → H⑱ 18.8兆円
△5.1兆円

※交付税総額には臨時財政対策債を含む。
◎不交付団体（交付税に依存しない団体）の増加
・不交付団体に居住する人口割合（市町村）
H⑫：11.5％ → H⑱：25.9％

出所：第11回地方分権改革推進委員会（2007年7月5日）における資料1（総務省提出資料）から抜粋。

図Ⅵ-3　[三位一体の改革]の成果

2つの改革によって，市町村の財政力が高まったとしても，財政構造が弾力的でなければ，結局は地域課題や住民ニーズに十分に応えることはできない。その意味で，財政構造の弾力性がどのようになっているかが第2の視点として重要である。

　ところで，市町村の財政分析を行う場合，さまざまな視点があり，それに応じて財政分析指標が用意されているのだが，現場（市町村職員）ではどのような点に注目して財政分析を行っているのだろうか。これに関して，福岡県市町村研究所が2004年に福岡県内の市町村の財政担当部署の職員に対して行ったアンケート結果が参考になる（㈶福岡県市町村研究所，2005，pp.38-41）。さまざまな財政分析指標をどの程度重視するかという質問に対して，単年度分の指標を他市町村と比較して分析をする場合も，指標の長期的な推移を自市町村について分析する場合も，指標の長期的な推移を他市町村と比較して分析する場合も，「特に重視する」という回答が最も多かったのは，経常収支比率であった。市町村の財政の現場では，財政構造の弾力性への注目が高いことがわかる。経常収支比率に次いで「特に重視する」という回答が多かったのは，起債制限比率や公債費比率といった公債関連指標や，積立金現在高であった。将来の負担に関する視点も重視されていることがわかる。長期の時系列分析では，義務的経費の比率も重視されている。本章で注目する財政力指数も，「特に重視する」と「やや重視する」を合わせると，それらに次いで重視されている。このようなことから，本章の分析視点は，市町村財政の現場感覚から外れていないといえる。

　財政力と財政構造の弾力性という2つの視点で，千葉県の市町村を中心に，適宜関東の各都県の市町村，全国との比較も交えて，財政分析を行っていくのだが，その際，以下の諸点に留意する。

　比較対象年度は，本章第2節第3項でも述べたように，2003年度と2008年度とする。両年度で，千葉県の市町村や関東，全国の市町村の財政力や財政構造の弾力性がどのように変化したかをみる際，基本的には両年度間で全体の構成がどのように変化したかに注目する。市町村合併によって両年度の間

第Ⅵ章　千葉県の市町村財政の現状と課題

で市町村数が変化していることと，合併した市町村は単純に経年比較できないことが理由である。それでも2つの改革の前後で市町村の財政がどのように変化したか，傾向をつかむことはできるだろう。とはいえ，千葉県の個々の市町村については，比較対象年度間に指標がどう変化したかをみることが有益な場合もある。その場合は，2004年度から2008年度の間に合併した市町を除いて分析する。具体的には，表Ⅵ-2に掲載の12市のうち野田市と印西市以外の10市町を除外する。その結果比較可能なのは，2008年度末に存在した56市町村のうち46市町村となる。さらに，必要に応じて個々の市町村の動向を詳しくみることもある。

2）財政力の変化

　本項では，市町村の財政力に注目する。「平成の大合併」や「三位一体の改革」が目指したのは，市町村の財政力の向上である。それがどの程度達成されているだろうか。財政力指数を指標に選んで分析を行う。

①財政力指数とは

　財政力指数とは，横田他（2002）の説明によれば，「地方交付税法の規定により算定した基準財政収入額を基準財政需要額で除して得た数値の過去3カ年間の平均値」をいう。基準財政収入額とは，「地方公共団体が標準的に収入しうると考えられる地方税等のうち基準財政需要額に対応する部分」とされ，市町村にあっては標準税率で算定した当該年度の収入見込額の100分の75の額である。一方の基準財政需要額は，「地方公共団体が妥当かつ合理的な平均的水準で行政を行う場合に要する財政需要を示す額」であり，地方交付税の算定基礎となる。財政力指数が1を超える場合，すなわち「基準財政収入額＞基準財政需要額」である場合には，当該地方公共団体は普通交付税の不交付団体となるが，その団体は基準財政収入額が基準財政需要額を超過した分だけ標準的な水準を超えて行政を行うことができる。逆に財政力指数が1を下回ると，地方交付税の交付団体となり，基準財政需要額までは財源が保障される。財政力指数が1未満であっても，1に近い団体ほど留保財

源（地方税収入のうち，基準財政収入額の算定に算入されなかった25％分で，地方団体が裁量的に使える）が多くなり，その分その地方公共団体独自の財政需要に充てることができる。

②財政力指数の現状と近年の変化

では千葉県内の市町村について，財政力指数をみてみよう。図Ⅵ-4は，2003年度と2008年度について，市と町村の別に，財政力指数に応じて5つの階級別の構成を示したものである。図Ⅵ-4の(a)が千葉県内の市，(b)が千葉県内の町村である。また，(c)から(f)はこれらと同じものを関東と全国について描いたものである。各積み上げ棒グラフの下方が財政力の低い市町村のグループ，上方が財政力の高い市町村のグループである。

まず図Ⅵ-4の(a)(b)と(c)(d)とを比較すると，千葉県は財政力が高い（財政力指数1以上の）市の構成比は関東全体とほぼ同じように変化しているが，財政力指数がやや高い（財政力指数0.75以上1未満の）市と合わせてみると，この5年間に構成比がやや低下しているのが特徴である。町村についてみれば，千葉県では，財政力に乏しい（財政力指数0.3未満の）町村がなくなり，財政力がやや低い（財政力指数0.3以上0.5未満の）町村の構成比も減って，

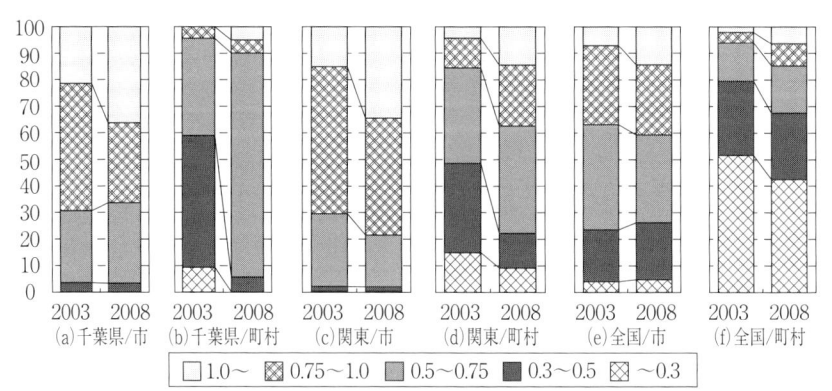

注：関東と全国の市には東京23区を含まない。
出所：地方財政調査研究会（2005，2010）から筆者作成。

図Ⅵ-4　2003年度と2008年度の財政力指数の段階別分布状況（％）

財政力が中程度（財政力指数0.5以上0.75未満）の町村が圧倒的に多くなったのが特徴である。図VI-4の(e)(f)もみて全国とも傾向を比較すると，もともと関東では全国的にみて財政力指数の高い市町村が多かったが，この5年間にさらに財政力が高まっているということができる。関東の中で千葉県は，財政力がやや高い市町村の構成比の高まりが弱く，中程度の市町村の構成比が増えるにとどまっているのが特徴といえる。

次に，図VI-4(a)(b)によりながら2003年度から2008年度にかけての構成比の増減を細かくみると，千葉県では財政力指数が1以上の市が14.9ポイント，0.5以上0.75未満の市が3.3ポイント増え，0.75以上1未満の市が17.9ポイント，0.3以上0.5未満の市が17.9ポイント減った。財政力指数0.5以上の市の構成比はほとんど変化していないが，1以上の市の構成比の増加が目立つ。町村については，0.75以上の町村の構成比はそれほど高まらなかったが，0.5以上0.75未満の町村の構成比が大きく増加し，0.5未満の町村の構成比が大きく低下した。特に，0.3未満の財政力貧困の町村がなくなったことは注目される。ちなみに，千葉県の市，町村の財政力指数の平均値（単純平均）は，それぞれ0.87から0.94，0.47から0.60へと上昇した。中央値も市が0.86から0.94へ，町村が0.46から0.57へと上昇した。ただし，標準偏差は市が0.26から0.28へ，町村が0.13から0.15へと微増した。以上から，財政力指数は市，町村を通じて全体として上昇したものの，財政力の低い市，町村も以前一部残っているといえよう。

続いて，やや角度を変え，経年比較可能な千葉県の46市町村について，2003年度から2008年度にかけて財政力指数が上がったか下がったかをみてみよう。すると，27市の中では26市で上昇，1市（勝浦市）で低下，19町村の中では17町村が上昇，2町が横這い（変化なし），低下は0であった。ここからも，全体として千葉県の市町村の財政力は上昇傾向にあることが確認できるだろう。

③財政力指数と人口の関係

続いて，市町村を財政力指数の階級別に分け，財政力指数別の人口の分布

表Ⅵ-5　千葉県における財政力指数が1以上の市町村とその人口

2003年度			2008年度		
市町村名	人口（人）	財政力指数	市町村名	人口（人）	財政力指数
＊ 成田市	97,740	1.59	＊ 浦安市	159,186	1.62
＊ 浦安市	144,993	1.51	＊＊ 成田市	125,428	1.54
＊ 袖ケ浦市	60,138	1.31	＊ 袖ケ浦市	60,514	1.39
＊ 市原市	280,579	1.16	＊ 君津市	89,968	1.34
＊ 君津市	92,298	1.04	＊ 市原市	279,753	1.23
＊ 富津市	52,338	1.03	＊ 市川市	460,303	1.15
＊ 市川市	451,940	1.03	＊ 芝山町	8,110	1.11
			＊ 印西市	63,859	1.08
			＊ 富津市	49,636	1.07
			＊＊ 柏市	390,227	1.03
			＊ 船橋市	590,943	1.03
			＊ 千葉市	925,951	1.02
			＊ 佐倉市	175,601	1.01
			＊ 八千代市	187,248	1.01
財政力指数	人口（人）	構成比（％）	財政力指数	人口（人）	構成比（％）
1.0～	1,180,026	19.7	1.0～	3,566,727	58.2
0.75～1.0	3,714,647	61.9	0.75～1.0	1,628,478	26.6
0.5～0.75	811,627	13.5	0.5～0.75	875,833	14.3
0.3～0.5	272,863	4.5	0.3～0.5	53,415	0.9
～0.3	21,869	0.4	～0.3	0	0.0
合　計	6,001,032	100.0	合　計	6,124,453	100.0

注：1．人口は当該年度末時点の住民基本台帳人口である。
　　2．市町村名の左側の「＊」は不交付団体であることを意味する。また，「＊＊」は財政力指数が1を超え本来なら不交付団体であるが，合併の特例により交付団体であることを意味する。
出所：地方財政調査研究会（2005，2010）から筆者作成。

をみてみよう（表Ⅵ-5）。

2003年の「骨太の方針」では，9割以上の地方団体が地方交付税の交付団体となっているが，「三位一体の改革」によって，不交付団体（市町村）の人口の割合を大幅に高めていくことを謳っている。これに注意しながら，千

葉県についてみてみると，財政力指数が1以上の市町村は，2003年度には7市だったが，2008年度には14市町に倍増している。財政力が1以上の市町の人口は，2003年度は118万26人，千葉県の人口の19.7％であったが，2008年度は356万6,727人，58.2％と，大幅に増えている。これには県内で人口が最多の千葉市と2番目に多い船橋市が不交付団体に転じたことが効いている。分析対象としている2008年度までに合併を経験した市町村という意味では，成田市と柏市が財政力が1を上回る市のグループに入っているが，この2市は合併による特例により交付税の交付を受けている。この2市を除いても2008年度の不交付団体の人口は305万1,072人で，県人口の49.8％を占める。財政力が上がったことの裏返しであるから当然であるが，近年の市町村を取り巻く2大改革によって，千葉県の市町村全体としては交付税への依存度が軽減したといえるだろう。

④財政力と市町村合併の関連

　ここでは，財政力の低い市町村の動向をみてみよう。2003年度に千葉県で最も財政力指数が低かったのは，三芳村と丸山町で0.28だった。その次に低かったのが富浦町と和田町で0.29である。この年に財政力指数が0.3未満であったのは以上の4町村である。0.3以上0.5未満の市町村は0.31の富山町にはじまり，0.48の下総町，八日市場市まで24市町村ある（市は八日市場市のみ）。2003年度の財政力指数0.5未満の市町村をまとめると，市町村数でみれば千葉県の市町村の35.4％を占めるが，人口でみると4.9％にすぎない。人口規模の小さい町村がその中心であることがわかる。これらの28市町村のうち21市町村は2006年度末までに合併を行っている。さらに，他の2村も2010年3月に合併した。合併を行っていないのは，神崎町，睦沢町，東庄町，九十九里町，鋸南町の5町である。

　「平成の大合併」が一段落した2008年度に目を転じると，財政力指数が最も低いのは鋸南町で0.34，次いで南房総市の0.43である。この2市町が0.5未満である。0.5以上をみると，九十九里町と睦沢町が0.50，本埜村，大多喜町，東庄町が0.52などとなっている。表Ⅵ－2からわかるように南房総市

は合併によって誕生した市であるが，もともと財政力が貧困だった7つの町村が合併したことを反映し，合併前に比べると財政力が上がったとはいえ，合併後も財政力が乏しいことが指摘できる。さらに，合併によって誕生したいすみ市，匝瑳市も0.55と財政力の低い方のグループに入る。合併は財政力向上の特効薬とはいえないということである。また，2003年度に財政力が低かった町村のうち合併しなかった町村も，この5年間で多少財政力が向上したが，引き続き財政力の下位グループにとどまっている。「三位一体の改革」で地方交付税の財源保障機能の縮小が議論されたが，引き続きその機能が重要といわれる所以である。

⑤財政力と市町村の地理的分布

ここでは2008年度に関して，財政力と市町村の地理的分布の関係をみてみる。図Ⅵ-5は，表Ⅵ-5に掲載されている財政力指数が1以上の市町に加え，財政力指数が0.8以上の市町を，財政力指数によって4つの階級に分けて塗りわけたものである。

財政力の高い市は，県の北西部から内房地域にかけて分布していることがわかる。これらは，京葉工業地域が広がる東京湾に面した各市や，国際空港や大型テーマパークを擁する市町で，固定資産税をはじめとする豊富な税収に支えられていることがその理由と考えられる。また，県北西部（千葉市以西および北西側）の諸市を中心に，道路網や鉄道網の発達によって東京都内への通勤が至便であることから，人口規模が大きく，現役世代の所得から豊富な住民税（所得割）が得られていることも，財政力を高める要因と考えられる。以上，市町村の財政力という点から千葉県をみると，「西高東低」の傾向が指摘できる。

3）財政構造の弾力性

前項の分析から，「平成の大合併」や「三位一体の改革」を経て，千葉県の市町村の財政力は高まっているのかという問いに対しては，おおむね肯定的な答えを出せるだろう。では，財政力が高まった千葉県の市町村は，その

第Ⅵ章 千葉県の市町村財政の現状と課題

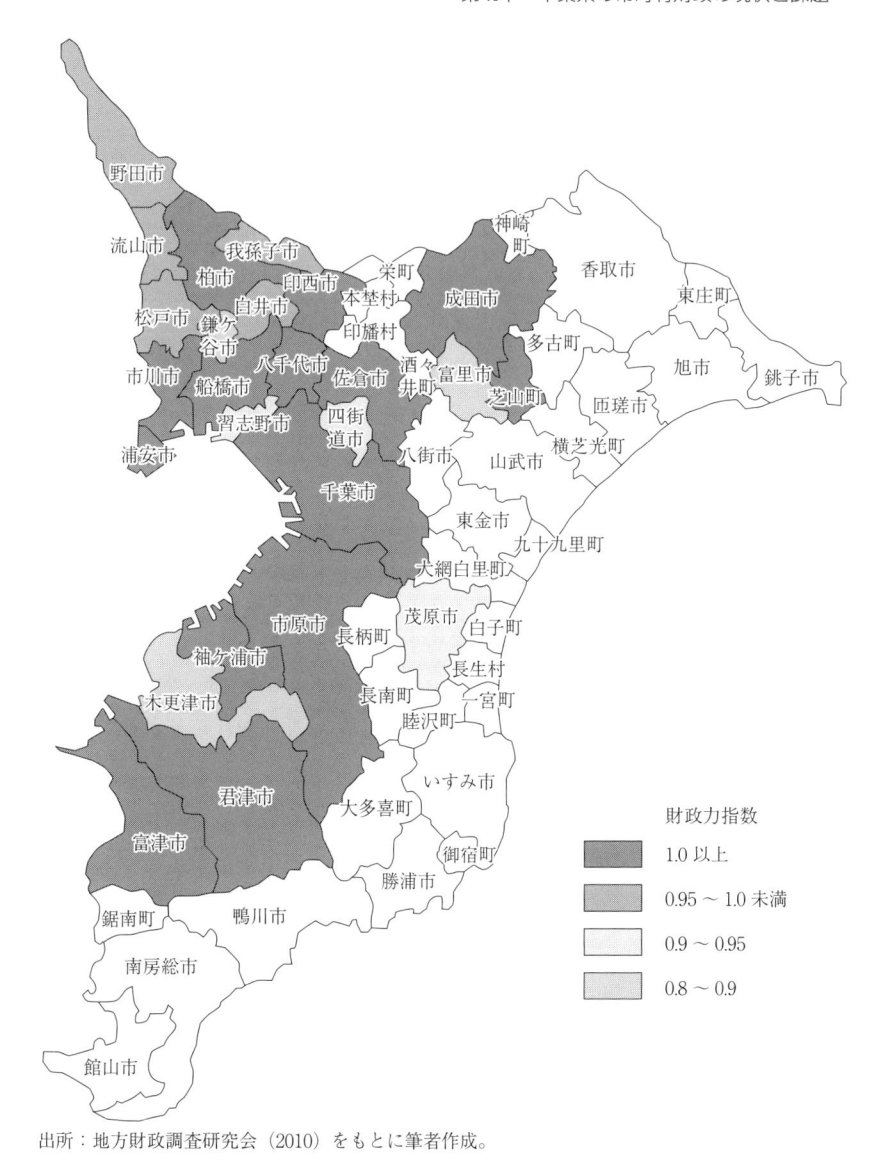

図Ⅵ-5 財政力指数の高い市町村の地理的分布（2008年度）

出所：地方財政調査研究会（2010）をもとに筆者作成。

財政力指数
- 1.0 以上
- 0.95 ～ 1.0 未満
- 0.9 ～ 0.95
- 0.8 ～ 0.9

財政力を発揮して，地域の諸課題や住民のニーズに柔軟かつ機動的に対応できる状態にあるだろうか。その点をみるのが本項の課題である。

①経常収支比率とは

　財政構造の弾力性をみる指標として，経常収支比率がある。この指標は，本節第1項でも触れたように，市町村の財政担当部署で財政分析を行うときに最も重視される指標である。「地方財政白書」では，「人件費，扶助費，公債費のように毎年度経常的に支出される経費（経常経費）に充当された一般財源の額が，地方税，普通交付税を中心とする毎年度経常的に収入される一般財源（経常一般財源），減収補てん債特例分及び臨時財政対策債の合計額に占める割合」と解説されている。式で表せば，

$$経常収支比率 = \frac{経常経費 - 経常特定財源}{経常一般財源等} = \frac{経常経費充当一般財源}{経常一般財源等}$$

である。

　経常収支比率の分母は，もともとは経常一般財源だけであったが，近年は減収補てん債特例分と臨時財政対策債も加算される（これら3つの合計を「経常一般財源等」と呼び，「経常一般財源」と区別する）。まず，減収補てん債とは，「地方税の収入額が標準税収入額を下回る場合，その減収を補うために発行される地方債」で，原則は「地方財政法第5条に規定する建設地方債として発行されるもの」である。「特例分」は「建設地方債を発行してもなお適正な財政運営を行うにつき必要とされる財源に不足を生ずると認められる場合に，地方財政法の特例として」発行されるものである。本来は地方税であるはずだったものである。次に，臨時財政対策債とは，「地方一般財源の不足に対処するため，投資的経費以外の経費にも充てられる地方財政法第5条の特例として発行される地方債」である。これは，本来ならば地方交付税によって対応しなければならなかったものである。なぜ収入をこのような要素に頼らなければならないのだろうか。地方交付税の原資は国税5税（所得税，法人税，消費税，酒税，たばこ税）のそれぞれ一定割合（法定率

第Ⅵ章　千葉県の市町村財政の現状と課題

分）であるが，地方の財源不足額が増大している一方，国税収入は落ち込んでおり，近年は法定率分が地方財政の財源不足額すなわち地方交付税の必要額に足りていない。しかし標準的な財政運営を確保するためには，不足分を何とかしなければならないから，その分を国と地方で折半して負担することになり，地方負担分が臨時財政対策債とされたのである。このような事情で，減収補てん債特例分と臨時財政対策債は実質的に経常一般財源と同じとみられ，経常収支比率の分母に算入されている。

経常収支比率の定義式をみると，分母は歳入に関係しており，分子は歳出に関連している。経常収支比率は，その値が低いほど財政構造が弾力的（財政状況が安定的），その値が高いほど財政構造が硬直的（財政状況が不安定）である。このことを，図Ⅵ-6を参照しながら確認しておく。

まず図Ⅵ-6(a)をみると，経常財源によって経常経費を賄いきれており，臨時財源の全額に加え経常財源の余剰分（Cの部分）を臨時経費に充てることができる状況である。経常経費を経常財源で賄いきれているという意味で財政構造が安定的であり，また臨時経費に充当可能な資金が豊富であれば必要に応じてさまざまな施策を実施できる意味で，財政構造が弾力的といえる。

一方，図Ⅵ-6(b)をみると，経常経費に対して経常財源が不足（Cの部分）しており，臨時財源をつぎ込んでやりくりしている状況である。その意味で

(a) 弾力的（安定的）な財政構造　　　(b) 硬直的（不安定）な財政構造

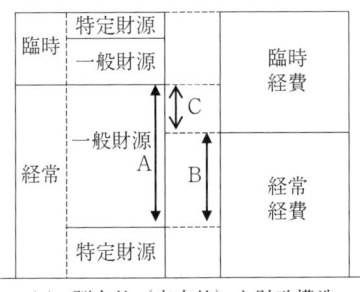

出所：伊東（1996）を参考に筆者作成。

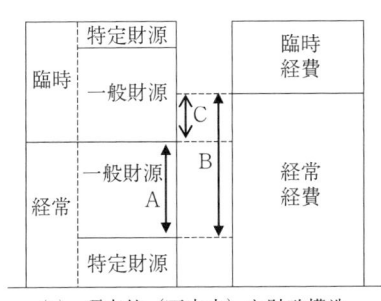

図Ⅵ-6　経常収支比率の概念図

財政構造は不安定であり，また経常財源の不足分だけ臨時経費に充てることのできる財源が少なくなり，不測の事態への対応が難しくなる。この意味で，財政構造が硬直的といえる。

図Ⅵ-6のAは経常一般財源，Bは経常経費充当一般財源（＝経常経費－経常特定財源）であるから，それぞれ経常収支比率の分母，分子である。財政構造が弾力的な場合，「A＞B」という関係であることから，「A分のB」であるところの経常収支比率は値が低くなる。一方，財政構造が硬直的であれば，Aに対してBの値が大きくなってくるから経常収支比率の値は高くなる。経常収支比率が100％のとき，「A＝B」すなわち経常財源をすべて経常経費に充当している状態で，これ以上の値になると，経常経費に臨時財源をつぎ込む不安定な財政運営になる。

②経常収支比率の現状と近年の変化

市と町村とでは処理する事務の内容に若干の違いがあるのを反映して，一般に市よりも町村の方が経常収支比率が低い。従来からの経験によって，「都市にあっては75％，町村にあっては70％程度が妥当と考えられ」，それよりも5ポイント程度高ければその市町村の財政構造は弾力性を失いつつある

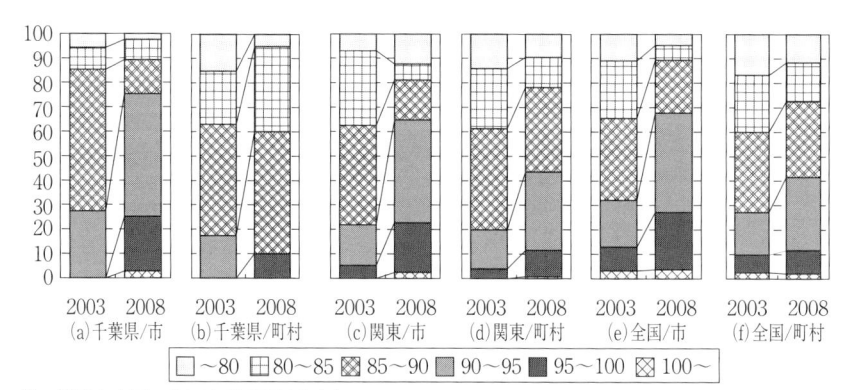

注：関東と全国の市には東京23区を含む。
出所：地方財政調査研究会（2005，2010）から筆者作成。

図Ⅵ-7　2003年度と2008年度の経常収支比率の段階別分布状況（％）

第Ⅵ章　千葉県の市町村財政の現状と課題

と考えてよいといわれている（横田他，2002，p.119）。全国の市町村の経常収支比率の加重平均をみると，1970年頃は73.1％であったが，1999年度には83.9％まで上昇し，2004年度には90.5％と90％台に入り，以後90％台前半で推移している。近年の市町村の財政は，従来の経験からすると，弾力性を相当程度失った状況にあると考えられる。

　では，千葉県の市町村を中心に，全国や関東の市町村との比較もしながら，経常収支比率の現状や近年の変化をみていこう。図Ⅵ-7は，市と町村別に経常収支比率に応じて6つの階級に分けて，2003年度と2008年度の階級ごとの構成比をみたものである。この図では，積み上げ棒グラフの上方のグループほど経常収支比率が低い，すなわち財政構造が弾力的な市町村である。

　まず千葉県の市に注目すると（図Ⅵ-7(a)），2003年度には存在しなかった経常収支100％以上の市が2008年度には出現した（館山市，101.5％）。町村には経常収支比率が100％以上のところはない。ただし，市も町村も2003年度にはなかった95％以上100％未満の階級が，2008年度には市の27.3％，町村の22.2％を占めるようになっている。全体的に，経常収支比率が高い市町村の構成比が高まっており，千葉県の市町村の財政構造は硬直化が進んでいることが指摘できる。関東や全国と比べると，2008年度になって経常収支比率が90％以上95％未満の市町村の構成比がやや高いことが特徴である。

　このグラフから，関東の市を除いて，いずれもこの5年間に経常収支比率の高い市町村の構成比が高まり，全体的に財政構造が硬直化していることがわかる。関東の市については，経常収支比率80％未満の財政構造が弾力的な市の構成比が高まっているのが特徴である。一方，経常収支比率が高い市（経常収支比率85％以上）の構成比も20ポイント近く高まっている。その結果，2008年度には経常収支比率80％以上85％未満の市の構成比が大きく減って，関東の市については分布が双峰型になっている。

③2003年度の経常収支比率の高さと5年間の経常収支比率の変化

　ここでは，2003年度と2008年度で単純比較可能な46市町村について，2003年度の経常収支比率とそれから5年間の経常収支比率の増減との関係をみる。

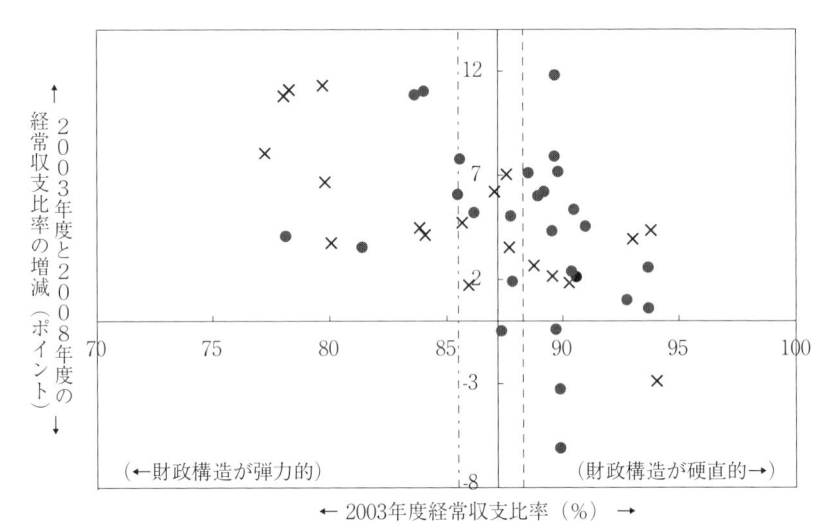

注：1．「●」は市，「×」は町村である．
2．縦軸は2003年度の千葉県の市町村の経常収支比率の単純平均値（87.2％）で横軸と交わっている．
3．縦軸に並行な破線は，2003年度の千葉県の市の経常収支比率の単純平均値（88.3％）で，同じく一点鎖線は町村の経常収支比率の平均値（85.5％）で，それぞれ横軸と交わっている．

出所：地方財政調査研究会（2005，2010）から筆者作成．

図Ⅵ-8　千葉県の市町村の2003年度と2008年度の経常収支比率の差

図Ⅵ-8は，横軸に2003年度の各市町村の経常収支比率（％），縦軸に2003年度から2008年度までの経常収支の増減（ポイント）をとって，各市町村の経常収支比率の変化をみたものである．まず，この5年間に経常収支比率が低下した（財政構造がより弾力的になった）のは4市1町だけであることがわかる．さらに，全般的傾向として，2003年度に経常収支比率が相対的に低かった市町村ほど，財政構造が硬直化したことが指摘できる．

④経常収支比率の変化の要因

次に，経常収支比率がどのような要因によって変化したのかをみる．ここでも分析対象は，2003年度と2008年度で単純比較ができる46市町村である．

経常収支比率は，経常一般財源等を分母，経常経費充当一般財源を分子とする分数である．分数の増減は，分子と分母それぞれの増加率に分けてみる

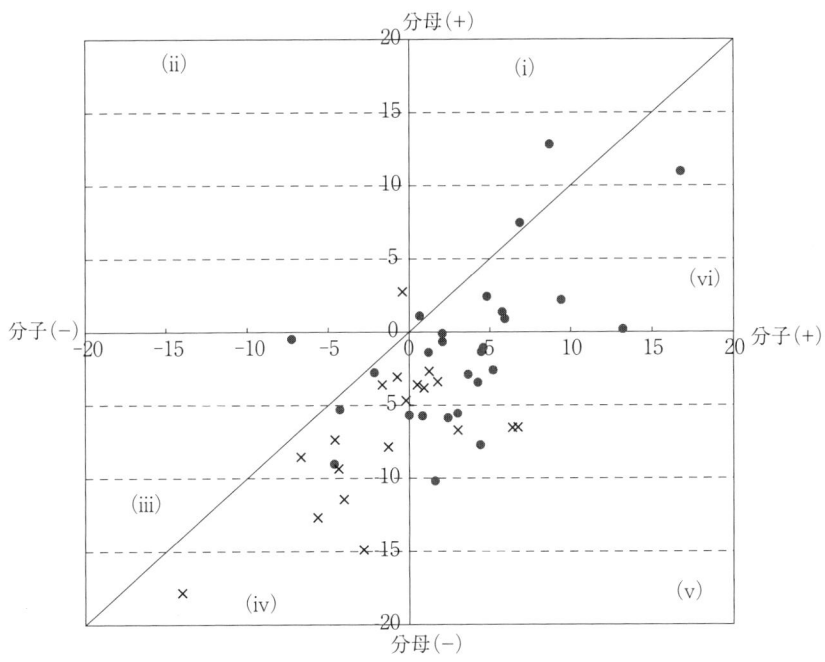

第Ⅵ章　千葉県の市町村財政の現状と課題

図Ⅵ-9　千葉県の46市町村の経常収支比率の分子・分母の増加率（％）

注：図中「●」が市，「×」が町村である。
出所：総務省「市町村別決算カード」（平成15年度，平成20年度）から筆者作成。

ことができる。そこで，経常収支比率の増減が，分子，分母がそれぞれどのように増減することによって引き起こされたのかに注目するのである。

図Ⅵ-9は，横軸に経常経費充当一般財源（分子）の増加率を，縦軸に経常一般財源等（分母）の増加率をとっている。この図から，経常収支比率の増減に加え，その増減を歳入面の増減，歳出面の増減に分けて詳しく分析することができる。そのために，横軸（x軸），縦軸（y軸）と45度線によって，座標平面を6つの領域（それらを領域(i)〜(vi)と呼ぶことにする）に区分する。

45度線上では，分母と分子の増加率が等しいため，経常収支比率は変化しない。45度線よりも上の(i)(ii)(iii)の領域では，「分母の増加率（Δ分母）＞分子

の増加率（Δ分子）」であるから，経常収支比率が低下して財政構造の弾力性が増したことを意味する。45度線よりも下の(iv)(v)(vi)の領域では，「Δ分母＜Δ分子」だから，経常収支比率が上昇して財政構造の弾力性が低下（硬直化）したことを意味する。

先に図Ⅵ-8でもみたように，2003年度から2008年度の間に財政構造の弾力性が増したのは46市町村中4市1町であった。これらの市町は図Ⅵ-9でも確かに45度線より上の領域に位置している。ただ，経常収支比率の分子と分母の増減（Δ分母，Δ分子の符号）に着目すると，それぞれの領域で経常収支比率の変化のパターンが異なる。

領域(i) Δ分子＞0，Δ分母＞0の場合：一般財源を充当すべき経常経費（経常経費充当一般財源）が増加したものの，それを補ってあまりある経常一般財源の増加があったため，経常収支比率が低下したといえる。いわば分母（歳入面）による財政構造の弾力性の改善である。

領域(ii) Δ分子＜0，Δ分母＞0の場合：経常経費充当一般財源の減少に加え，経常一般財源の増加も生じたということである。歳出，歳入両面から財政構造の弾力性が増したといえる。

領域(iii) Δ分子＜0，Δ分母＜0の場合：経常一般財源は減少したが，それ以上に経常経費充当一般財源を節減したため，経常収支比率が低下したといえる。歳出面主導で財政構造の弾力性が増したと考えられる。

以上の3パターンの財政構造の弾力性の改善のうちでは，領域(ii)が市町村にとって最も望ましいパターンといえよう。しかしこの領域に位置するのは神崎町のみである。領域(iii)は歳出面でのスリム化が行われているから，加えて一般財源の涵養ができれば財政運営がより柔軟にできるようになる状況といえる。この領域に位置するのも市原市のみである。領域(i)は，「三位一体の改革」の影響（税源移譲）で，地方税が増加したことが寄与しているものと思われる。たとえば，市川市では，5年間の経常一般財源等の増加率が

第Ⅵ章　千葉県の市町村財政の現状と課題

7.5％であるが，地方税の増加寄与度が14.9％である。もともと不交付団体であったので，交付税の減少はない。地方税の増収により，臨時財政対策債，減収補てん債特例分を抑制できたものと考えられる。これらの増加寄与度は合わせてマイナス4.8％である。地方分権の観点から，歳入の質が自主一般財源にシフトしていることも評価できる。

次に，経常収支比率が上昇した場合を，分子と分母の増加率に着目して細かくみてみる。

領域(iv)　Δ分子＜0，Δ分母＜0の場合：経常一般財源等が減少したが，それに見合うだけ経常経費充当一般財源が減少しなかったために財政構造が硬直化したといえる。

領域(v)　Δ分子＞0，Δ分母＜0の場合：経常経費充当一般財源が増加し，さらに経常一般財源等が減少している状況である。歳出，歳入の両面から財政構造の硬直化が進んでいる。

領域(vi)　Δ分子＞0，Δ分母＞0の場合：経常経費充当一般財源が増加した一方で，それに見合うだけ経常一般財源等が増加しなかったために財政構造が硬直化した状況である。

以上の3パターンの財政構造の硬直化のうち，領域(v)が市町村にとって最も苦しい状況と考えられる。経常的な支出が膨らんでいるにもかかわらず，経常的な財源が減っているからである。このような状況にあるのは，千葉市，銚子市，館山市，松戸市，茂原市，東金市，習志野市，勝浦市，我孫子市，鎌ケ谷市，四街道市，印西市，富里市，大網白里町，芝山町，一宮町，長生村，大多喜町，御宿町，鋸南町の13市6町1村であり，領域(i)～領域(iv)のグループの中で最も多い。次に，領域(iv)に位置するのは，木更津市，佐倉市，富津市，白井市，酒々井町，印旛村，本埜村，栄町，多古町，東庄町，九十九里町，睦沢町，白子町，長柄町，長南町の4市9町2村である。領域(v)に続いて多いグループであるが，市が多く含まれるのが領域(v)の特徴であるのに対し，領域(iv)は町村が中心である。最後に領域(vi)に位置するのは，船橋市，野田市，八千代市，浦安市，袖ケ浦市，八街市の6市である。すべて市であ

195

り，財政力の高い市も含まれている。

　このようにみてくると，千葉県内の市町村では，市を中心に経常経費は増加傾向にあるのに，経常収入をそれに見合うだけ確保できていないことによって財政構造が硬直化していること，町村は市ほど経常経費の増加傾向は強くないが，収入面で財政構造の基盤が揺らいでいること，が指摘できる。要するに，市と町村のいずれも財政構造の弾力性の低下は，歳入面の要因が大きいといえよう。

　ただし，減少した経常一般財源等の中身をよくみると，上のような状況を悲観してばかりいる必要はないこともいえる。千葉県の市町村の合計でみると，「三位一体の改革」に伴う税源移譲の影響もあって，地方税が増額したが，地方交付税が減少し，さらに減収補てん債特例分と臨時財政対策債がそれぞれほぼ半減した。減収補てん債特例分は，税収が標準税収入額を下回る際，建設地方債を発行してもなお不足する場合に発行される赤字地方債で本来は地方税であったはずのものであり，臨時財政対策債も実質的には地方交付税であることは前に触れた。地方税が増強され，これらが半減したことは，マクロ的な傾向としてだが市町村の歳入の質が自主一般財源中心に変化したという評価が可能だろう。これは，背後に国の財政難があるとはいえ，地方の財政的自立という点からは，若干なりとも進歩したと考えられる。

⑤財政構造の弾力性と市町村の人口，財政力との関連

　最後に，財政構造が弾力的な市町村，硬直的な市町村にどの程度の人口が住んでいるのかをみておく。表Ⅵ-6は経常収支比率の値が低い方，値が高い方からそれぞれ10市町村とその人口である。合わせて財政力指数の高さも掲げている。

　経常収支比率は，処理すべき事務量の違いから市よりも町村の方が低いのが一般的であることを先に述べた。それを反映して，2003年度には財政構造が弾力的な方から10市町村の中に市は2つしか入っていない。10市町村の人口を合わせても県人口の6.5％にすぎない。財政力との関係をみると，中程度（財政力指数0.5以上0.75未満）の町村と，やや低い（同0.3以上0.5未満

第Ⅵ章 千葉県の市町村財政の現状と課題

表Ⅵ-6 千葉県の経常収支比率低位・高位10市町村とその人口

2003年度				2008年度			
市町村名	経常収支比率	人口（人）	財政力指数	市町村名	経常収支比率	人口（人）	財政力指数
成田市	74.3	97,740	I	成田市	74.4	125,428	I
山武町	75.4	20,176	IV	浦安市	82.2	159,186	I
長生村	77.2	14,888	III	東庄町	83.8	15,775	III
松尾町	77.5	11,291	III	市原市	83.8	279,753	I
芝山町	78.0	8,575	II	袖ケ浦市	84.9	60,514	I
浦安市	78.1	144,993	I	長生村	85.3	14,974	III
多古町	78.3	17,590	III	長南町	86.5	9,687	III
大網白里町	79.7	49,705	III	君津市	86.6	89,968	I
長南町	79.8	10,409	III	市川市	86.9	460,303	I
東庄町	80.1	16,883	IV	白子町	87.7	12,858	III
︙	︙	︙	︙	︙	︙	︙	︙
鴨川市	92.1	30,158	III	富里市	95.4	49,930	II
八日市場市	92.3	32,512	IV	八千代市	95.5	187,248	I
成東町	92.8	24,848	III	鎌ケ谷市	95.6	106,268	II
佐倉市	92.8	175,573	II	勝浦市	95.8	21,105	III
鋸南町	93.0	10,325	IV	千葉市	96.3	925,951	I
白浜町	93.5	6,003	IV	鋸南町	97.0	9,452	IV
白井市	93.7	52,811	II	我孫子市	97.0	134,982	II
千葉市	93.7	894,973	II	東金市	97.6	59,987	III
栄町	93.8	25,161	III	栄町	98.1	23,512	III
神崎町	94.0	6,785	IV	館山市	101.5	50,275	III
経常収支比率		人口（人）	構成比（％）	経常収支比率		人口（人）	構成比（％）
値の低い方から10市町村の小計		392,250	6.5	値の低い方から10市町村の小計		1,228,446	20.1
値の高い方から10市町村の小計		1,259,149	21.0	値の高い方から10市町村の小計		1,568,710	25.6
合計		6,001,032	100.0	合計		6,124,453	100.0

注：1．人口は当該年度末の住民基本台帳人口である。
　　2．「財政力指数」のI～Vは、Iが財政力指数1以上、IIが0.75以上1未満、IIIが0.5以上0.75未満、IVが0.3以上0.5未満のグループであることを意味する。
出所：地方財政調査研究会（2005，2010）から筆者作成。

の）町で大半を占める。財政力は高くないが，市に比べて事務量の少ない町村であることを受けて財政構造は弾力性を維持していたといえよう。

　一方，2003年度の財政構造が硬直的な方から10市町村をみると，市が半数を占める。この中に県庁所在市で県内人口第1位の千葉市が含まれることもあって，その合計の人口は県人口の21.0%を占める。財政力のやや高い（財政力指数0.75以上1未満の）市から低い（同0.3未満の）市町まで含まれている。財政構造の弾力性と財政力との対応は，あまりないといっていいだろう。

　2008年度をみると，合併によって町村の数が減ったことを受け，財政構造が弾力的な方から10市町村の中に6市が入っている。これらはいずれも財政力が高い（財政力指数が1以上の）市である。他の4町村も，町村の中では財政力が相対的に高い方である。以上の10市町村の人口を合わせると，県人口の20.1%を占める。「財政構造が弾力的な方から」10市町村という区分では，その人口規模はこの5年間に約3倍に増えたが，10位の町の経常収支比率を比較すると，7.6ポイント高まっている（悪化している）。そこから，財政構造が弾力的な市町村に住む人口は，減っているといわざるを得ない。

　一方，財政構造が硬直的な方から10市町村をみると，8市2町という構成で，県人口の25.6%を占める。人口が10万人を超える市が4市含まれるなど，比較的人口規模の大きな市で財政構造の弾力性が失われていることがわかる。また，財政力の高い市から，市としてはどちらかというと低い財政力指数0.5以上0.75未満の市まで，財政力の高低にかかわらず財政構造が硬直的になっていることがわかる。

5．まとめ──千葉県の市町村財政の課題

　本章では，市町村を公共サービス供給の器と位置づけ，財政力と財政構造の弾力性に注目して，千葉県の市町村の財政が「平成の大合併」と「三位一体の改革」を経て近年どのように変化したのか，そして現状はどうなってい

るのかを分析した。その結果，以下のようなことがわかった。すなわち，千葉県の市町村は「平成の大合併」を経て平均的な人口規模が拡大し，町村を中心に財政効率が改善した。さらに「三位一体の改革」の影響によって，千葉県の市町村では，財政力はやや高まったものの，財政構造の弾力性は低下していることがわかった。財政力の高さについて，地理的に「西高東低」の傾向も指摘できた。総じていえば，財政面での市町村の自立性は多少高まったといえるが，多様化する住民ニーズや地域課題に柔軟に対応する力は十分に高まってはいないのである。

ただ，財政構造が弾力性を失う中，地方税の充実によって，減収補てん債特例分や臨時財政対策債を抑制できている点は，財政の自立性が多少なりとも改善したという評価ができよう。実際，減収補てん債特例分と臨時財政対策債を分母に含めずに経常収支比率を計算した場合，2003年度から2008年度にかけて比較可能な千葉県の46市町村中31市町村で経常収支比率が低下している。もっとも，その場合でも2008年度の千葉県の56市町村の経常収支比率の単純平均値は95.8％であるから，財政構造が柔軟性を失っていることに変わりはない。法定税中心の地方税体系のもとでは，市町村が財政状況に応じて裁量的に税率を調節して大幅な増収を図ることは難しい。多くの公共サービスの中心的供給主体として，財政構造の柔軟性を確保するために，市町村は一層行財政改革を進め，歳出を効率化していくことが求められよう。

(金子林太郎)

参考文献

出井信夫・参議院総務委員会調査室（2008）『図説 地方財政データブック（平成20年度版）』学陽書房。

伊東弘文（1996）『入門地方財政（3版）』ぎょうせい。

地方財政調査研究会（2005, 2010）「市町村別決算状況調」（平成15年度，平成20年度）。

平岡和久・森裕之（2006）『検証「三位一体の改革」自治体から問う地方財政改革』自治体研究社。

㈶福岡県市町村研究所（2005）「自治体診断マニュアル（財政編）の整備と分析事例」『福岡県市町村研究所研究年報』第4号，pp.35-76。

横田光雄・斉藤恒孝・益本圭太郎（2002）『地方財政小辞典（五訂）』ぎょうせい。
（ウェブサイト）
青森県ホームページ（2008）「合併特例法の設立，改正の経緯」2010年9月閲覧（http://www.pref.aomori.lg.jp/kensei/shichoson/gappei-hou-keii.html）。
経済財政諮問会議（2002）「経済財政運営と構造改革に関する基本方針2002」（骨太2002），2010年9月閲覧（http://www.kantei.go.jp/jp/singi/keizai/tousin/020621f.html）。
経済財政諮問会議（2003）「経済財政運営と構造改革に関する基本方針2003」（骨太2003），2010年9月閲覧（http://www.kantei.go.jp/jp/singi/keizai/kakugi/030627f.html）。
総務省ホームページ（2010a）「市町村数の推移表（詳細版）」2010年9月閲覧（http://www.soumu.go.jp/gapei/pdf/090624_02.pdf）。
総務省ホームページ（2010b）「都道府県別合併実績」2010年9月閲覧（http://www.soumu.go.jp/gapei/xls/090624_08.xls）。
千葉県ホームページ（2010）「県内の市町村合併の状況」2010年9月閲覧（http://www.pref.chiba.lg.jp/shichou/kouiki/gappei/joukyou.html）。

第Ⅶ章

千葉県の地域金融

1．はじめに

　本章では，千葉県の地域金融の姿を描写する。地域金融の主たる担い手は，地方銀行や第二地方銀行（以下，第二地銀）からなる地域銀行と，信用金庫や信用組合などの協同組織金融機関である。ここで，協同組織金融機関には，農協・漁協などの系統金融機関や労働金庫も含まれるが，これらの金融機関は，地域金融の中心ともいうべき地元企業への資金供給を広範には行っておらず，やや特殊であるため，分析対象から外す。この他，近年株式会社化した商工中金や，民営化に向け日本郵政公社から郵便貯金事業を継承したゆうちょ銀行も，地域性の高い金融機関であるが，これらの金融機関には依然として政府の関与が残り，やはり特殊なので除く。そのため，ここでは，県内の地方銀行である千葉銀行，千葉興業銀行に，第二地銀である京葉銀行を加えた地域銀行3行と，千葉，東京ベイ，銚子，佐原，館山の各信用金庫5金庫，銚子商工，房総，君津の各信用組合3組合の合計11金融機関に焦点を絞る。なお，これらの金融機関は，数が少ない上に特定の金融機関の存在が大きく，またそれぞれにさまざまな独自性があるため，それらを集計したデータは，多くの場合で利用が困難である。そこで，以下では，基本的には個別金融機関ごとにその特徴や動向を捉える。その前に，まず次節で，これらの金融機関の経営基盤となる県の経済や，県の預金金融機関（以下，銀行等）全般について，主に関東各都県との比較を通じて概観する。

2．千葉県の経済と銀行等

　関東各都県の現勢は，表Ⅶ-1のようにまとめられる。総じて人口や経済規模については，南関東1都3県と北関東3県の間にかなりの差があり，さらに南関東では，東京都が圧倒的な地位を占め，次いで神奈川県，埼玉県，千葉県の順に大きい。東京都の圧倒的な地位については，金融市場において一層顕著で，2009年末の国内の銀行預金残高，貸出金残高のそれぞれ28.2％，41.2％が東京都に集中する一方で，千葉県には各同4.0％，2.8％が存在するにすぎない。また，特に千葉県についてみてみると，人口増減が00年比，05年比ともに埼玉県を上回り全国第4位の増加であることや，一人当たり県民所得は必ずしも高くないこと，事業所数や従業者数，あるいは金融部門の経済規模で全国順位を若干落とす傾向があることなどを特徴として指摘することができる。

　続いて，千葉県経済の動向を振り返る。千葉県の経済活動や景気の状況は，鉱工業指数や消費者物価指数，雇用・賃金，百貨店売上高，建築着工などいくつかの指標で把握することができるが，ここでは，ひまわりベンチャー育成基金千葉経済センターによる「千葉県企業経営動向調査」から，業況や資金繰りの状況に関する県内企業へのアンケート調査結果と，東京商工リサーチ社による『倒産月報』から，県内企業の倒産データで確認する[1]。

　図Ⅶ-1には，2002年第3四半期以降の千葉県の企業による業況判断（自社業況の総合判断）が示されている[2]。この図から，県内企業の業況判断が07年第1四半期以降一貫して「悪化」超であることと，08年第3四半期から09年第1四半期まで統計開始（02年第3四半期）以来最低の水準を3四半期連続で更新したこと，08年9月のリーマンショックの直後はきわめて深刻な状況であったこと，09年第2四半期以降はかなりの改善がみられることなどがわかる。また，図Ⅶ-2には，00年以降の県内企業による資金繰り判断が示されている。この図から，01年第3四半期から02年第2四半期までが資金

第Ⅶ章　千葉県の地域金融

表Ⅶ-1　関東各都県の現勢

	茨城県	順位	栃木県	順位	群馬県	順位	埼玉県	順位	千葉県	順位	東京都	順位	神奈川県	順位	全国
人口 (1,000人)	2,960	11	2,006	20	2,007	19	7,130	5	6,139	6	12,868	1	8,943	2	127,510
対2005年比増減	-15	18	-11	13	-17	24	76	5	83	4	291	1	151	3	-258
対2000年比増減	-26	25	1	12	-18	18	192	5	213	4	804	1	453	2	584
事業所数 (社)	126,506	14	95,995	20	102,705	18	254,835	5	194,817	9	690,556	1	288,962	4	5,911,038
うち金融	1,610	14	1,175	26	1,409	19	2,963	8	2,582	10	9,830	1	3,373	6	84,107
うち銀行・協同組織金融機関	571	14	386	26	527	16	870	9	781	10	2,483	1	1,052	5	26,190
従業者数 (1,000人)	1,273	12	922	19	956	17	2,567	5	2,053	9	8,705	1	3,332	4	58,634
うち金融	24	13	17	22	19	20	50	7	45	8	358	1	60	4	1,429
うち銀行・協同組織金融機関	12	12	8	21	10	16	23	5	18	8	121	1	26	4	588
県内総生産 (10億円)	11,578	12	8,268	16	7,498	21	21,108	5	19,651	6	92,300	1	31,960	4	520,249
うち金融	462	13	321	23	374	19	1,068	6	984	8	13,469	1	1,562	4	35,827
県民所得 (10億円)	8,926	11	6,252	15	5,806	21	21,079	5	18,359	6	57,927	1	29,166	2	390,871
1人当たり県民所得 (1,000円)	3,007	12	3,105	8	2,880	17	2,973	15	3,010	11	4,540	1	3,284	4	3,059
普通会計歳出決算額 (10億円)	1,026	12	737	21	774	18	1,582	7	1,521	8	6,911	1	1,796	6	47,349
住宅着工戸数 (戸)	18,207	11	14,525	14	12,536	15	54,198	5	42,526	6	108,416	1	64,559	2	788,410
銀行預金残高 (10億円)	9,243	13	6,695	16	6,394	20	23,743	5	22,825	6	160,119	1	33,531	3	567,198
銀行貸出金残高 (10億円)	5,110	13	3,940	18	3,644	20	13,652	6	11,734	7	171,719	1	17,895	3	416,617

注：1．人口は2009年、また対比率を含め各年10月初時点。
　　2．事業所数と従業者数は2006年10月初時点。なお、第11回 (2002年) 改定日本標準産業分類に基づき、金融とは同分類の大分類「金融・保険業」を、また銀行・協・協同組織金融機関とは同分類の中分類「銀行業」と「協同組織金融業」を指す。
　　3．県内総生産、県民所得、一人当たり県民所得は2007年度。なお、金融とは経済活動別分類 (SNA分類) の「金融・保険業」を指す。
　　4．普通会計歳出決算額は2008年度。
　　5．住宅着工戸数は2009年。
　　6．銀行預金残高と銀行貸出残高は2009年末時点。調査対象機関は国内銀行のみで、都市銀行、地方銀行、第二地銀、信託銀行の4業態。
出所：1．人口は、総務省「国勢調査」「人口推計」。
　　　2．事業所数と従業者数は、総務省「事業所・企業統計調査」。
　　　3．県内総生産と県民所得は、一人当たり県民所得、内閣府「県民経済計算」。
　　　4．普通会計歳出決算額は、総務省「地方財政統計年報」。
　　　5．住宅着工戸数は、国土交通省「建築着工統計調査」。
　　　6．銀行預金残高と銀行貸出残高は、日本銀行「預金・貸出関連統計」。

203

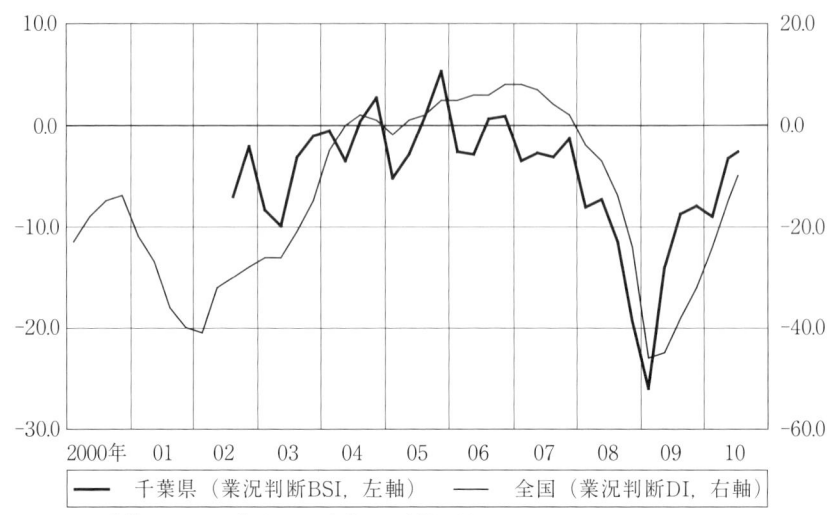

注：1．四半期データ。千葉県の2010年第3四半期は見通し。
　　2．千葉県，全国ともに，全産業全規模の企業へのアンケート調査で，業況についての全般的な判断として，「好転」（全国は「良い」）と回答した企業数の構成比から「悪化」（同「悪い」）と回答した企業数の構成比を控除した計数。ただし，千葉県はさらにそれを2で除した計数。
　　3．千葉県については，2002年第2四半期以前の同一系列データは存在しない。
出所：1．千葉経済センター『ちば経済季報』。
　　2．日本銀行「全国企業短期経済観測調査」。

図Ⅶ-1　企業の業況判断

繰りの最も厳しい時期であったことや，07年第2四半期以降一貫して「苦しい」超であること，08年第4四半期以降は事態がより深刻になっていること，中小企業金融円滑化法施行（09年12月）直後の10年第1四半期から第2四半期にかけてかなりの改善がみられることなどがわかる。

　図Ⅶ-3には，千葉県の倒産企業の負債総額と倒産件数が示されている。この図から，県内企業の業況判断が大きく悪化する2008年以降，倒産件数については増加傾向を確認できるが00年代前半期ほどではないことや，負債総額は必ずしも増加していないことがわかる。サブプライムローン問題に端を発する近年の不況は，これまでのところ，県内企業倒産の大幅増加にまで至っていない。なお，00年7月には，負債総額合計が7,261億円と特異な値に

第Ⅶ章　千葉県の地域金融

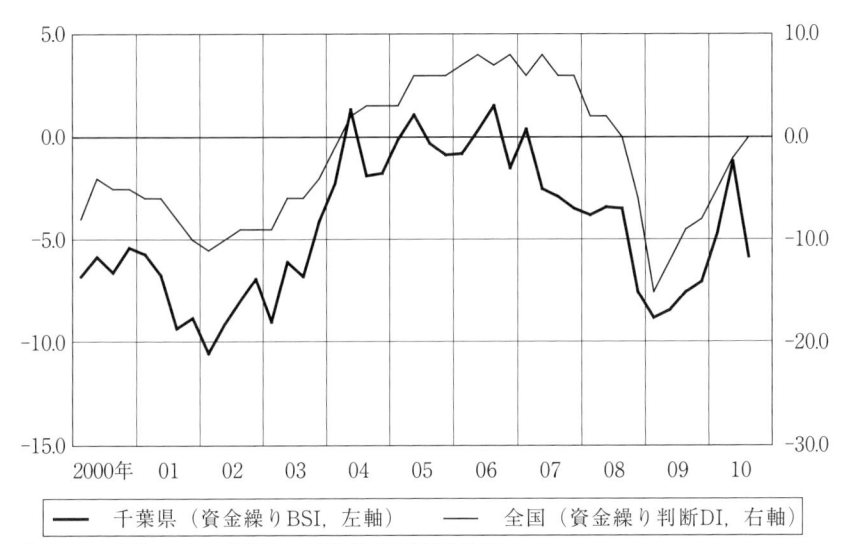

── 千葉県（資金繰りBSI，左軸）　　── 全国（資金繰り判断DI，右軸）

注：1．四半期データ。千葉県の2010年第3四半期は見通し。
　　2．千葉県，全国ともに，全産業全規模の企業へのアンケート調査で，資金繰りについての判断として，「楽である」と回答した企業数の構成比から「苦しい」と回答した企業数の構成比を控除した計数。ただし，千葉県はさらにそれを2で除した計数。
出所：1．千葉経済センター『ちば経済季報』。
　　　2．日本銀行「全国企業短期経済観測調査」。

図Ⅶ-2　企業の資金繰り判断

なっているが，これは同年同月12日に，そごうグループ22社が民事再生法の適用を申請したためである。これら22社には，千葉，柏，新千葉，船橋の県内各そごうが含まれており，さらに翌13日には，木更津そごうが自己破産を申請した。これら5社の負債総額は，単純合計で7,152億円に上る[3]。

次に，千葉県の銀行等について概観する。表Ⅶ-2には，金融ジャーナル社調べによる千葉県の業態別預金・貸出金残高が示されている。都道府県別の業態別預金・貸出金残高については，かつて日本銀行が，『日本銀行統計』特別掲載ページの「都道府県別金融機関別預貯金」「都道府県別金融機関別貸出金」「都道府県別政府関係機関の貸出残高」で，2004年3月末と05年3月末の各データを公表した。この他，やはり日本銀行が，『金融経済統計月報』の「地域別・業態別預金」で，北海道，東北など全国9地域（および東

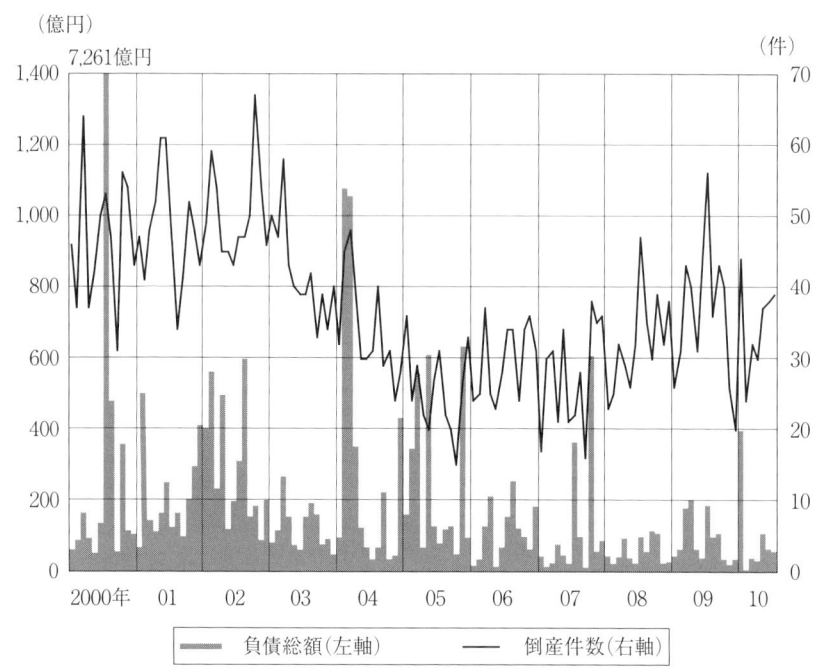

注：1．月次データ。
　　2．千葉県に本社を有する企業，負債総額1,000万円以上の倒産。
出所：東京商工リサーチ『倒産月報』。

図Ⅶ-3　千葉県の企業倒産

京都と大阪府）の都市銀行，地方銀行，第二地銀の預金残高を03年末データまで公表していた。都道府県別で，かつ業態別に示された預金・貸出金残高のデータは，一見基本統計のようだが，現在のところ，金融ジャーナル社によるものを除き入手が困難である。表Ⅶ-2にあるように，09年末時点で，千葉県の預金残高，貸出金残高のそれぞれ38.5％，65.8％が地域銀行に，また各同23.2％，38.1％が千葉銀行に集中しており，近年これらの銀行への集中度が一層高まっている。一方，都市銀行など大手銀行にも預金残高の24.1％，貸出金残高の16.6％が集中し，少なからぬ存在を示しているが，こちらは近年，預金については増加傾向，貸出金については減少傾向にある。

　さらに，表Ⅶ-3には，関東各都県の業態別の預金・貸出金シェアと店舗

第Ⅶ章 千葉県の地域金融

表Ⅶ-2 千葉県の預金・貸出金残高

(単位：億円、％)

	預金残高						貸出金残高		
	2000年		05年		09年		2000年	05年	09年
大手銀行	65,348	(19.6)	79,006	(22.8)	85,854	(24.1)	34,388 (23.2)	30,764 (22.5)	23,451 (16.6)
都市銀行	54,905	(16.5)	65,839	(19.0)	—	(—)	31,891 (21.5)	29,306 (21.4)	— (—)
信託銀行	9,853	(3.0)	12,546	(3.6)	—	(—)	2,315 (1.6)	1,458 (1.1)	— (—)
その他銀行	590	(0.2)	621	(0.2)	—	(—)	182 (0.1)	0 (0.0)	— (—)
地域銀行	107,935	(32.4)	120,459	(34.7)	136,796	(38.5)	83,987 (56.7)	81,065 (59.2)	92,853 (65.8)
地方銀行	82,689	(24.8)	92,091	(26.5)	103,520	(29.1)	63,557 (42.9)	61,777 (45.2)	71,390 (50.6)
千葉銀行	62,457	(18.7)	72,544	(20.9)	82,514	(23.2)	48,748 (32.9)	47,313 (34.6)	53,811 (38.1)
千葉興業銀行	18,416	(5.5)	18,193	(5.2)	19,290	(5.4)	13,438 (9.1)	13,340 (9.8)	14,844 (10.5)
第二地銀	25,246	(7.6)	28,368	(8.2)	33,276	(9.4)	20,430 (13.8)	19,288 (14.1)	21,463 (15.2)
京葉銀行	23,097	(6.9)	26,307	(7.6)	30,293	(8.5)	18,502 (12.5)	18,326 (13.4)	19,670 (13.9)
信用金庫	25,894	(7.8)	23,447	(6.8)	23,085	(6.5)	16,246 (11.0)	13,294 (9.7)	12,307 (8.7)
千葉信用金庫	5,259	(1.6)	9,223	(2.7)	9,157	(2.6)	3,671 (2.5)	6,105 (4.5)	5,515 (3.9)
信用組合	5,492	(1.6)	3,944	(1.1)	4,567	(1.3)	4,086 (2.8)	2,189 (1.6)	2,460 (1.7)
労働金庫	3,220	(1.0)	3,685	(1.1)	4,154	(1.2)	1,852 (1.3)	2,281 (1.7)	2,841 (2.0)
農協	21,042	(6.3)	22,265	(6.4)	23,059	(6.5)	7,544 (5.1)	7,227 (5.3)	7,290 (5.2)
ゆうちょ銀行	104,682	(31.4)	94,146	(27.1)	78,012	(21.9)	— (—)	— (—)	— (—)
合計	333,613	(100.0)	346,952	(100.0)	355,527	(100.0)	148,103 (100.0)	136,820 (100.0)	141,202 (100.0)

注：1. 各年3月末時点。
2. （ ）内は業態合計に占めるシェア。
3. その他銀行は、都市銀行、信託銀行、地方銀行、第二地銀、ゆうちょ銀行に分類されない銀行で、長期信用銀行やネット銀行、2000年以降の新規参入銀行などを指す。

出所：金融ジャーナル社『金融ジャーナル増刊号 金融マップ』。

表Ⅶ-3 関東各都県の預金・貸出金シェアと店舗数

(単位:%,店)

		大手銀行				地方銀行	第二地銀	信用金庫	信用組合	労働金庫	農協	ゆうちょ銀行
			都市銀行	信託銀行	その他銀行							
茨城県	預金	5.0	—	—	—	40.5	5.2	8.3	5.8	3.6	8.1	23.4
	貸出金	4.7	—	—	—	58.0	7.8	10.1	8.5	6.3	4.6	—
	店舗数	15	13	—	1	234	69	105	85	27	232	519
栃木県	預金	5.8	—	—	—	32.2	15.4	8.8	1.3	1.6	12.4	22.3
	貸出金	7.0	—	—	—	48.4	22.9	10.0	1.7	3.3	6.7	—
	店舗数	12	7	2	3	127	81	93	23	12	134	351
群馬県	預金	4.9	—	—	—	35.7	5.6	16.3	4.9	2.8	9.8	20.0
	貸出金	6.8	—	—	—	46.0	9.7	22.2	6.0	4.5	4.8	—
	店舗数	12	8	3	1	124	42	188	86	16	178	338
埼玉県	預金	41.2	—	—	—	9.9	3.4	14.1	0.6	0.9	8.5	21.4
	貸出金	49.3	—	—	—	20.3	5.1	17.7	0.6	1.6	5.4	—
	店舗数	248	217	13	18	143	73	298	23	17	301	638
千葉県	預金	24.1	—	—	—	29.1	9.4	6.5	1.3	1.2	6.5	21.9
	貸出金	16.6	—	—	—	50.6	15.2	8.7	1.7	2.0	5.2	—
	店舗数	131	95	17	19	235	128	151	56	18	231	724
東京都	預金	76.8	—	—	—	3.5	1.6	7.5	1.0	0.7	1.3	7.7
	貸出金	78.4	—	—	—	11.2	2.8	5.7	0.8	0.6	0.6	—
	店舗数	1,107	901	84	122	204	146	767	179	33	158	1,511
	預金	34.9	—	—	—	18.7	3.2	13.4	0.5	1.5	9.1	18.7

第Ⅶ章　千葉県の地域金融

神奈川県	貸出金	36.5	—	—	—	31.1	4.5	17.8	0.6	2.7	6.9	—
	店舗数	272	223	31	18	230	95	369	27	23	272	767
全　国	預金	33.8	—	—	—	20.5	5.7	11.5	1.6	1.6	8.3	17.0
	貸出金	42.6	—	—	—	29.0	8.2	12.2	1.8	2.1	4.2	—
	店舗数	2,365	—	—	—	7,407	3,240	7,601	1,776	658	9,173	24,086

注：1．2009年3月末時点。
　　2．預金と貸出金は、各業態の残高の業態合計残高に占めるシェア。銀行は国内銀行・国内支店のみで、預金は譲渡性預金を含む。
　　3．群馬県の預金と貸出金は、原資料の合計データに誤り（しののめ信用金庫の二重計算）があるため、筆者が再計算の上修正。
　　4．その他銀行は、都市銀行、信託銀行、地方銀行、第二地銀、ゆうちょ銀行に分類されない銀行で、ネット銀行や2000年以降の新規参入銀行などを指す。なお、りそな銀行、埼玉りそな銀行は都市銀行に含まれる。
　　5．農協とゆうちょ銀行の店舗数は、貯金業務ないし銀行代理業務を営む店舗のみ。

出所：金融ジャーナル社『金融ジャーナル増刊号　金融マップ』。

表Ⅶ-4 千葉県の都市別銀行等店舗数

(単位：1,000人、店)

		人口	大手銀行	うち都市銀行	うち信託銀行	うちその他銀行	地方銀行	うち千葉銀行	うち千葉興業銀行	第二地銀	うち京葉銀行	信用金庫	信用組合	労働金庫	商工中央金庫	農協	合計
千葉市・市原地区	中央区	925	18	10	4	4	46	29	16	22	21	20	2	4		2	115
	花見川区	187	12	5		3	17	11	5	7	6	8	2	3		2	52
	稲毛区	176	1	1			6	3	3	5	5	3					15
	若葉区	150	1	1			5	4	1	3	3	5					14
	緑区	148	1				6	4	2	2	2	3					11
	美浜区	118	1	1			5	3	2	3	3	1					10
	市原市	144	3	2		1	7	4	3	2	2					1	13
葛南地区	市川市	279	1	1			11	7	4	6	6	7		1		1	27
	船橋市	460	15	14	1		8	6	2	5	5	12		1		1	42
	習志野市	590	16	11	4	1	20	12	7	11	10	9	2	2		1	61
	八千代市	158	5	4	1		4	3	1	5	5	1					15
	浦安市	187	7	5	1	1	10	5	5	1	1	2				1	22
東葛飾地区	松戸市	159	6	6			3	2	1	3	3	4			1		17
	野田市	476	12	11	1		18	12	4	10	6	14	1	1		1	58
	柏市	155					5	3	2	3	3	2				1	12
	流山市	390	9				15	9	3	12	9	4	1	1		3	45
	我孫子市	158	1	5	3	1	9	5	3	4	4	2					16
	鎌ヶ谷市	134					5	3	1	5	5	3					13
	銚子市	106	3	3			2	1	1	2	2	1					8
	成田市	71					3	1	2	6	1	7	8	1		1	21
		125	13	13			9	5	4	6	6	6		1		1	36

210

第Ⅶ章　千葉県の地域金融

地区	市名															計
北総地区	佐倉市	175	3			5	4	1	5	5	6		1			20
	旭市	69				2	1	1	2	1	4	3		1		12
	四街道市	87	1			2	1	1	3	3	1					7
	八街市	75				2	1	1	1	1	1	1				5
	印西市	63	1			3	2	1	2	2	1			1		8
	白井市	59				2	1	1	1	1	1					4
	富里市	49	1			1	1	1	1	1	1	1		1		6
	酒々井市	40				2	1	1	1	1	1	1				5
	香取市	85				3	2	1	2	2	5	2	2		2	14
東上総地区	茂原市	94	1			4	3	1	3	2	1	4	1	1	1	15
	東金市	59				2	1	1	1	2	2	1				6
	勝浦市	21				2	1	1	1	1	1	1				5
	山武市	58				1	1			1	1					5
	いすみ市	42				3	2	1	2	2	2	4		1	1	10
南房総地区	館山市	50				4	3	1	3	1	1	1	1	1	1	12
	木更津市	126	3		3	3	2	1	1	1	4	5	5	1	1	19
	鴨川市	36				3	2	1	2	2	5	3				9
	君津市	89				3	2	1	2	2	2	2		1		12
	富津市	49				3	3	1	1	2	4	3				9
	袖ヶ浦市	60	1			2	1	1	2	1	3	2				8
	南房総市	43				3	3	1	3	1	4					8
	合　計	5,802	116	94	15	7	223	141	72	129	117	146	48	18	3	24	707

注：1. 2010年3月末時点。
　　2. 商農中央金庫とは，商工中金と農林中金を指す。農協は本店のみ。
　　3. 地区区分は県民センターの管轄によるもので，ここでは特に県内36市のみとし，17町1村を除く。なお，千葉市と市原市には県民センターが存在しない。
　　4. 地区名は各地区県民センターの名称による。

出所：日本金融通信社『日本金融名鑑』。

数が示されている。大手銀行の勢力や存在には，上述の現勢と同様，南関東1都3県と北関東3県に大きな違いがある。なお，同表では，埼玉りそな銀行を都市銀行や大手銀行として扱っており，若干注意が必要である。埼玉りそな銀行は，実態としては地域性の高い銀行であり，金融庁の分類でも地方銀行・第二地銀ではない地域銀行とされる。同表にあるように，千葉県における大手銀行の預金残高のシェアは，貸出金残高のシェアよりもかなり大きく，これは千葉県以外の関東各都県ではみられない特徴である（埼玉県は埼玉りそな銀行の分類次第）。このことは，ある面では，大手銀行にとって千葉県は資金運用よりも資金調達の場になっていることを意味し，別の面では，大手銀行以外の銀行とりわけ地域銀行が，千葉県の貸出市場で（他都県における）より優勢であることを意味する。

表Ⅶ-4には，千葉県の都市別銀行等店舗数が示されている。千葉県には，2010年8月末現在，36市17町1村の計54市町村があり，同表ではそのうち36市のみを取り上げている。都市銀行や信託銀行など全国的に店舗を展開する大手銀行は，千葉市や葛南地区各市，松戸市，柏市，成田市など特定の市に店舗を集中させるが，千葉銀行や千葉興業銀行，京葉銀行の各行は，県内のほぼすべての市に店舗を構え，信用金庫も業態全体としては同様の傾向を示す。また，信用組合は，大手銀行が全く店舗を持たない銚子市に最多の店舗を有する。県内の店舗展開には，地域性という点で，大手銀行とその他の銀行等に明確な違いがある。

3．地域銀行

千葉県の地域銀行3行は，2000年代前半には，1990年代から持ち越した地価下落や不良債権の問題に加え，デフレの進行に伴う企業の資金需要の減退に苦しんだ。中小企業向け貸出は，同時期を通して残高・シェアの両面で減少し，代わって（住宅金融公庫廃止の動きに伴い）住宅ローンが増加した。一方，2000年代半ばの景気回復局面では，業績が大きく改善し，03～04年度

第Ⅶ章　千葉県の地域金融

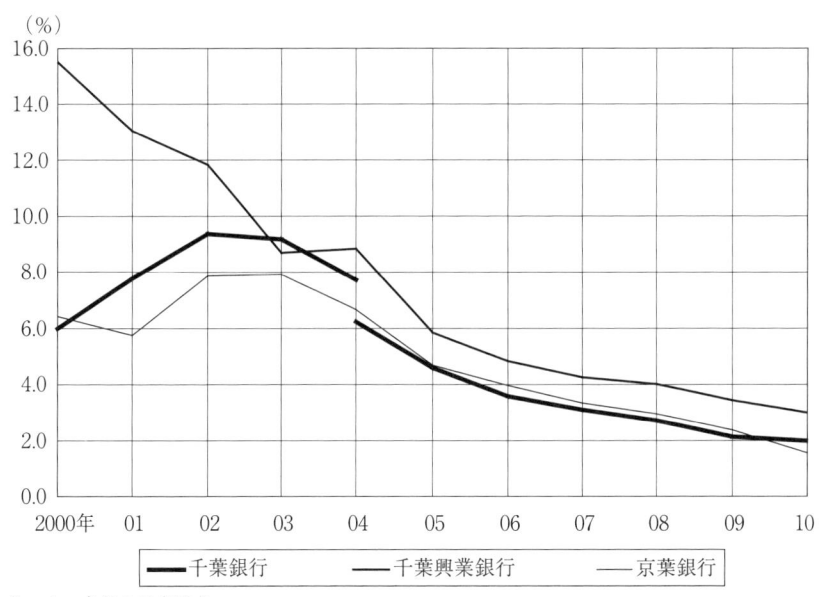

```
(%)
16.0
14.0
12.0
10.0
 8.0
 6.0
 4.0
 2.0
 0.0
   2000年  01   02   03   04   05   06   07   08   09   10
    ━━ 千葉銀行    ─── 千葉興業銀行    ─── 京葉銀行
```

注：1．各年3月末時点。
　　2．金融再生法上の概念で，総与信に占める金融再生法開示債権の割合。ここで，金融再生法開示債権は，銀行の自己査定に基づき分類された(a)破産更生債権およびこれらに準ずる債権（自己査定の「破綻先・実質破綻先」），(b)危険債権（同「破綻懸念先」），(c)要管理債権（同「要注意先」の一部），(d)正常債権（同「要注意先」の一部と同「正常先」）のうち，(a)～(c)を指す。
　　3．千葉銀行は2004年以降，また千葉興業銀行と京葉銀行は00年以降，部分直接償却を実施した後の計数。なお，部分直接償却とは，自己査定の破綻先・実質破綻先に対する債権について，取立不能見込み額を個別貸倒引当金の計上によって処理するのではなく，債権額から直接減額（直接償却）することである。部分直接償却を実施すると，不良債権比率の分母と分子が同額減少するため，同比率は若干低下する。
　　4．一部筆者による計算を含む。
出所：1．各行『ディスクロージャー誌』，『決算短信決算説明資料』。
　　　2．京葉銀行『個別財務諸表』。

図Ⅶ-4　各行の不良債権比率

には早くも過去最高益を計上した[4]。図Ⅶ-4には，総与信（貸出金および貸出金に準ずる債権）に占める金融再生法開示債権の割合，すなわち金融再生法開示債権比率（本節以下，不良債権比率）が示されているが，05年3月末には6％を下回った。04～05年度から07年度にかけては，最高益を更新するなど好業績を続ける。表Ⅶ-5には店舗数の推移が示されているが，04年

度には千葉銀行が，07年度には千葉興業銀行と京葉銀行が，久しぶりに支店または出張所を新設した。もっとも，銀行本来の業務である預金・貸出から得られる利息の収支は，02年度から05〜06年度にかけて，利鞘の縮小を主因に減少し続けた。他方，ほぼ同時期，株式投資信託など投資信託の取り扱いが急拡大し，その関連収益は好業績の一因となった。しかし，それは市場価格の動向に依存した収益部分の拡大でもあり，07〜08年度の株式や外国債券の価格下落局面では，それらの減損処理に加え，投資信託の不振による減収が目立った。折しも，金融商品取引法が施行（07年9月）され，投資信託など元本割れの恐れのある商品を販売する際には，投資家への詳細なリスク説明が求められるようになった。08年度には，リーマンショックやその後の世界同時不況で貸倒費用が増加したこともあり，大幅な減益や赤字決算となった。09年度には，当期純利益または当期純損失（以下，当期純利益）も回復に転じたが，リーマンショック前の水準には到達していない。

1）千葉銀行

千葉県の預金・貸出金残高に占める千葉銀行のシェアは，圧倒的である（前出表Ⅶ-2）。同行の貸出金残高の内訳は，表Ⅶ-6の通りであるが，そのほとんどが県内向け，および中小企業ないし個人向けである。ただ一方で，同行の県内向け貸出のシェアは，2000年3月末の86.8％から10年3月末の76.2％へとほぼ一貫して低下し，また表には掲載されていないが，大企業向け貸出のシェアは，各同9.8％から15.0％へと上昇している。05年度から始まった県外店舗新設の動きも踏まえると，同行の県内リテール特化の特徴は，近年薄れつつあるといえる。

表Ⅶ-7には，千葉銀行の損益動向が示されている。ここにあるように，資金運用収益から資金調達費用を差し引いた資金利益（すなわち預金・貸出や有価証券などの利息収支）は，2000年度から03年度にかけて継続的に減少した。これは，1つには，長引く不況で企業の資金需要が減退し，事業向け貸出残高が大幅に減少したためである（残高は年度末，特に断わりのない限

第Ⅶ章　千葉県の地域金融

表Ⅶ-5　地域銀行の店舗数と従業員数

(単位：店、人)

	千葉銀行					千葉興業銀行					京葉銀行				
	店舗数			従業員数		店舗数			従業員数		店舗数			従業員数	
	県内	県外国内	国外			県内	県外国内	国外			県内	県外国内	国外		
2000年	163	151	9	3	4,024	84	83	1	0	1,553	117	116	1	0	2,128
01年	163	151	9	3	3,892	74	73	1	0	1,295	117	116	1	0	2,066
02年	165	153	9	3	3,760	71	70	1	0	1,245	117	116	1	0	2,014
03年	164	152	9	3	3,623	71	70	1	0	1,217	116	115	1	0	1,947
04年	160	148	9	3	3,498	71	70	1	0	1,199	115	114	1	0	1,931
05年	162	150	9	3	3,433	71	70	1	0	1,133	115	114	1	0	1,900
06年	163	150	10	3	3,401	71	70	1	0	1,122	115	114	1	0	1,838
07年	170	153	14	3	3,543	71	70	1	0	1,164	115	114	1	0	1,811
08年	173	154	16	3	3,675	72	71	1	0	1,189	116	115	1	0	1,833
09年	175	155	17	3	3,868	72	71	1	0	1,155	118	117	1	0	1,934
10年	175	155	17	3	4,010	72	71	1	0	1,214	119	118	1	0	2,046

注：1．各年3月末時点。
　　2．千葉銀行の従業員数は、執行役員、および海外の現地採用者、嘱託ならびに臨時従業員を含まない。
　　3．千葉興業銀行の従業員数は、嘱託および臨時従業員を含まない。
　　4．京葉銀行の従業員数は、嘱託および臨時雇用者を含まない。
出所：各行『有価証券報告書』『ディスクロージャー誌』。

表Ⅶ-6　千葉銀行の貸出金内訳

(単位：億円，％)

	貸出金残高	国内向け貸出 ①+②+③	事業者向け貸出 ①	消費者ローン ②	うち住宅ローン	公共向け貸出 ③	うち中小企業・個人向け貸出 ④	うち中小企業向け貸出 ④-②	うち県内向け貸出	海外向け貸出
2000年	56,192	55,968(99.6)	38,526(68.6)	13,927(24.8)	11,761(20.9)	3,515(6.3)	44,909(79.9)	30,982(55.1)	48,748(86.8)	221(0.4)
01年	55,974	55,706(99.5)	37,279(66.6)	14,735(26.3)	12,793(22.9)	3,692(6.6)	44,413(79.3)	29,678(53.0)	48,343(86.4)	266(0.5)
02年	57,499	57,288(99.6)	35,485(61.7)	15,543(27.0)	13,851(24.1)	6,260(10.9)	43,650(75.9)	28,107(48.9)	47,347(82.3)	209(0.4)
03年	56,064	55,884(99.7)	33,417(59.6)	16,329(29.1)	14,789(26.4)	6,138(10.9)	42,693(76.2)	26,364(47.0)	46,398(82.8)	177(0.3)
04年	56,781	56,621(99.7)	32,719(57.6)	17,615(31.0)	16,242(28.6)	6,287(11.1)	43,388(76.4)	25,773(45.4)	46,383(81.7)	157(0.3)
05年	58,814	58,653(99.7)	33,191(56.4)	18,725(31.8)	17,448(29.7)	6,737(11.5)	44,785(76.1)	26,060(44.3)	47,313(80.4)	159(0.3)
06年	61,674	61,476(99.7)	35,130(57.0)	20,171(32.7)	18,927(30.7)	6,175(10.0)	47,764(77.4)	27,593(44.7)	49,343(80.0)	195(0.3)
07年	64,075	63,769(99.5)	37,402(58.4)	21,400(33.4)	20,221(31.6)	4,967(7.8)	50,256(78.4)	28,856(45.0)	51,017(79.6)	303(0.5)
08年	66,562	66,298(99.6)	39,728(59.7)	22,375(33.6)	21,240(31.9)	4,195(6.3)	52,018(78.1)	29,643(44.5)	52,223(78.5)	262(0.4)
09年	69,913	69,451(99.3)	43,135(61.7)	23,770(34.0)	22,675(32.4)	2,546(3.6)	54,009(77.3)	30,239(43.3)	53,811(77.0)	459(0.7)
10年	71,583	71,156(99.4)	42,852(59.9)	25,505(35.6)	24,449(34.2)	2,799(3.9)	55,850(78.0)	30,345(42.4)	54,578(76.2)	424(0.6)

注：1. 各年3月末時点。
　　2. （　）内は貸出金残高に占めるシェア。
　　3. 事業者向け貸出は、同行『決算短信決算説明資料』の大企業向け貸出、中堅企業向け貸出、中小企業向け貸出の合計。
　　4. 中小企業向け貸出には個人事業主が含まれており、2000年から05年のデータについては、同行『決算短信決算説明資料』のデータと異なる場合がある。
　　5. 中小企業の定義は、中小企業基本法のそれと同様。
　　6. 一部筆者による計算を含む。

出所：同行『IRプレゼンテーション決算説明会資料』『決算短信決算説明資料』。

第Ⅶ章　千葉県の地域金融

表Ⅶ-7　千葉銀行の損益状況

(単位：100万円)

	2000年	01年	02年	03年	04年	05年	06年	07年	08年	09年
業務純益 ①-③-④	79,460	47,522	77,847	68,496	75,846	75,216	77,209	83,910	54,765	81,173
業務粗利益 ①	148,609	145,707	147,200	142,524	147,889	150,574	155,122	163,157	142,182	162,184
資金利益	131,790	129,332	124,945	120,862	123,765	126,257	132,415	139,511	146,666	143,308
役務取引等利益	12,518	12,433	15,140	16,849	17,068	19,686	21,466	18,451	15,389	14,135
特定取引利益	408	797	2,113	2,060	2,455	1,956	2,342	3,372	4,799	3,053
その他業務利益	3,890	3,144	4,999	2,750	4,599	2,672	-1,103	1,821	-24,672	1,685
債券関係損益 ②	4,695	1,011	3,186	1,175	2,233	784	-6,069	-935	-28,437	-973
経費 ③	78,030	77,853	75,663	74,112	73,789	75,357	77,912	79,246	79,916	80,327
うち人件費	41,205	40,498	38,811	37,166	36,078	35,862	36,910	37,793	38,783	40,326
うち物件費	32,581	33,240	33,090	33,258	33,719	35,286	36,572	37,047	36,930	35,932
実質業務純益 ①-③	70,578	67,853	71,537	68,411	74,099	75,216	77,209	83,910	62,265	81,856
コア業務純益 ①-②-③	65,884	66,843	68,351	67,237	71,867	74,433	83,279	84,846	90,703	82,830
一般貸倒引当金繰入額 ④	-8,881	20,330	-6,310	-84	-1,747	—	—	—	7,500	683
臨時損益 ⑤	-56,258	-92,886	-59,222	-28,175	-18,029	-6,388	-5,893	-13,855	-48,195	-27,703
うち不良債権処理損失	59,134	57,171	41,192	31,023	23,644	11,180	13,909	13,727	35,090	25,745
うち株式等関係損益	5,507	-31,166	-13,857	1,407	4,165	2,844	4,961	-1,880	-14,585	-1,174
経常利益 ①-③-④+⑤	23,202	-45,363	18,625	40,321	57,817	68,828	71,316	70,055	6,569	53,469
特別損益 ⑥	-426	-538	-637	4,447	5,543	12,119	11,266	7,216	4,980	6,474
税引前当期純利益 ①-③-④+⑤+⑥	22,775	-45,902	17,988	44,768	63,361	80,948	82,582	77,272	11,550	59,944
法人税等 ⑦	9,668	-19,162	9,023	18,988	29,047	34,192	32,449	32,592	225	23,724
当期純利益 ①-③-④+⑤+⑥-⑦	13,107	-26,739	8,964	25,779	34,313	46,754	50,131	44,678	11,324	36,220

注：1．年度データ。
　　2．2005～07年度は、貸倒引当金（一般貸倒引当金、個別貸倒引当金、特定海外債権引当勘定）全体で取崩超過となるため、その超過額は貸倒引当金戻入益として特別利益に計上される。
　　3．一部筆者による計算を含む。
出所：同行『有価証券報告書』『ディスクロージャー誌』『決算短信決算説明資料』。

り以下同様[5]）。一方，住宅ローンは，同時期に年間1,000億円ペースで残高を増やし，貸出金残高に占めるシェアは，00年3月末の20.9％から04年3月末の28.6％へと急拡大した。なお，01年度決算では，775億円もの貸倒償却引当費用（一般貸倒引当金繰入額と，個別貸倒引当金繰入額や貸出金償却など臨時損益項目である不良債権処理損失の合計）を計上し，当期純利益は267億円の赤字となった。資金利益が減少し続けた03年度までで，コア業務純益（基本的な業務の成果を示す業務純益から，特殊な要因で変動する一般貸倒引当金繰入額と債券関係損益を除いた利益）に大きく貢献したのは，職員数の削減などによる経費削減と，1998年から取り扱いを始めた投資信託や，2002年から取り扱いを始めた個人年金保険に関する収益（損益項目としては，各種役務提供の対価，つまりサービス手数料を意味する役務取引等利益に含まれる）の急増であった。こうした状況の中，03年度には，貸倒償却引当費用が前年度比39億円減少し，株価上昇で株式等関係損益が同153億円増加したこともあり，当期純利益は258億円と過去最高の水準になった。

　2004年度になると，事業者向け貸出残高や資金利益が増加に転じ，当期純利益も343億円と最高益を更新した。貸出金残高も引き続き増加した（年度末だけでなく平均残高でも増加）。ただし，資金利益（資金運用収益と資金調達費用の差額）の内容を詳しくみてみると，確かに資金運用収益は1,353億円と前年度比36億円増加しているが，その柱である貸出金利息は，1,148億円と同8億円減少している。資金運用収益が増加したのは，株式配当金や債券利息など有価証券利息配当金が199億円と同48億円増加したからである。貸出金残高が増加する一方で，貸出金利息が減少したことは，貸出金利率が低下していたことを意味するが，表Ⅶ-8と表Ⅶ-9には，国内業務部門（以下，国内）の貸出金利息が00年度から05年度にかけて継続的に減少したことが，また表Ⅶ-9には，その主たる要因が一貫して貸出金利率（利回り）の悪化であったことが示されている[6]。さらに，こうした貸出金利息に加え，資金調達費用を考慮すると，貸出金利息と預金利息の差額すなわち預貸金利益や，利鞘（貸倒償却引当費用考慮前，以下同様）の状況を把握できる。表

第Ⅶ章　千葉県の地域金融

表Ⅶ-8　千葉銀行の利鞘状況

(単位：億円，%)

	預貸金利益 ①-②			預貸金利差 ③-④		
		貸出金利息 ①	預金利息 ②		貸出金利回り ③	預金利回り ④
2000年	1,229	1,351	122	2.22	2.40	0.19
01年	1,210	1,273	63	2.15	2.25	0.09
02年	1,168	1,194	26	2.06	2.10	0.04
03年	1,133	1,148	15	2.00	2.02	0.02
04年	1,128	1,140	12	1.98	1.99	0.02
05年	1,106	1,120	14	1.87	1.89	0.02
06年	1,137	1,213	76	1.83	1.93	0.10
07年	1,224	1,412	188	1.94	2.17	0.23
08年	1,283	1,470	187	1.92	2.14	0.23
09年	1,256	1,373	117	1.80	1.94	0.14

注：1．年度データ，国内業務部門のみ。
　　2．利回りは年度中の利息を平均残高で除した計数。四捨五入で算出しており，関連データが同行によるデータと若干異なる。
　　3．原資料には1億円未満のデータが記載されていない。
　　4．一部筆者による計算を含む。
出所：同行『ディスクロージャー誌』。

Ⅶ-8と表Ⅶ-9には，国内の預貸金利益が01年度から05年度にかけて継続的に減少したことが，表Ⅶ-9には，その主たる要因が一貫して利率の悪化であったことが示されている。また，表Ⅶ-8には，貸出金利回りと預金利回りの差である預貸金利差が示されているが，01年度から06年度まで継続的に低下していたことがわかる。04～05年度時点では，資金利益は確かに増加に転じたものの，銀行本来の業務である預金・貸出による利益や，特に利鞘に問題を抱えていた。

　一方，2004～05年度には，景気回復局面で堅調な業績を継続してきた同行は，資金利益の増強を課題としつつも，不良債権処理に代表される「守り」の経営から，新規出店に代表される「攻め」の経営への転換を強調するようになる[7]。そして，04年10月には，千葉駅前にコンサルティング機能を集約した個人向け多機能店舗（出張所）「ちばぎんコンサルティングプラザ」を，また同年同月には，支店新設としては6年7カ月ぶりとなる「成田空港支

表Ⅶ-9 千葉銀行の利息増減の要因

(単位：億円)

		受取利息	うち貸出金 ①	うち有価証券	支払利息	うち預金 ②	預貸金利益 ①-②
2000年	残高による増減	49	-5	26	5	3	-8
	利率による増減	-125	-28	-56	-63	-36	8
	純増減	-76	-33	-30	-58	-33	0
01年	残高による増減	28	11	6	2	2	9
	利率による増減	-139	-89	-35	-86	-61	-28
	純増減	-111	-78	-29	-84	-59	-19
02年	残高による増減	10	6	-6	1	1	5
	利率による増減	-100	-85	-3	-44	-38	-47
	純増減	-90	-79	-9	-43	-37	-42
03年	残高による増減	-10	-1	4	0	0	-1
	利率による増減	-48	-45	-15	-17	-11	-34
	純増減	-58	-46	-11	-17	-11	-35
04年	残高による増減	22	6	16	1	0	6
	利率による増減	-11	-14	4	-4	-3	-11
	純増減	11	-8	20	-3	-3	-5
05年	残高による増減	78	41	20	1	1	40
	利率による増減	-64	-61	13	-3	1	-62
	純増減	14	-20	33	-2	2	-22
06年	残高による増減	126	68	33	6	2	66
	利率による増減	37	25	28	75	60	-35
	純増減	163	93	61	81	62	31
07年	残高による増減	29	46	-21	3	6	40
	利率による増減	155	153	-5	122	106	47
	純増減	184	199	-26	125	112	87
08年	残高による増減	48	77	-6	8	5	72
	利率による増減	16	-19	12	-7	-6	-13
	純増減	64	58	6	1	-1	59
09年	残高による増減	28	41	2	4	3	38
	利率による増減	-133	-138	-1	-84	-73	-65
	純増減	-105	-97	1	-80	-70	-27

注：1．年度データ，国内業務部門のみ。
2．残高による増減は，当該年度の利回りに当該年度の残高の増減を乗じた計数。
3．利率による増減は，前年度の残高に当該年度の利回りの増減を乗じた計数。
4．利回りを四捨五入で算出しており，関連データが同行によるデータと若干異なる。
5．増減要因が重なる部分については，残高による増減に含める。
6．計算に用いる残高データは，平均残高。
7．原資料には1億円未満のデータが記載されていない。
8．筆者による計算。
出所：同行『ディスクロージャー誌』。

店」を，さらに06年2月には，つくばエクスプレス八潮駅の商業施設内に，東京都と大阪府以外では同行初となる営業拠点「埼玉法人営業所」を新設した。同行の県外店舗が増加するのは，1989年12月に東京都の「みずえ支店」が開設されて以来，実に16年2カ月ぶりである。

　2006年度からは，県内や県外に新規店舗が相次いで開設され，特に県外店舗は06年3月末の10店舗から08年3月末の16店舗にまで一気に増加する。この間，同行は東京都東部を「第二の営業基盤」と位置づけ，同地域に「北千住法人営業所」「東陽町法人営業所」「葛西支店」「船堀法人営業所」の4店舗を新設した。06年度には国内の貸出金利息や預貸金利益も増加に転じ，07年度には同預貸金利差が拡大に転じるなど利鞘状況も改善した。表Ⅶ-9には，05年度以降，貸出金残高の増加が国内の預貸金利益に大きく貢献したことが示されている。

　ところが，2007年度には，サブプライムローン問題に端を発する世界的な金融市場の混乱で，株価が大幅に下落したことを受け，それまで順調に増加してきた投資信託残高が初めて減少し，その関連収益（投資信託の販売手数料や信託報酬）は前年度比19億円減少して73億円，それを含む役務取引等利益は同30億円減少して185億円となった[8]。また，株式等関係損益（売却損益や減損処理額）も同68億円減少したことから，業務純益が過去最高を更新し続ける一方で，当期純利益は5年ぶりに減益となった。なお，投資信託関連収益は，08年度も同33億円減少して40億円となり，株価動向の影響を受け難い個人年金保険関連収益（役務取引等利益に含まれる）が07～08年度の2年間で計13億円増加して38億円となったため，08年度には両収益の水準が初めてほぼ同程度となった。

　また，2008年度は，資金利益が増加したためコア業務純益こそ増益であったが，サブプライムローン問題の深刻化や金融危機を受け，企業業績の悪化による不良債権処理損失の増加に加え，株式や外国債券などの減損処理を行ったため[9]，当期純利益は前年度比334億円減少して113億円となった。09年度には，経済状況の好転を受け債券関係損益や株式等関係損益は大幅に改善

したが，不良債権処理損失は257億円と依然高水準で，資金利益や役務取引等利益が前年度比計46億円減少したこともあり，当期純利益はリーマンショック前の05〜07年度の水準まで回復していない。

2）千葉興業銀行

千葉興業銀行は，2000年以降に公的資金の入った千葉県唯一の地域銀行である。また，みずほフィナンシャルグループの持分法適用関連会社である（同グループによる議決権被所有割合は10年3月末時点で20.8%）。同行の貸出金内訳は，表Ⅶ-10の通りであるが，県内向け貸出のシェアが10年3月末時点で98.8%ときわめて高く，他2行が同シェアを00年以降の10年間で低下させたのとは対照的である（京葉銀行は後述，以下同様）。

千葉興業銀行にとって，2000年度は行史を画する1年となった。前年度に688億円もの当期純損失を計上し，自己資本比率が00年3月末に0.45%にまで低下したことから，まず8月には，富士銀行，安田生命保険，安田火災海

表Ⅶ-10 千葉興業銀行の貸出金内訳

(単位：億円，%)

	貸出金残高	うち中小企業・個人向け貸出	うち中小企業向け貸出	うち消費者ローン	うち住宅ローン	うち県内向け貸出
2000年	14,151	12,431 (87.8)	9,194 (65.0)	3,320 (23.5)	2,958 (20.9)	13,438 (95.0)
01年	13,941	12,238 (87.8)	8,918 (64.0)	3,547 (25.4)	3,213 (23.0)	13,718 (98.4)
02年	14,107	12,243 (86.8)	8,546 (60.6)	4,018 (28.5)	3,731 (26.4)	13,926 (98.7)
03年	14,268	12,220 (85.6)	8,139 (57.0)	4,452 (31.2)	4,205 (29.5)	14,181 (99.4)
04年	14,087	12,341 (87.6)	8,039 (57.1)	4,684 (33.3)	4,462 (31.7)	14,003 (99.4)
05年	13,428	11,584 (86.3)	7,740 (57.6)	4,185 (31.2)	3,984 (29.7)	13,341 (99.4)
06年	13,541	11,541 (85.2)	7,594 (56.1)	4,250 (31.4)	4,063 (30.0)	13,430 (99.2)
07年	13,925	11,761 (84.5)	7,830 (56.2)	4,378 (31.4)	4,201 (30.2)	13,782 (99.0)
08年	14,352	11,993 (83.6)	7,903 (55.1)	4,505 (31.4)	4,341 (30.2)	14,236 (99.2)
09年	15,001	12,315 (82.1)	8,022 (53.5)	4,684 (31.2)	4,530 (30.2)	14,844 (99.0)
10年	15,305	12,655 (82.7)	7,985 (52.2)	4,986 (32.6)	4,846 (31.7)	15,114 (98.8)

注：1．各年3月末時点。
　　2．（　）内は貸出金残高に占めるシェア。
　　3．中小企業の定義は，中小企業基本法のそれと同様。
出所：同行『ディスクロージャー誌』『決算短信決算説明資料』『経営の健全化のための計画及び同計画の履行状況に関する報告書』。

上保険を割当先とする280億円の第三者割当増資を行い，富士銀行の持分法適用関連会社になり，続いて9月には，433億円の減資を実施するとともに，600億円の公的資金の注入を受けた。こうした一連の資本充実策で，同行の自己資本比率は01年3月末に9.89％となり，財務体質は大きく改善した[10]。また，年度内に総店舗数を10店舗，従業員数を258人減少させ，人件費や物件費が中心となる臨時処理分を除く経費（以下，経費）を25億円減少させた。当期純利益も，4年ぶりに黒字に転換した。

表Ⅶ-11には，千葉興業銀行の損益動向が示されている。2000年代前半，企業の資金需要が低迷して資金利益が減少することは，他2行と同様である。01年度には，他2行と異なり資金利益が例外的に増加するが，それは貸出金利息など資金運用収益が増えたからではなく，預金利息など資金調達費用が減少したからである（他2行も同様だが，同行は他2行より資金運用収益である有価証券利息配当金の減少幅が小さかった）。なお，01年度には，他2行が巨額の貸倒償却引当費用を計上して赤字決算となる中，千葉興業銀行だけが黒字・増益決算であった。これは，国債や社債などを売却して得た債券関係損益72億円を計上した影響が大きい（02年3月末には国債が前年比45.2％，社債が同36.7％の残高減）。また，00年代前半には，中小企業向け貸出のシェアが大幅に低下する一方で，住宅ローンのシェアが大幅に上昇するなど，他2行と同様の傾向も確認できるが，役務取引等利益の増加や経費の削減については，目立った特徴を見出せない。

資金利益の減少と高水準の貸倒償却引当費用は，2004年度まで続くが，同年度には当期純利益が44億円と過去最高の水準になった。もっとも，これは住宅ローン債権の証券化による利益42億円を計上したことによる影響が大きく（05年3月末の住宅ローンは前年比544億円，12.2％の残高減），その後も継続する利益項目（「業務粗利益」内「その他業務利益」内「その他」）ではなかった[11]。他方，05年3月末には，不良債権比率が前年比2.98％低下し5.85％となり，同行は不良債権処理に一定の目途がついたことを強調した。

2005年度になると，中小企業向け貸出残高や貸出金残高（ここでは平均残

表Ⅶ-11 千葉興業銀行の損益状況

(単位：100万円)

	2000年	01年	02年	03年	04年	05年	06年	07年	08年	09年
業務純益 ①−③−④	15,388	24,195	15,380	12,762	16,566	13,191	16,682	15,037	1,630	12,516
業務粗利益 ①	38,811	47,860	39,368	37,632	40,184	37,814	38,630	38,742	25,703	36,777
資金利益	35,665	37,009	33,489	32,206	31,783	33,228	33,521	34,872	34,037	32,846
役務取引等利益	3,136	3,325	2,892	3,032	3,474	4,793	5,214	4,311	2,986	2,634
特定取引利益	—	—	—	—	—	—	—	—	—	—
その他業務利益	9	7,525	2,986	2,394	4,925	−206	−104	−442	−11,320	1,296
債券関係損益 ②	213	7,222	2,214	1,761	−77	−934	−570	−1,541	−12,145	89
経費 ③	23,696	22,792	23,082	23,195	24,088	23,774	23,903	24,032	24,411	24,029
うち人件費	11,056	10,146	10,143	10,335	9,905	9,808	9,897	10,038	10,330	10,522
うち物件費	11,459	11,484	11,870	11,786	12,805	12,653	12,748	12,729	12,787	12,261
実質業務純益 ①−③	15,114	25,068	16,286	14,437	16,095	14,040	14,727	14,709	1,291	12,747
コア業務純益 ①−②−③	14,901	17,845	14,071	12,675	16,173	14,974	15,298	16,250	13,436	12,658
一般貸倒引当金繰入額 ④	−273	873	905	1,674	−470	848	−1,955	−327	−338	231
臨時損益 ⑤	−13,613	−21,855	−13,830	−11,187	−12,745	−6,050	−8,282	−4,879	−10,717	−6,572
うち不良債権処理損失	12,314	15,178	9,322	13,086	14,197	7,836	8,167	5,417	4,992	4,562
うち株式等関係損益	−311	−6,280	−3,781	2,432	336	1,505	−23	725	−5,360	−1,301
経常利益 ①−③−④+⑤	1,775	2,340	1,550	1,574	3,820	7,141	8,400	10,158	−9,086	5,943
特別損益 ⑥	715	1,950	2,102	2,528	1,858	2,761	2,293	918	953	797
税引前当期純利益 ①−③−④+⑤+⑥	2,490	4,290	3,652	4,102	5,679	9,903	10,693	11,076	−8,133	6,741
法人税等 ⑦	−328	1,388	1,513	1,862	1,254	1,463	1,516	1,320	549	1,311
当期純利益 ①−③−④+⑤+⑥−⑦	2,818	2,901	2,139	2,239	4,424	8,439	9,176	9,755	−8,683	5,430

注：1．年度データ。
　　2．一部筆者による計算を含む。
出所：同行『ディスクロージャー誌』『決算短信決算説明資料』。

高）は引き続き減少するものの，資金利益は前年度比14億円の増加に転じ，当期純利益も84億円と最高益を大幅に更新した。ただし，資金利益の内容を詳しくみてみると，確かに資金運用収益は346億円と同13億円増加しているが，貸出金利息は274億円と同18億円減少している。資金運用収益が増加したのは，有価証券利息配当金が65億円と同28億円増加したからである。表Ⅶ-12と表Ⅶ-13には，国内の貸出金利息が00年度から05年度にかけて継続的に減少したことが，また表Ⅶ-13には，その主たる要因が00年度を除き貸出金利率の悪化であったことが示されている。さらに，表Ⅶ-12と表Ⅶ-13には，国内の預貸金利益が02年度から06年度にかけて継続的に減少したことが，また表Ⅶ-12には，同預貸金利差が02年度から06年度にかけて継続的に低下したことが示されている。05～06年度時点では，資金利益は確かに増加に転じたものの，預金・貸出による利益や，特に利鞘に問題を抱えていた。

一方，2004～05年度には，同行もまた「攻めの経営」への転換を強調し，貸出の増強による資金利益の回復や，役務取引等利益の向上を課題とする[12]。

表Ⅶ-12 千葉興業銀行の利鞘状況

(単位：100万円，%)

	預貸金利益 ①-②				預貸金利差 ③-④		
		貸出金利息 ①	預金利息 ②			貸出金利回り ③	預金利回り ④
2000年	30,218	34,239	4,021	2.22		2.45	0.23
01年	31,139	33,484	2,345	2.27		2.41	0.14
02年	30,762	31,981	1,219	2.22		2.29	0.07
03年	30,159	31,230	1,071	2.15		2.22	0.06
04年	28,410	29,173	763	2.12		2.16	0.04
05年	26,723	27,419	696	2.06		2.10	0.04
06年	25,904	27,926	2,022	1.98		2.09	0.11
07年	26,468	31,345	4,877	2.02		2.28	0.26
08年	26,769	31,665	4,896	1.95		2.21	0.26
09年	26,158	29,606	3,448	1.83		2.01	0.18

注：1．年度データ，国内業務部門のみ。
2．利回りは年度中の利息を平均残高で除した計数。四捨五入で算出しており，関連データが同行によるデータと若干異なる。
3．一部筆者による計算を含む。
出所：同行『ディスクロージャー誌』。

表Ⅶ-13　千葉興業銀行の利息増減の要因

(単位：100万円)

		受取利息	うち貸出金 ①	うち有価証券	支払利息	うち預金 ②	預貸金利益 ①-②
2000年	残高による増減	-2,823	-3,288	107	-270	-219	-3,069
	利率による増減	-1,106	1,778	5,615	5,084	-838	2,616
	純増減	-3,929	-1,510	5,722	4,814	-1,057	-453
01年	残高による増減	-794	-223	46	-106	-77	-147
	利率による増減	-23	-532	5,713	2,962	-1,599	1,068
	純増減	-817	-755	5,759	2,856	-1,676	921
02年	残高による増減	-1,356	136	-1,112	-56	-26	162
	利率による増減	-2,720	-1,639	4,271	1,757	-1,100	-539
	純増減	-4,076	-1,503	3,159	1,701	-1,126	-377
03年	残高による増減	938	314	134	52	33	281
	利率による増減	-2,692	-1,065	1,976	1,441	-181	-884
	純増減	-1,754	-751	2,110	1,493	-148	-603
04年	残高による増減	169	-1,310	493	14	5	-1,316
	利率による増減	-1,324	-747	2,303	1,191	-313	-433
	純増減	-1,155	-2,057	2,796	1,205	-308	-1,749
05年	残高による増減	697	-874	679	21	16	-890
	利率による増減	314	-880	4,588	1,092	-83	-797
	純増減	1,011	-1,754	5,267	1,113	-67	-1,687
06年	残高による増減	544	636	-41	24	26	610
	利率による増減	1,029	-129	6,316	2,436	1,300	-1,429
	純増減	1,573	507	6,275	2,460	1,326	-819
07年	残高による増減	1,197	865	293	136	128	736
	利率による増減	3,553	2,554	7,063	5,165	2,727	-172
	純増減	4,750	3,419	7,356	5,301	2,855	564
08年	残高による増減	857	1,246	-51	85	83	1,163
	利率による増減	-1,965	-926	6,144	5,165	-64	-862
	純増減	-1,108	320	6,093	5,250	19	301
09年	残高による増減	1,001	816	17	113	107	709
	利率による増減	-3,472	-2,875	5,995	3,598	-1,555	-1,320
	純増減	-2,471	-2,059	6,012	3,711	-1,448	-611

注：1．年度データ，国内業務部門のみ。
　　2．残高による増減は，当該年度の利回りに当該年度の残高の増減を乗じた計数。
　　3．利率による増減は，前年度の残高に当該年度の利回りの増減を乗じた計数。
　　4．利回りを四捨五入で算出しており，関連データが同行によるデータと若干異なる。
　　5．増減要因が重なる部分については，残高による増減に含める。
　　6．計算に用いる残高データは，平均残高。
　　7．筆者による計算。
出所：同行『ディスクロージャー誌』。

しかし，確かに役務取引等利益は05年度に大幅増加するが，国内の貸出金利息は06年度まで伸び悩み，大幅増加する07年度以降も，預金利息を考慮した預貸金利益はあまり増加しなかった[13]。05〜07年度には最高益を更新し続けるが，その最大の要因は，景気回復に支えられた貸倒償却引当費用の減少であった。

そして，2007年度に株価が下落し始めると，投資信託残高が08年3月末には前年比29億円，09年3月末には同402億円減少し，投資信託関連収益は，07年度には前年度比10億円，08年度には同13億円，役務取引等利益は各同9億円，13億円減少した[14]。また，08年度には，債券関係損益が前年度比106億円の減益，株式等関係損益が同61億円の減益となったため，当期純利益は9年ぶりに87億円の赤字となった。09年度には，債券関係損益や株式等関係損益は改善したが，資金利益や役務取引等利益が前年度比計15億円減少したこともあり，当期純利益は05〜07年度の水準まで回復していない。

3）京葉銀行

京葉銀行は，第二地銀でありながら千葉興業銀行の資金量を大きく上回り，近年の銀行の経営指標に関するランキング調査では，千葉銀行とともに上位に食い込むことが多い[15]。また，不良債権比率は2010年3月末時点で1.54％と，全国の地域銀行の中で最も低い。同行の貸出は，表Ⅶ-14にあるように，そのほとんどが県内向け，および中小企業ないし個人向けであるが，千葉銀行と同様それらの割合は近年低下している。

表Ⅶ-15には，京葉銀行の損益動向が示されている。2000年度から03年度にかけて，資金利益が継続的に減少することは，千葉銀行と同じである。同時期，京葉銀行もまた企業の資金需要の減退に直面し，中小企業向け貸出残高は減少し続けた。なお，01年度決算では，584億円もの貸倒償却引当費用を計上し，当期純利益は258億円の赤字となった。資金利益が減少し続けた03年度までで，コア業務純益に大きく貢献したのは，経費の削減である。03年度には，不良債権処理損失が前年度比36億円減少し，株式等関係損益が同

表Ⅶ-14　京葉銀行の貸出金残高内訳

(単位：億円，％)

	貸出金残高	うち中小企業・個人向け貸出	うち中小企業向け貸出	うち消費者ローン	うち住宅ローン	うち県内向け貸出
2000年	19,600	17,449 (89.0)	11,491 (58.6)	5,253 (26.8)	4,023 (20.5)	18,502 (94.4)
01年	19,600	17,355 (88.5)	11,059 (56.4)	5,519 (28.2)	4,380 (22.3)	18,658 (95.2)
02年	19,521	16,811 (86.1)	10,264 (52.6)	5,861 (30.0)	4,793 (24.6)	18,704 (95.8)
03年	19,042	16,249 (85.3)	9,397 (49.3)	6,254 (32.8)	5,222 (27.4)	18,204 (95.6)
04年	18,952	16,239 (85.7)	9,104 (48.0)	6,577 (34.7)	5,616 (29.6)	18,117 (95.6)
05年	19,205	16,260 (84.7)	8,924 (46.5)	6,781 (35.3)	5,936 (30.9)	18,326 (95.4)
06年	19,562	16,589 (84.8)	9,123 (46.6)	6,965 (35.6)	6,225 (31.8)	18,603 (95.1)
07年	19,946	17,000 (85.2)	9,173 (46.0)	7,314 (36.7)	6,667 (33.4)	18,765 (94.1)
08年	20,930	17,806 (85.1)	9,501 (45.4)	7,734 (37.0)	7,192 (34.4)	19,227 (91.9)
09年	22,131	18,223 (82.3)	10,305 (46.6)	7,926 (35.8)	7,450 (33.7)	19,670 (88.9)
10年	23,388	18,877 (80.7)	10,587 (45.3)	8,212 (35.1)	7,791 (33.3)	20,246 (86.6)

注：1．各年3月末時点。
　　2．（　）内は貸出金残高に占めるシェア。
　　3．中小企業の定義は，中小企業基本法のそれと同様。
　　4．一部筆者による計算を含む。
出所：同行『ディスクロージャー誌』『決算短信決算説明資料』『個別財務諸表』。

34億円増加したこともあり，当期純利益は58億円と過去最高の水準になった。

　2004年度になると，中小企業向け貸出残高は引き続き減少するものの，貸出金残高や資金利益が増加に転じ（貸出金残高は年度末だけでなく平均残高でも同様），当期純利益も115億円と前年度比で倍増した。ただし，貸出金利息は438億円と同24億円減少しており，04年度の千葉銀行の場合と全く同様，貸出金利率が低下していた。表Ⅶ-16と表Ⅶ-17には，国内の貸出金利息が00年度から05年度にかけて継続的に減少したことが，また，その主たる要因が一貫して貸出金利率の悪化であったことが示されている。同様に，国内の預貸金利益は02年度から06年度にかけて継続的に減少し，その主たる要因は，03年度を除き利率の悪化であった。表Ⅶ-16には，国内の預貸金利差が01年度から06年度にかけて継続的に低下したことも示されている。04～06年度時点では，資金利益は確かに増加に転じたものの，預金・貸出による利益や，特に利鞘に問題を抱えていた。

第Ⅶ章　千葉県の地域金融

表Ⅶ-15　京葉銀行の損益状況

(単位：100万円)

	2000年	01年	02年	03年	04年	05年	06年	07年	08年	09年
業務純益 ①-③-④	24,519	20,531	26,673	25,315	29,021	25,629	25,037	29,175	24,629	29,368
業務粗利益 ①	59,852	60,318	56,570	55,587	58,182	58,981	58,247	61,443	61,743	63,397
資金利益	55,347	54,245	52,298	51,680	52,444	52,237	52,874	55,187	56,502	57,758
役務取引等利益	2,535	2,583	2,748	2,768	4,634	6,331	6,984	6,105	4,476	4,509
特定取引利益	―	―	―	―	―	―	―	―	―	―
その他業務利益	1,969	3,488	1,523	1,138	1,103	413	-1,611	150	765	1,129
債券関係損益 ②	1,294	2,811	648	441	93	2	-2,397	-608	92	514
経費 ③	35,772	34,699	33,338	31,962	32,219	32,866	33,199	34,255	35,396	35,188
うち人件費	17,808	16,887	16,284	16,210	15,640	15,760	15,490	15,581	16,016	16,032
うち物件費	16,163	16,071	15,409	14,065	14,611	15,144	15,588	16,484	17,021	17,110
実質業務純益 ①-③	24,080	25,619	23,232	23,624	25,963	26,115	25,048	27,188	26,346	28,208
コア業務純益 ①-②-③	22,785	22,807	22,584	23,183	25,870	26,112	27,445	27,797	26,254	27,694
一般貸倒引当金繰入額 ④	-439	5,088	-3,440	-1,691	-3,057	486	10	-1,987	1,717	-1,160
臨時損益 ⑤	-18,407	-62,927	-19,479	-13,238	-8,416	-3,629	-1,405	-4,754	-14,738	-11,451
うち不良債権処理損失	18,314	53,264	16,580	12,962	8,855	6,937	2,944	4,128	11,538	5,668
うち株式等関係損益	-442	-9,679	-2,673	733	1,304	4,090	2,014	867	-1,778	-3,577
経常利益 ①-③-④+⑤	6,112	-42,396	7,193	12,077	20,605	21,999	23,631	24,420	9,890	17,917
特別損益 ⑥	-1,829	-1,727	-354	-1,306	-1,101	-361	-495	-1,161	-443	-157
税引前当期純利益 ①-③-④+⑤+⑥	4,283	-44,124	6,839	10,770	19,504	21,638	23,136	23,259	9,446	17,759
法人税等 ⑦	1,962	-18,287	4,229	4,969	8,035	8,947	9,255	9,142	3,825	7,015
当期純利益 ①-③-④+⑤+⑥-⑦	2,320	-25,837	2,609	5,800	11,468	12,691	13,880	14,117	5,621	10,744

注：1．年度データ。
　　2．一部筆者による計算を含む。
出所：同行『有価証券報告書』『ディスクロージャー誌』。

表Ⅶ-16　京葉銀行の利鞘状況

(単位：100万円，％)

	預貸金利益 ①-②			預貸金利差 ③-④		
		貸出金利息 ①	預金利息 ②		貸出金利回り ③	預金利回り ④
2000年	48,155	54,536	6,381	2.49	2.77	0.28
01年	48,397	52,291	3,894	2.48	2.64	0.16
02年	46,713	48,540	1,827	2.37	2.45	0.08
03年	45,041	46,178	1,137	2.33	2.37	0.04
04年	43,020	43,795	775	2.21	2.24	0.03
05年	41,926	42,541	615	2.14	2.16	0.02
06年	41,424	44,005	2,581	2.11	2.21	0.10
07年	42,091	48,858	6,767	2.15	2.39	0.24
08年	42,923	50,363	7,440	2.10	2.35	0.25
09年	43,993	49,653	5,660	2.02	2.20	0.18

注：1．年度データ，国内業務部門のみ。
　　2．利回りは年度中の利息を平均残高で除した計数。四捨五入で算出しており，関連データが同行によるデータと若干異なる。
　　3．一部筆者による計算を含む。
出所：同行『ディスクロージャー誌』。

　一方，2004～06年度には，同行の預金を除く個人預かり資産が急増する。投資信託（法人分を除く，本項以下同様）と個人年金保険の残高は，04年3月末にはそれぞれ74億円，11億円であったが，05年3月末には各同391億円，130億円，06年3月末には各同1,049億円，416億円，07年3月末には各同1,513億円，679億円と一気に増加した[16]。このため，役務取引等利益も大幅に増加し，業務粗利益に占める役務取引等利益の割合は，03年度から06年度にかけて，5.0％，8.0％，10.7％，12.0％と上昇した。同行は，04～06年度に最高益を更新し続けるが，その要因となったのは，資金利益や預貸金利益の増加ではなく，こうした役務取引等利益の増加と，株式等関係損益の増加や貸倒償却引当費用の減少であった。

　そして，2007年度には，04年度から積極化した店舗の新築や建て替え，改装などの店舗投資に加え，12年ぶりの新規店舗となる「我孫子支店」を開設した。08～09年度には，さらに3店舗を新設する。また，07年度には，資金利益が大幅に増加し，国内の預貸金利益も6年ぶりに増加に転じた。貸出金

第Ⅶ章　千葉県の地域金融

表Ⅶ-17　京葉銀行の利息増減の要因

（単位：100万円）

		受取利息	うち貸出金 ①	うち有価証券	支払利息	うち預金 ②	預貸金利益 ①－②
2000年	残高による増減	1,320	253	1,046	105	103	150
	利率による増減	-3,140	-1,404	-1,913	-1,425	-1,410	6
	純増減	-1,820	-1,151	-867	-1,320	-1,307	156
01年	残高による増減	1,149	210	1,240	115	85	125
	利率による増減	-4,607	-2,455	-2,192	-2,637	-2,572	117
	純増減	-3,458	-2,245	-952	-2,522	-2,487	242
02年	残高による増減	-1,217	176	-433	47	42	134
	利率による増減	-2,921	-3,927	56	-2,260	-2,109	-1,818
	純増減	-4,138	-3,751	-377	-2,213	-2,067	-1,684
03年	残高による増減	2,026	-867	1,462	44	51	-918
	利率による増減	-3,363	-1,495	-433	-759	-741	-754
	純増減	-1,337	-2,362	1,029	-715	-690	-1,672
04年	残高による増減	2,919	176	2,294	21	20	156
	利率による増減	-2,527	-2,559	478	-382	-382	-2,177
	純増減	392	-2,383	2,772	-361	-362	-2,021
05年	残高による増減	1,077	248	1,004	10	8	240
	利率による増減	-1,463	-1,502	-139	-168	-168	-1,334
	純増減	-386	-1,254	865	-158	-160	-1,094
06年	残高による増減	1,423	554	339	45	39	515
	利率による増減	1,187	910	696	1,939	1,927	-1,017
	純増減	2,610	1,464	1,035	1,984	1,966	-502
07年	残高による増減	2,049	1,183	338	255	289	894
	利率による増減	4,448	3,670	935	3,964	3,897	-227
	純増減	6,497	4,853	1,273	4,219	4,186	667
08年	残高による増減	3,045	2,371	837	364	362	2,009
	利率による増減	-1,127	-866	-217	308	311	-1,177
	純増減	1,918	1,505	620	672	673	832
09年	残高による増減	3,412	2,417	-31	315	311	2,106
	利率による増減	-4,067	-3,127	161	-2,125	-2,091	-1,036
	純増減	-655	-710	130	-1,810	-1,780	1,070

注：1．年度データ，国内業務部門のみ。
　　2．残高による増減は，当該年度の利回りに当該年度の残高の増減を乗じた計数。
　　3．利率による増減は，前年度の残高に当該年度の利回りの増減を乗じた計数。
　　4．利回りを四捨五入で算出しており，関連データが同行によるデータと若干異なる。
　　5．増減要因が重なる部分については，残高による増減に含める。
　　6．計算に用いる残高データは，平均残高。
　　7．一部筆者による計算を含む。
出所：同行『ディスクロージャー誌』。

残高の増加は，国内の預貸金利益に大きく貢献するようになり，また一時的ながら，預貸金利差も下げ止まった[17]。一方，株価が下落する中，千葉銀行と同様，投資信託残高や役務取引等利益，株式等関係損益はそろって減少した。もっとも，株式等関係損益の減少幅が（千葉銀行に比べ）小さかったため，当期純利益は141億円と5年連続で過去最高を更新した[18]。

2008年度には，株価が引き続き大幅に下落し，投資信託残高は年度内に376億円（25.0％），役務取引等利益は前年度比16億円，株式等関係損益は同26億円減少した。また，企業業績の悪化により，貸倒償却引当費用が同111億円増加した。この結果，当期純利益は同85億円の大幅減益となった。他方，貸出金残高は年度内に1,201億円（5.7％）増加しており，資金利益は前年度比13億円，国内の預貸金利益は同8億円増加している。しかし，国内の預貸金利差は一向に改善されず，預貸金利益の増加は貸出金残高の増加に依存していた。こうした貸出金残高や資金利益，預貸金利益，預貸金利差の動向に関する特徴は，09年度にも引き継がれ，同年度には，他2行と異なり資金利益の拡大は続いたが，株式等関係損益が前年度比18億円減少したこともあり，当期純利益は04〜07年度の水準に到達しなかった。

4．協同組織金融機関

協同組織金融機関は，出資者の相互扶助を目的とした協同組織形態の金融機関であり，営利を目的とする株式会社組織の地域銀行とは大きく異なる。協同組織金融機関には，信用金庫，信用組合，農協・漁協などの系統金融機関，労働金庫などがあるが，信用金庫と信用組合以外の金融機関は，地域金融の中心ともいうべき地元企業への資金供給を広範には行っていない。そこで，以下では，信用金庫と信用組合のみを取り上げる。

なお，信用金庫は，定款に記載された地区内の住民や中小事業者，勤労者などを出資者すなわち会員とし，預金については広く一般から調達できるが，貸出については原則として会員を相手としなければならない。また，信用組

合は，定款に記載された地区内の住民や小規模事業者，勤労者などを出資者すなわち組合員とし，預金も貸出も原則として組合員を相手としなければならない[19]。信用金庫と信用組合のいずれも，営業地区が明確に制限される点で，やはり地域銀行とは大きく異なる。

1）信用金庫

　千葉県の信用金庫は，表Ⅶ-18に示されるように2000年3月末時点で10金庫あったが，00年度から02年度にかけて，ペイオフ解禁に備えた規模の拡大による経営強化を図る合併や，経営破綻が相次ぎ，02年11月以降は半分の5金庫になった。営業地区については，県内のみとするのが2金庫（千葉，館山），県外を含むのが3金庫（東京ベイ，銚子，佐原）ある。00年以降の財務状況は，表Ⅶ-19の通りである。貸出金残高を預金残高で除した預貸率は，金庫ごとにまちまちで，10年3月末時点で70％に近い金庫（東京ベイ）もあれば，35％を下回る金庫（佐原）もあり，地域で集めた資金は必ずしも地域に還元されていないことがわかる。各金庫とも，00年代前半には大きな赤字を計上し，多額の不良債権を抱えていたが，半ばから後半には改善した。企業の資金需要が減退した00年代前半に，企業向け貸出のシェアが低下した金庫が多い。

　千葉信用金庫は，県内5金庫の会員数の42.7％，従業員数の41.0％，預金残高の43.1％，貸出金残高の46.3％を占める県内最大の信用金庫である（2010年3月末，以下他金庫も同様）。同金庫の営業地区は，千葉・市原，葛南の2地区の全域，東葛飾，南房総の2地区のそれぞれほぼ全域，北総，東上総の2地区のそれぞれ一部地域，茨城県の千葉県隣接地域である[20]。本店は千葉市にあり，全49店舗のうち，千葉市に15店舗，隣接する市原市に6店舗，同様の佐倉市に2店舗，同様の東金，習志野，八千代，四街道，八街の5市にそれぞれ1店舗ずつある。県外に店舗はない（営業地区は10年3月末，店舗は同年6月末）。同金庫は，02年1月に木更津信用金庫と成田信用金庫を合併し，02年3月末には店舗数が前年比36店舗増加して83店舗となるが，

表Ⅶ-18 信用金庫の組織規模

(単位:人,店)

		千葉	木更津	成田	東京ベイ	松戸	銚子	旭	佐原	館山	船橋	合計
2000年	会員数	40,233	33,645	13,022	41,429	14,328	22,423	17,015	13,548	8,443	19,147	223,233
	従業員数	766	566	249	694	180	505	329	284	193	344	4,110
	店舗数	47	28	18	40	11	27	19	20	15	18	243
01年	会員数	41,491	34,042	12,924	55,839		22,831	17,887	13,755	8,677	19,857	227,303
	従業員数	654	515	221	728		496	305	275	186	293	3,673
	店舗数	47	25	18	43		27	19	20	15	17	231
02年	会員数	88,549			55,619		23,087	17,876	13,940	8,899		207,970
	従業員数	1,258			668		492	276	268	178		3,140
	店舗数	83			43		27	19	20	15		207
03年	会員数	85,704			56,421		40,693		14,002	8,916		205,736
	従業員数	1,180			584		717		256	169		2,906
	店舗数	76			41		44		21	15		197
04年	会員数	87,396			54,946		40,743		14,148	8,978		206,211
	従業員数	1,049			453		672		247	162		2,583
	店舗数	63			29		41		21	15		169
05年	会員数	87,377			54,724		40,653		14,140	9,027		205,921
	従業員数	919			440		570		231	157		2,317
	店舗数	52	千葉信用金庫と合併	千葉信用金庫と合併	29	東京ベイ信用金庫と合併	39	銚子信用金庫と合併	19	15	破綻後に東京東信用金庫へ一部事業譲渡	154
06年	会員数	87,178			54,205		40,185		14,208	9,079		204,855
	従業員数	857			448		441		213	150		2,109
	店舗数	49			28		29		19	15		140
07年	会員数	86,822			53,852		39,825		14,230	9,129		203,858
	従業員数	839			455		410		214	149		2,067
	店舗数	49			27		29		19	15		139
08年	会員数	86,442			53,469		39,551		14,177	9,147		202,786
	従業員数	842			449		383		220	150		2,044
	店舗数	49			27		29		19	15		139
09年	会員数	85,656			52,819		39,090		14,131	9,143		200,839
	従業員数	847			450		398		225	152		2,072
	店舗数	49			27		29		19	14		138
10年	会員数	85,124			52,340		38,786		14,129	9,084		199,463
	従業員数	868			460		414		230	144		2,116
	店舗数	49			27		29		19	14		138

注:各年3月末時点。
出所:金融図書コンサルタント社『全国信用金庫財務諸表』。

その後の大規模な統廃合により,06年3月末には合併前とほぼ同水準の49店舗にまで減少した。当期純利益は,04年度以降黒字である。貸出金に占めるリスク管理債権の比率,すなわちリスク管理債権比率(本節以下,不良債権比率)は,01年度に上昇し03年3月末には20%を超えるが,04年度には大き

く低下し，10年3月末には7.69％となった。自己資本比率は，03年3月末まで5％前後で推移するが，04年3月末以降継続的に上昇し，10年3月末には8.97％となった。

　東京ベイ信用金庫は，県内5金庫の会員数の26.2％，従業員数の21.7％，預金残高の22.1％，貸出金残高の27.9％を占める県内第2位の規模の信用金庫である。同金庫の営業地区は，千葉市および葛南，東葛飾の2地区の全域，北総地区の一部地域，東京都東部，埼玉県東部，茨城県の千葉県隣接地域である。本店は市川市にあり，全27店舗のうち，市川市に5店舗，隣接する松戸市に6店舗あり，東京都江東区にも4店舗ある。埼玉県と茨城県に店舗はない（営業地区と店舗は2010年7月初）。同行は，01年3月に松戸信用金庫と合併し，当時会員数は大きく増加したが，店舗数や従業員数はあまり増えなかった。当期純利益は，03年度以降黒字である。預貸率は，04年3月末以降5金庫の中で最も高い。不良債権比率は，04年3月末まで最も高く20％を超えていたが，その後継続的に低下し，10年3月末には8.80％となった。自己資本比率は，02年3月末に4.71％まで低下した後ほぼ一貫して上昇し，10年3月末には9.15％となった。

　銚子信用金庫は，県内5金庫の会員数の19.4％，従業員数の19.6％，預金残高の19.4％，貸出金残高の15.1％を占める県内第3位の規模の信用金庫である。店舗数は東京ベイ信用金庫より2店舗多く，県内第2位である。銚子信用金庫の営業地区は，千葉・市原地区の全域，葛南地区のほぼ全域，北総，東上総，南房総の3地区のそれぞれ一部地域，茨城県の鹿島市，神栖市である。本店は銚子市にあり，全29店舗のうち，銚子市に7店舗，隣接する旭市，神栖市にそれぞれ4店舗，3店舗ある。県外には，茨城県に4店舗ある（営業地区と店舗は2010年6月末）。同金庫は，02年11月に旭信用金庫と合併し，03年3月末には店舗数が前年比17店舗増加して44店舗となるが，その後の大規模な統廃合により，06年3月末には合併前とほぼ同水準の29店舗にまで減少した。当期純利益は，05年度以降黒字である。預貸率は，00年3月末以降の10年間で14.73％ポイント低下した。不良債権比率は，02年3月末から06

表Ⅶ-19 信用金庫の財務状況

(単位：100万円、％)

千葉信用金庫	2000年	01年	02年	03年	04年	05年	06年	07年	08年	09年	10年
業務純益	3,402	3,371	7,412	8,702	12,152	9,621	8,301	5,671	5,827	5,459	—
当期純利益	-2,528	-4,416	-6,326	-11,242	1,752	3,159	2,041	2,540	1,044	1,884	—
預金	525,871	517,036	987,576	946,738	938,051	922,323	910,778	908,005	915,854	915,732	918,922
貸出金	367,157	350,778	605,944	600,744	600,711	610,510	591,583	567,877	570,755	551,458	538,047
企業向け	(—)	(—)	(65.3)	(—)	(52.5)	(52.6)	(54.2)	(54.2)	(55.1)	(55.2)	(55.4)
個人向け	(—)	(—)	(32.7)	(—)	(43.5)	(43.8)	(41.5)	(41.0)	(38.6)	(37.4)	(36.5)
地方公共団体向け	(—)	(—)	(2.0)	(—)	(4.0)	(3.6)	(4.2)	(4.8)	(6.2)	(7.4)	(8.1)
預貸率	69.82	67.84	61.36	63.45	64.04	66.19	64.95	62.54	62.32	60.22	58.55
不良債権比率	14.27	13.08	19.42	20.67	19.74	15.32	13.17	11.53	9.35	8.09	7.69
自己資本比率	5.33	5.01	5.29	4.91	5.91	6.24	6.52	7.19	7.93	8.36	8.97

東京ベイ信用金庫	2000年	01年	02年	03年	04年	05年	06年	07年	08年	09年	10年
業務純益	3,448	1,612	-58	3,351	4,035	5,307	5,029	4,195	4,349	3,989	—
当期純利益	1,006	-5,471	-8,706	1,020	1,091	682	989	1,335	1,728	1,968	—
預金	427,652	517,669	497,048	487,455	450,904	457,224	458,806	460,166	461,814	469,783	470,700
貸出金	304,539	338,576	298,178	295,014	309,178	315,886	315,619	318,492	320,657	322,140	324,663
企業向け	(67.9)	(66.5)	(65.3)	(65.0)	(63.6)	(61.8)	(60.5)	(60.5)	(60.8)	(62.4)	(68.2)
個人向け	(30.8)	(31.7)	(32.7)	(33.0)	(34.2)	(36.2)	(36.9)	(37.1)	(36.6)	(35.2)	(29.1)
地方公共団体向け	(1.3)	(1.9)	(2.0)	(2.0)	(2.2)	(2.0)	(2.6)	(2.4)	(2.6)	(2.5)	(2.7)
預貸率	71.18	65.40	59.98	60.52	68.57	69.09	68.69	68.94	68.79	68.09	68.78
不良債権比率	21.10	23.12	23.91	23.82	20.71	17.82	15.86	13.44	11.29	9.88	8.80
自己資本比率	4.14	6.28	4.71	6.38	6.72	7.12	6.95	7.20	7.80	8.20	9.15

銚子信用金庫	2000年	01年	02年	03年	04年	05年	06年	07年	08年	09年	10年
業務純益	1,928	52	1,701	3,838	3,290	4,029	3,942	3,957	3,260	3,028	—
当期純利益	1,887	-3,566	-1,732	-5,701	-11,399	649	865	1,404	1,574	1,654	—
預金	324,291	334,420	332,184	515,597	513,707	479,495	430,729	420,509	418,690	410,850	413,424
貸出金	185,839	198,903	198,099	277,337	258,276	234,027	221,040	197,782	200,448	187,758	176,023
企業向け	(68.2)	(67.2)	(67.1)	(63.3)	(61.8)	(59.4)	(59.0)	(58.2)	(62.6)	(63.8)	(63.8)
個人向け	(29.4)	(30.5)	(30.8)	(32.3)	(33.7)	(35.2)	(34.6)	(34.9)	(30.2)	(29.2)	(29.2)
地方公共団体向け	(2.4)	(2.2)	(2.1)	(4.5)	(4.5)	(5.4)	(6.4)	(6.9)	(7.3)	(7.0)	(7.0)

第Ⅶ章　千葉県の地域金融

佐原信用金庫	2000年	01年	02年	03年	04年	05年	06年	07年	08年	09年	10年
預貸率	57.31	59.48	59.64	53.79	50.28	48.81	51.32	47.03	47.88	45.70	42.58
不良債権比率	13.18	12.28	21.17	21.18	20.68	20.95	21.40	19.38	18.44	12.37	10.56
自己資本比率	7.9	8.78	7.31	6.99	5.43	6.24	6.66	7.47	8.75	9.75	11.03
業務純益	1,995	1,028	601	-141	754	933	752	451	-540	353	―
当期純利益	216	118	-573	-2,831	165	229	436	318	-1,413	648	―
預金	169,847	172,266	174,400	180,271	187,904	187,101	186,554	186,715	187,070	189,158	190,562
貸出金	64,056	63,438	63,971	67,922	68,784	66,382	63,874	62,806	61,692	64,657	66,105
企業向け	(58.1)	(55.5)	(55.7)	(56.3)	(58.6)	(58.0)	(54.9)	(54.0)	(54.0)	(53.3)	(53.0)
個人向け	(33.3)	(35.2)	(35.9)	(32.9)	(31.2)	(32.3)	(34.4)	(35.5)	(35.2)	(33.1)	(32.1)
地方公共団体向け	(8.7)	(9.3)	(8.5)	(10.7)	(10.1)	(9.7)	(10.7)	(10.5)	(10.8)	(13.5)	(14.8)

館山信用金庫	2000年	01年	02年	03年	04年	05年	06年	07年	08年	09年	10年
預貸率	37.71	36.83	36.68	37.68	36.61	35.48	34.24	33.64	32.98	34.18	34.69
不良債権比率	6.29	10.39	12.82	10.96	6.64	6.43	6.21	6.23	6.65	4.32	3.42
自己資本比率	14.37	13.90	13.17	11.17	7.90	9.74	7.10	9.20	7.90	10.74	12.01
業務純益	907	383	766	726	957	596	904	722	702	777	―
当期純利益	-1,076	-2,217	-2,168	653	106	264	329	378	336	565	―
預金	117,548	120,912	122,315	122,795	124,156	125,724	126,207	128,584	132,100	134,783	136,549
貸出金	74,734	71,167	66,823	61,208	59,017	59,450	58,273	56,082	56,747	57,950	58,252
企業向け	(67.4)	(65.6)	(62.7)	(60.7)	(59.2)	(58.7)	(57.8)	(58.3)	(61.2)	(63.2)	(61.6)
個人向け	(28.9)	(30.6)	(33.6)	(35.4)	(36.9)	(38.0)	(39.1)	(39.1)	(36.1)	(34.1)	(33.2)
地方公共団体向け	(3.7)	(3.8)	(3.7)	(3.9)	(3.9)	(3.3)	(3.1)	(2.7)	(2.7)	(2.7)	(5.2)
預貸率	63.58	58.86	54.63	49.85	47.53	47.29	46.17	43.62	42.96	43.00	42.66
不良債権比率	12.07	12.54	15.47	14.30	11.05	7.08	7.90	6.57	6.26	5.97	4.82
自己資本比率	12.57	11.89	9.03	7.20	8.34	8.57	9.10	11.28	11.76	12.19	12.76

注：1．利益指標は年度データ。その他は各年3月末時点。
　　2．不良債権比率は銀行法上の概念で、貸出金残高に占めるリスク管理債権の割合。
　　3．（　）内は貸出金残高に占めるシェア。
　　4．預貸率の計算では、預金に譲渡性預金が含まれる。
　　5．一部筆者による計算を含む。

出所：1．各金庫『ディスクロージャー』誌。
　　　2．金融図書コンサルタント社『全国信用金庫財務諸表』。

年3月末まで20％超で高止まりしていたが，その後低下し，10年3月末には10.56％となった。自己資本比率は，04年3月末に5.43％まで低下したが，その後上昇に転じ，10年3月末には11.03％となった。

　佐原信用金庫は，県内5金庫の会員数の7.1％，従業員数の10.9％，預金残高の8.9％，貸出金残高の5.7％を占める県内第4位の規模の信用金庫である。同金庫の営業地区は，千葉市の全域，葛南，東葛飾，北総，東上総の4地区のそれぞれ一部地域，茨城県南部である。本店は香取市にあり，全19店舗のうち，香取市に4店舗，隣接する成田市に3店舗，同様の潮来市に2店舗，同様の神崎，多古，東庄の各町に1店舗ずつある。県外には，茨城県に（潮来市の2店舗を含め）4店舗ある（営業地区と店舗は2010年3月末）。同金庫の当期純利益は，08年度に株式や債券の売却損の増加で赤字になったことを除き，04年度以降黒字である。預貸率は5金庫の中で最も低く，35％前後で推移している。不良債権比率は，02年3月末の12.82％をピークに上昇したものの，04年3月末には6.64％まで低下しており，5金庫の中でほぼ一貫して最も低い。自己資本比率は，00年代半ばに若干低下したが，06年3月末の7.10％を下回ることはなかった。

　館山信用金庫は，県内5金庫の会員数の4.6％，従業員数の6.8％，預金残高の6.4％，貸出金残高の5.0％を占める県内で最も小さな信用金庫である。同金庫の営業地区は，千葉・市原，南房総の2地区の全域である。本店は館山市にあり，全14店舗のうち，館山市に4店舗，隣接する南房総市に4店舗ある。県外に店舗はない（営業地区と店舗は2010年3月末）。当期純利益は，03年度以降黒字である。預貸率は，00年3月末以降の10年間で20.92％ポイント低下した。不良債権比率は，ほぼ一貫して佐原信用金庫に次ぐ低い水準である。自己資本比率は，06年3月末以降5金庫の中で最も高い。

2）信用組合

　千葉県の信用組合は，表Ⅶ-20に示されるように2000年3月末時点で5組合あったが，01～02年度に2組合が経営破綻し，02年8月以降は3組合にな

った。営業地区については，県内のみとするのが２組合（房総，君津），県外を含むのが１組合（銚子商工）ある。00年以降の財務状況は，表Ⅶ-21の通りである。３組合の預貸率は，いずれも00年３月末以降10年間で大きく低下したが，個人向け貸出に注力した組合（君津）の減少幅が最も小さかった[21]。不良債権比率は，各組合とも00年代前半に高く，半ばから後半に改善した。

　銚子商工信用組合は，県内３組合の組合員数の39.7％，従業員数の44.6％，預金残高の49.4％，貸出金残高の46.2％を占める県内最大の信用組合である（2010年３月末，以下他組合も同様）。同組合の営業地区は，千葉市の一部地域，東葛飾地区のほぼ全域，北総，東上総の２地区のそれぞれ一部地域，茨城県の千葉県隣接地域である。本店は銚子市にあり，全22店舗のうち，銚子市に８店舗，隣接する旭市に３店舗ある。県外に店舗はない（営業地区と店舗は10年４月初）。同組合は，02年８月に，破綻した千葉県商工組合の19店舗のうち５店舗を引き継ぐなど一部事業を継承し，03年３月末には店舗数が22店舗となった。損益面では，06年度に貸倒引当金繰入額が前年度比５億円，貸出金償却が同10億円増加したこともあり，当期純利益は11億円の赤字となった。不良債権比率は，04年３月末から継続的に低下し，10年３月末には8.86％となった。自己資本比率は，８～９％前後で安定的に推移している。

　房総信用組合は，県内３組合の組合員数の31.7％，従業員数の28.4％，預金残高の26.4％，貸出金残高の25.0％を占める県内第２位の規模の信用組合である。同組合の営業地区は，千葉市の一部地域，東上総地区の全域，北総，南房総の２地区のそれぞれ一部地域である。本店は茂原市にあり，全16店舗のうち，茂原市に４店舗，隣接する白子町，長南町にそれぞれ１店舗ずつある。県外に店舗はない（営業地区と店舗は2010年３月末）。損益面では，07年度に貸倒引当金繰入額が前年度比８億円，貸出金償却が同６億円増加したこともあり，当期純利益が20億円の赤字となった。不良債権比率は，04年３月末から急速に低下し，06年３月末には10.36％になったが，その後増加に転じ，10年３月末には13.65％となった。自己資本比率は，07年３月末まで

表Ⅶ-20 信用組合の組織規模

(単位:人,店)

		銚子商工	房総	君津	千葉県商工	千葉商銀	合計
2000年	組合員数	27,797	28,317	26,069	40,242	2,845	125,270
	従業員数	291	191	141	233	33	889
	店舗数	17	16	12	21	3	69
01年	組合員数	28,213	28,517	26,039	40,183	2,777	125,729
	従業員数	296	184	142	206	32	860
	店舗数	17	16	12	19	3	67
02年	組合員数	29,062	28,627	26,054	40,178		123,921
	従業員数	288	179	139	178		784
	店舗数	17	16	12	19		64
03年	組合員数	32,079	28,757	26,205			87,041
	従業員数	318	177	136			631
	店舗数	22	16	12			50
04年	組合員数	32,892	29,138	26,289			88,319
	従業員数	310	172	134			616
	店舗数	22	16	12			50
05年	組合員数	33,945	29,511	26,458	東京スター銀行と銚子商工信用組合へ事業譲渡	横浜商銀信用組合へ事業譲渡	89,914
	従業員数	308	175	131			614
	店舗数	22	16	12			50
06年	組合員数	35,335	29,607	26,738			91,680
	従業員数	297	176	143			616
	店舗数	22	16	12			50
07年	組合員数	36,290	30,021	27,043			93,354
	従業員数	281	176	151			608
	店舗数	22	16	13			51
08年	組合員数	36,895	29,997	27,270			94,162
	従業員数	262	175	161			598
	店舗数	22	16	14			52
09年	組合員数	37,805	29,888	27,384			95,077
	従業員数	272	174	165			611
	店舗数	22	16	14			52
10年	組合員数	37,951	30,277	27,353			95,581
	従業員数	275	175	166			616
	店舗数	22	16	14			52

注:各年3月末時点。
出所:金融図書コンサルタント社『全国信用組合財務諸表』。

3組合の中で最も高かったが，08年3月末に大幅に低下し，10年3月末には9.06%となった。

　君津信用組合は，県内3組合の組合員数の28.6%，従業員数の26.9%，預金残高の24.2%，貸出金残高の28.9%を占める県内第3位の規模の信用組合である。貸出金残高は房総信用組合より多く，県内第2位である。君津信用組合の営業地区は，市原市の全域と，南房総地区のほぼ全域である。本店は木更津市にあり，全14店舗のうち，木更津市に5店舗，隣接する君津市，袖ケ浦市にそれぞれ2店舗ずつある。県外に店舗はない（営業地区と店舗は2010年3月末）。当期純利益は，03年度以降黒字である。貸出金残高に占める個人向け貸出のシェアは，00年3月末の36.0%から06年3月末には62.1%まで上昇し，他方，企業向け貸出のシェアは，各同61.2%から32.9%まで低下した。不良債権比率は，01年3月末には30%を超えていたが，以後継続的に低下し，07年3月末以降3組合の中で最も低い水準となり，10年3月末には5.78%となった。自己資本比率は，05年3月末まで3組合の中で最も低く，03年3月末には6.02%であったが，以後ほぼ一貫して上昇し，10年3月末には9.94%となった。

5．むすび

　国内の預金や貸出金は，基本的には東京都に集中しており，国内金融市場で千葉県は決して大きな存在ではないが，県内では，特に貸出金について，地域銀行とりわけ千葉銀行への著しい集中が見られる。こうした集中度は，近年一層高まっている。また，地域銀行では，千葉銀行の県外進出や千葉興業銀行の独特の損益動向，京葉銀行の最近の不良債権比率の低さなど，各行個別の特徴もあるが，2000年以降3行に共通する傾向としては，不良債権比率が低下したことや，利鞘状況が悪化したこと，中小企業向け貸出が伸び悩んだこと，住宅ローンが飛躍的に増加したこと，投資信託や個人年金保険の取り扱いによる手数料収入が拡大したことなどを指摘できる。信用金庫や信

表Ⅶ-21 信用組合の財務状況

(単位：100万円、％)

銚子商工信用組合	2000年	01年	02年	03年	04年	05年	06年	07年	08年	09年	10年
業務純益	255	708	345	527	1,048	1,216	1,016	873	1,036	1,245	—
当期純利益	-1,978	497	256	201	264	21	-1,082	417	-10	341	—
預金	176,508	177,046	172,723	184,252	191,214	197,231	204,503	207,154	212,603	214,805	216,587
貸出金	115,751	105,493	101,692	103,866	104,837	105,172	108,954	108,612	110,121	109,032	104,970
企業向け	(—)	(—)	(60.2)	(58.5)	(58.2)	(57.8)	(58.0)	(59.2)	(58.1)	(58.1)	(57.5)
個人向け	(—)	(—)	(35.9)	(37.8)	(38.1)	(38.1)	(37.5)	(36.1)	(34.1)	(34.1)	(33.6)
地方公共団体向け	(—)	(—)	(3.9)	(3.7)	(3.7)	(4.1)	(4.4)	(4.6)	(7.2)	(7.8)	(8.8)
預貸率	65.58	59.59	58.88	56.37	54.83	53.32	53.28	52.43	51.80	50.76	48.47
不良債権比率	15.79	17.81	18.36	18.61	15.61	15.08	12.62	10.50	10.46	9.70	8.86
自己資本比率	9.24	7.82	8.38	8.15	8.36	8.73	7.78	8.29	8.18	9.10	9.44

房総信用組合	2000年	01年	02年	03年	04年	05年	06年	07年	08年	09年	10年
業務純益	129	558	639	590	508	578	529	167	467	519	—
当期純利益	-1,620	175	88	-387	-1,023	430	-302	-2,005	110	241	—
預金	111,904	112,657	107,254	106,513	107,502	109,586	111,608	115,306	116,486	115,594	115,628
貸出金	75,322	71,116	68,030	65,896	63,496	62,220	63,639	62,529	59,326	58,460	56,778
企業向け	(62.7)	(65.1)	(63.7)	(63.2)	(62.6)	(62.0)	(63.2)	(62.1)	(62.1)	(61.7)	(61.0)
個人向け	(30.9)	(30.5)	(31.9)	(31.6)	(32.6)	(33.3)	(32.4)	(33.1)	(33.0)	(32.8)	(32.7)
地方公共団体向け	(6.4)	(4.4)	(4.4)	(5.2)	(4.8)	(4.7)	(4.3)	(4.8)	(4.8)	(5.4)	(6.3)
預貸率	67.31	63.13	63.43	61.87	59.06	56.78	57.02	54.23	50.93	50.57	49.10
不良債権比率	15.68	23.59	22.59	23.60	18.62	12.38	10.36	11.54	14.10	13.03	13.65
自己資本比率	9.81	9.85	9.92	10.89	10.36	9.10	9.58	10.40	7.77	8.20	9.06

君津信用組合	2000年	01年	02年	03年	04年	05年	06年	07年	08年	09年	10年
業務純益	868	695	527	789	724	815	704	342	584	551	—
当期純利益	-981	-518	-304	446	384	490	453	30	192	153	—
預金	85,692	87,498	83,650	82,850	85,666	87,559	92,662	96,172	101,184	104,444	105,823
貸出金	63,658	58,097	47,028	47,259	50,150	51,519	54,298	58,902	63,390	64,516	65,661
企業向け	(61.2)	(58.8)	(52.1)	(45.4)	(39.8)	(34.4)	(32.9)	(33.7)	(34.8)	(35.7)	(36.3)
個人向け	(36.0)	(41.1)	(47.8)	(51.0)	(56.1)	(59.4)	(62.1)	(61.8)	(61.2)	(60.7)	(60.5)

第Ⅶ章 千葉県の地域金融

	地方公共団体向け										
預貸率	74.29 (2.8)	66.40 (0.1)	56.22 (0.1)	57.04 (3.6)	58.54 (4.2)	58.84 (4.4)	58.60 (3.3)	61.25 (4.5)	62.65 (4.0)	61.77 (3.6)	62.05 (3.2)
不良債権比率	27.04	30.14	23.34	21.67	17.28	13.50	11.40	9.62	8.86	6.71	5.78
自己資本比率	8.53	7.28	6.32	6.02	7.07	7.81	8.54	9.33	8.95	9.42	9.94

注：1. 利益指標は年度データ。その他は各年3月末時点。
2. 不良債権比率は銀行法上の概念で、貸出金残高に占めるリスク管理債権の割合。
3. （ ）内は貸出金残高に占めるシェア。
4. 君津信用組合の2005～06年の貸出金シェアが合計で100％に満たないのは、同組合の05年3月期、06年3月期『ディスクロージャー誌』において、貸出金残高の小さな業種が「貸出金業種別残高・構成比」に含まれないため。
5. 預貸率の計算では、預金に譲渡性預金が含まれる。
6. 一部組合は計算による計算を含む。

出所：1. 各組合『ディスクロージャー誌』。
2. 金融図書コンサルタント社『全国信用金庫財務諸表』。

用組合では，各金庫・組合間に営業地区をはじめかなりの違いがあるが，全体の傾向としては，00～02年度に統廃合が進んだことや，信用金庫の不良債権比率と自己資本比率が00年代半ば以降改善したこと，信用組合の不良債権比率が00年代半ば以降改善したことなどを指摘できる。

　千葉県の地域金融や，その担い手金融機関をめぐる包括的な議論としては，これら金融機関の「千葉県ならでは」の特徴や，それを踏まえた今後の発展性など展望についても触れるべきである。しかし，そうした論点に言及するには，県内の金融機関の動向を詳細に把握するだけでなく，少なくとも全国または他都道府県の金融機関との対比が必要になる。また，県内金融機関の特定地域とのつながりも，より詳細な実態把握が必要である。資料の制約があるため，そうした分析の一部は実行困難であるが，ここでは，本章の分析にそのような課題が残されていることを確認する。

（添田利光）

注

1) 内閣府の「景気基準日付」によると，日本経済の2000年以降の景気循環は，00年11月が山，02年1月が谷（第13循環，拡張期間22カ月，後退期間14カ月），07年10月が山，09年3月が谷（第14循環，各同69カ月，17カ月，暫定）である。なお，10年8月末現在，千葉県による千葉県の景気動向指数は存在しない。
2) 千葉県企業の業況判断には，千葉経済センターによる同調査の他，中小企業基盤整備機構による「中小企業景況調査」があり，千葉県中小企業の業況判断DIの推移が把握できる。
3) 東京商工リサーチ『倒産月報』2000年7月を参照。
4) 国土交通省「地価公示」によると，千葉県は，住宅地地価が1996年から2001年までの6年間，商業地地価が1997年から2002年までの6年間連続で下落率全国第1位（各年1月初時点の調査），同様に，同「都道府県地価調査（基準地価）」によると，住宅地地価が1995年から2003年までの9年間，商業地地価が1997年から2002年までの6年間連続で下落率全国第1位である（同7月初時点の調査）。
5) 各種貸出残高が銀行の期間損益に与える影響を見る場合，期末残高ではなく平均残高（たとえば日々の残高の平均）で検討すべきである。しかし，各行の公表資料には，ごく一部を除き平均残高データが記載されていない。このため，便宜上期末残高データを用いる。

6）　金利に関する用語として，本章では，利息，利率，利回りなどがそれぞれの文脈に応じて用いられる。各用語の定義やニュアンスについては省略。
7）　たとえば，同行『ディスクロージャー誌』2004年3月期，4ページ，06年3月期，2ページ，『日経金融新聞』04年6月29日，11ページ，05年3月4日，7ページ，『日本経済新聞』04年11月23日，地方経済面39ページなどを参照。
8）　同行『IRプレゼンテーション決算説明会資料』2008年3月期，4ページを参照。なお，ここでいう信託報酬は，同行が販売した投資信託に関する信託報酬を意味しており，同行の信託業務に対する報酬ではない。同行は，06年6月に「信託業務の兼営に係る認可」を取得し，同年同月より銀行本体で信託業務に参入した。
9）　同行『ディスクロージャー誌』2009年3月期を参照。
10）　県内他行の同時点の自己資本比率は，千葉銀行が10.45％，京葉銀行が9.46％である。ただし，千葉銀行のみ国際統一基準で，他2行は国内基準。
11）　同行『ディスクロージャー誌』2005年3月期，16ページ，『「経営の健全化のための計画」の履行状況に関する報告書』同期，4，15ページを参照。
12）　たとえば，同行『ディスクロージャー誌』2005年3月期，1，12，21ページ，06年3月期，1，9，18ページ，『日本経済新聞』04年5月22日，地方経済面39ページ，05年1月5日，同39ページ，4月2日，同39ページ，4月29日，同39ページなどを参照。
13）　役務取引等利益の増加は，投資信託の販売が好調に推移したことが主因である。同行『「経営の健全化のための計画」の履行状況に関する報告書』2006年3月期，16ページを参照。
14）　同行『「経営の健全化のための計画」の履行状況に関する報告書』2008年3月期，1ページ，09年3月期，1ページ，『会社説明会決算説明会資料』09年3月期，11ページを参照。
15）　たとえば，『金融ビジネス』の「2010年3月期邦銀118行銀行総合ランキング」では，健全性では千葉銀行が第10位，京葉銀行が第18位，収益性ではそれぞれ第1位，第5位，成長性では同第55位，第2位である。また，『金融ジャーナル』の「2010年3月期地銀・第二地銀の収益性・健全性指標」では，地方銀行・第二地銀の計106行を対象とした分析で，健全性では千葉銀行が第39位，京葉銀行が第23位，収益性ではそれぞれ第1位，第5位である。『金融ビジネス』10年夏（7月），44-51ページ，『金融ジャーナル』10年9月，127-151ページを参照。
16）　同行の公表資料には，（法人分も含む）投資信託残高が記載されていない。なお，同行の公表資料によると，「個人預かり資産」の投資信託残高は2006年9月末時点で1,306億円であるが，新聞報道による「預かり資産（法人分を含む）」の投資信託残高は同時点で1,362億円と，その差は56億円である。同行『個別中間財務諸表中間決算説明資料』06年9月期，13ページ，『日本経済新聞』06年11月29日，地方経済面39ページを参照。
17）　前年度に比べ預貸金利差が拡大しても，利率（の増加）によって預貸金利益が縮小

することがある。たとえば，同行の2007年度の国内預貸金利差は2.15%と前年度比0.04%拡大しているが，預金残高の方が貸出金残高より大きいため，預貸金利益の利率による増減部分は，2.27億円の減少となる。
18) 京葉銀行の場合，他2行のように投資信託関連収益のデータが公表されていない。
19) 信用組合には，組合員の居住・所在地区を同一とする地域信用組合，業種を同一とする業域信用組合，職場を同一とする職域信用組合の3つのタイプがあるが，後2組合も，地区を特定する点で違いはない（ただし，地域信用組合に比べ広い範囲の地区が指定されている）。千葉県の3つの信用組合は，いずれも地域信用組合である。
20) ほぼ全域とは，同地域の1市町村（またはその一部）が除かれることを指し，一部地域とは，2市町村（同）以上が除かれることを指す。なお，地区区分は本章第2節表5の区分と同様で，さらに17町1村を含む。
21) 『日経金融新聞』2005年6月21日，7ページを参照。

参考文献

銀行経理問題研究会編（2008）『銀行経理の実務』金融財政事情研究会。
県内各金融機関による各種公表資料。
『日経金融新聞』。
『日本経済新聞』。

第Ⅷ章

千葉県の労働状況
―賃金・雇用―

1．はじめに

　本論に先立ち，総務省統計局『国勢調査』をもとに，2005年時点でのいくつかの労働関連数値を示しながら「千葉県」を確認しておきたい。県人口は521万4,943人（労働力状態「不詳」を含む），労働力人口は312万3,763人，非労働力人口は191万745人で，労働力率は62.0%であった。男子の労働力人口は189万503人（全国6位），非労働力人口は57万7,179人で，労働力率は76.6%（同8位）であった。女子の労働力人口は123万3,260人（同6位），非労働力人口は133万3,566人で，労働力率は48.0%（同32位）であった。労働力人口の内，15歳以上就業者数は294万8,581人，完全失業者数は17万5,182人で，完全失業率は5.6%であった。1990年から5年ごとの推移では，県人口の逓増に比例して，非労働力人口および完全失業者数が遥増（＝非就業者数の増加）し，女子就業者数が微増するも男子就業者数が遥減したため，労働力率は下降気味である（図Ⅷ-1参照）。

　県内市町村別にみると，15歳以上就業者数の上位は，千葉市43万1,779人，船橋市27万6,881人，市川市23万4,397人，松戸市23万2,391人，柏市18万3,015人，市原市13万4,130人で，人口比率―千葉市，船橋市，松戸市，市川市，柏市の順―にほぼ準じている。就業率の高い市町村は，白里市62.1%，芝山町62.0%，多古町61.4%，浦安市61.3%，成田市59.8%の順であった。完全失業率は，印旛村3.7%，浦安市3.8%，南房総市4.0%が相対的に低く，木

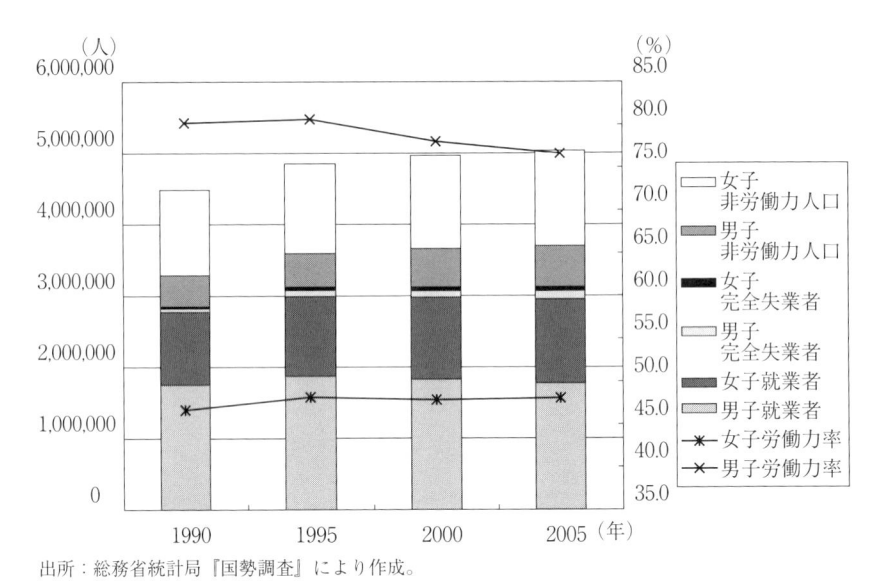

図Ⅷ-1　千葉県の労働力人口と労働力率の推移（1990-2005年）

出所：総務省統計局『国勢調査』により作成。

更津市・銚子市7.1%，東金市7.4%，白子町8.2%が相対的に高い市町村となっている。

2．第三次産業の広がり

1）県内総生産にみる産業構成の移行

　内閣府『県民経済計算』によれば，2007年度の千葉県内総生産（名目）は19兆6,509億円であった。同年度の東京都内総生産は92兆3,004億円（千葉県の約4.7倍），神奈川県内総生産は31兆9,603億円（同約1.6倍）と，実数では大きく比肩に足らないが，第三次産業が産業構成に占める割合で1都7県を比較すれば，9割弱の東京都，7割台の神奈川県・千葉県・埼玉県，6割前後の山梨県・群馬県・茨城県・栃木県という首都圏3分類が可能である（図Ⅷ-2参照）。東京都は，第一次産業に418億円の生産実績はあるが，産業構成比では0.04%となきに等しく，第二次産業も他県の2分の1以下で，第三

第Ⅷ章 千葉県の労働状況

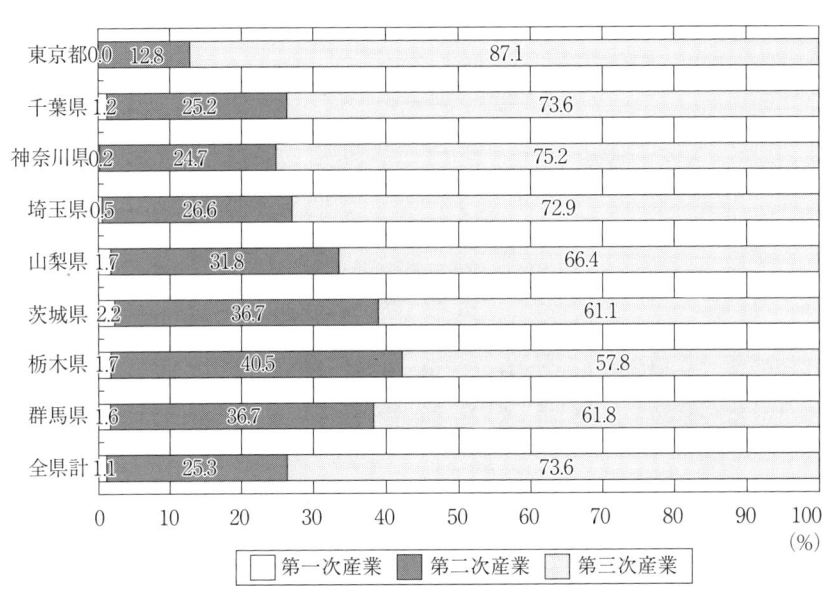

都県	第一次産業	第二次産業	第三次産業
東京都	0.0	12.8	87.1
千葉県	1.2	25.2	73.6
神奈川県	0.2	24.7	75.2
埼玉県	0.5	26.6	72.9
山梨県	1.7	31.8	66.4
茨城県	2.2	36.7	61.1
栃木県	1.7	40.5	57.8
群馬県	1.6	36.7	61.8
全県計	1.1	25.3	73.6

注：第一次産業は農林水産業，第二次産業は鉱業・製造業・建設業，第三次産業はその他すべての
    サービス産業という分類で集計した。また，小数点以下第2位を四捨五入しているため，計が
    100％にならない県もある。
出所：内閣府『2007年度県民経済計算』により作成。

図Ⅷ-2　首都圏における県内総生産の産業構成比（2007年/名目）

次産業への特化が全県1位となっている。他方，山梨県・群馬県・茨城県・栃木県は，第二次産業が全県平均25.3％を大幅に上回り，30～40％台を占めている。首都への交通・流通面での利便性や，相対的に廉価な地価など，製造機能の集積に優位な県として，首都圏内でもその役割が北関東や山梨県に分担させられた結果と推察できる。その中間に位置する神奈川県・千葉県・埼玉県は，いまだ極端な特化には至らないが，第三次産業への依存度が高い県であるといえよう。その中でも千葉県は，驚くべきことに全県計と産業構成比をほぼ違わない「平均県」となっている。

図Ⅷ-3は，1990年度から2007年度までの千葉県内総生産を，産業構成比の推移で表したものである。実数では，1990年度に15兆2,730億円であった総生産が，1996年度の19兆1,233億円まで逓増し，その後2002年度の18兆

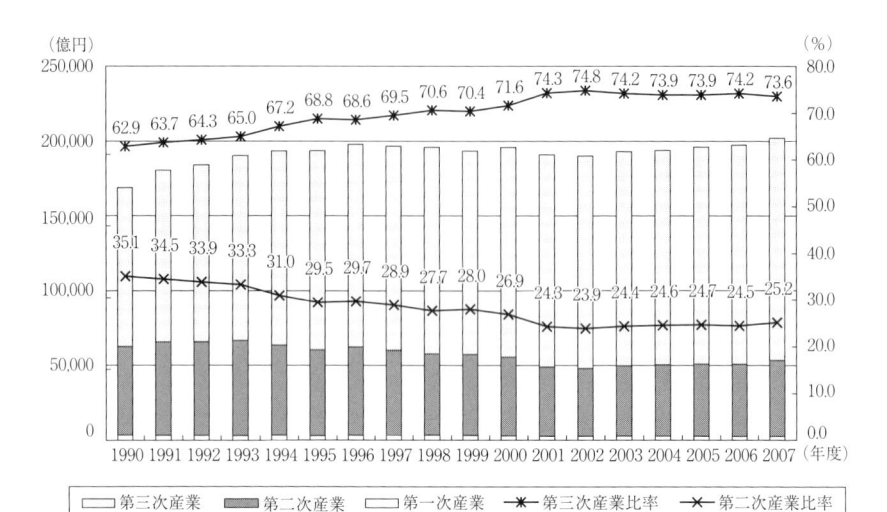

注:1990-1995年は平成7年基準計算, 1996〜2007年は平成12年基準計算によるデータを使用した。消費税と帰属利子を差し引いていない各産業の実数から算出しているため, 内閣府の公表データとは総額や構成比で一部数値が異なる。
出所:内閣府『県民経済計算』により作成。

**図Ⅷ-3　千葉県における県内総生産(生産側・名目)の産業構成比の推移
　　　　　(1990-2007年)**

3,379億円まで逓減, 2003年度から5年連続で上昇し, 17年間で4兆3,779億円の成長を遂げた。産業構成比では, 第一次・第二次産業の減少に比例して第三次産業が増加する全国的な傾向との一致に加え, 1998年度に第三次産業が70％を超えて以降, 75％までの範囲内で横這いに安定している。特徴的なのは第二次産業で, 1990年度には3分の1以上を占めていたが, 10年間で1割逓減し, 2002年度を底に県内総生産実数に比例した上昇傾向に転じていて, これが第三次産業構成比の急激な上昇に歯止めをかけた形となっている。現に, 2007年度の実質経済成長率への寄与度を経済活動別にみても,「製造業」が1.8と最大で, 千葉県の第二次産業の好調さを裏づけている。第三次産業の経済活動別内訳では,「運輸・通信業」(寄与度0.4),「サービス業」(同0.4),「不動産業」(同0.4),「卸売・小売業」(同0.2)の各産業が経済成長を支えている。

2）15歳以上就業者数に見る産業構成の移行

　総務省統計局『2005年国勢調査』によれば，千葉県の15歳以上就業者数は，第一次産業10万7,971人（全国4位，構成比36位），第二次産業64万754人（全国8位，構成比39位），第三次産業212万4,422人（全国6位，構成比5位）であった。1都7県で比較すると，東京都が591万5,533人（千葉県の約2倍），山梨県が44万4,200人（千葉県の約6.5分の1）で，実数では高低13倍もの極端な開きがある。だが，15歳以上就業者数が産業構成に占める割合では，第三次産業就業者8割弱の東京都と，7割前後の神奈川県・千葉県・埼玉県，6割前後の山梨県・群馬県・茨城県・栃木県という首都圏3分類が再び可能である（図Ⅷ-4参照）。総生産に準じた就業者数という自明の理ともいえるが，特に1都3県——東京都，神奈川県，千葉県，埼玉県——は，全国の67.2％という数値を上回って第三次産業就業者数が拡大している。参

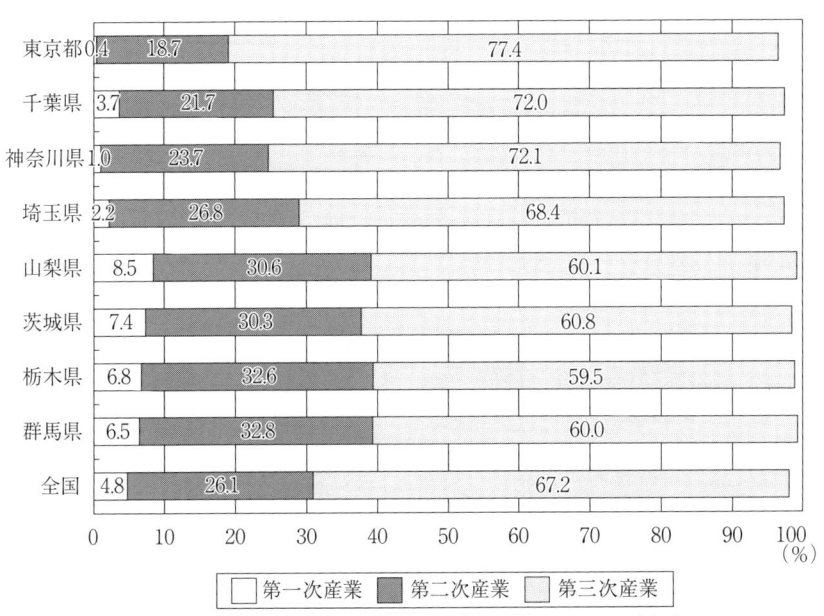

	第一次産業	第二次産業	第三次産業
東京都	0.4	18.7	77.4
千葉県	3.7	21.7	72.0
神奈川県	1.0	23.7	72.1
埼玉県	2.2	26.8	68.4
山梨県	8.5	30.6	60.1
茨城県	7.4	30.3	60.8
栃木県	6.8	32.6	59.5
群馬県	6.5	32.8	60.0
全国	4.8	26.1	67.2

注：「分類不能の産業」を加えていないため，都および各県の計が100％にはならない。
出所：総務省統計局『2005年国勢調査』により作成。

図Ⅷ-4　首都圏における15歳以上就業者数の産業構成比（2005年）

考までに，2005年の千葉県内市町村別に見た第三次産業構成比の上位は，浦安市81.4％（就業者数6万4,922人），習志野市78.6％（同6万718人），船橋市77.4％（同21万4,168人），市川市76.7％（同17万9,830人），千葉市76.4％（同32万9,735人）の順となっている。

図Ⅷ-5は，1990年から5年ごとの千葉県の15歳以上就業者数を，産業構成の推移で表したものである。実数では，1990年から15年間で第三次産業就業者数が35万361人増加しており，県内15歳以上就業者全数の増加分17万7,948人と，第二次産業就業者の減少分17万5,785人とを合算した数値にほぼ匹敵する。産業構成比では，前項でみた県内総生産の比率よりは目減りするが，第一次・第二次産業の減少に比例した第三次産業の増加という同様の偏重を示している。中でも，1990年には3割近かった第二次産業就業者が，2005年には

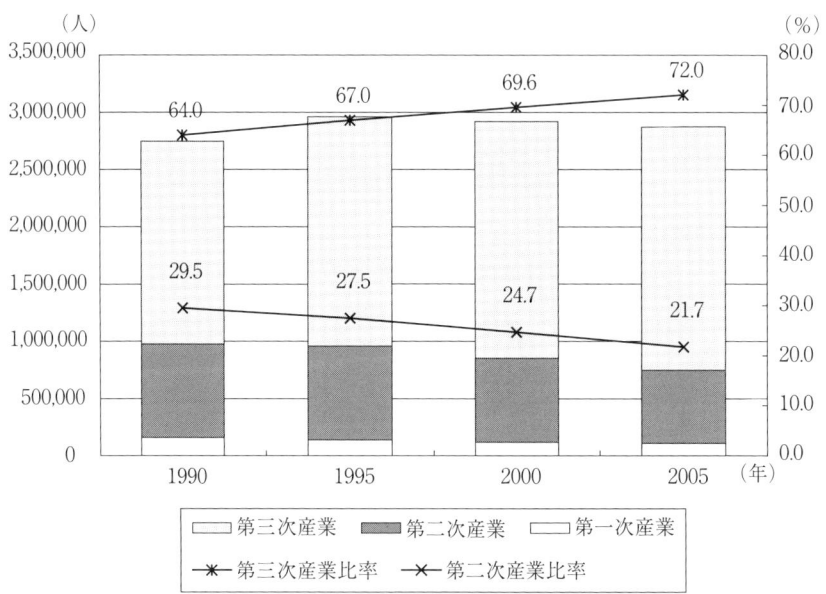

注：1990-2000年は2000年産業分類に基づく組替集計を，2005年は2002年産業分類に基づく集計を使用した。
出所：総務省統計局『国勢調査』により作成。

図Ⅷ-5　千葉県における15歳以上就業者数の産業構成比の推移（1990-2005年）

表Ⅷ-1　15歳以上就業者の割合で見た千葉県上位産業（産業大分類／2005年）

	1位	2位	3位
運輸業	**千葉県**（6.5％）	埼玉県（6.4％）	大阪府（6.0％）
金融・保険業	東京都（3.7％）	**千葉県**（3.5％）	埼玉県（3.0％）
情報通信業	東京都（6.7％）	神奈川県（5.7％）	**千葉県**（4.4％）
サービス業	東京都（18.8％）	神奈川県（17.3％）	**千葉県**（16.3％）

出所：総務省統計局『2005年国勢調査』により作成。

2割に減少し，相対的に第三次産業就業者が6割台から7割台へと増加している。15歳以上就業者が県内産業に占める割合を，就業者10万人以上を抱える産業に限定してみれば，「卸売・小売業」18.2％，「サービス業」16.3％，「製造業」13.2％，「建設業」8.5％，「医療，福祉」7.2％，「運輸業」6.5％，「飲食店，宿泊業」5.1％，「情報通信業」4.4％，「教育，学習支援業」4.3％，「公務」3.6％，「金融・保険業」3.5％，「農業」3.4％の順となっている。

　他の都道府県と比較すると，「運輸業」が全国1位，「金融・保険業」が2位，「情報通信業」と「サービス業」が3位の割合を占めている（表Ⅷ-1参照）。2002年10月改定の日本標準産業大分類では，産業構造の変化への対応と国際的な産業分類との整合性の観点から，「運輸・通信業」が「情報通信業」と「運輸業」に，「卸売・小売業，飲食店」が「卸売・小売業」と「飲食店，宿泊業」に分けられ，「サービス業」から「医療，福祉」と「教育，学習支援業」とが「独立」するなど，第三次産業の細分化が進んだ。その直後に実施された『2005年国勢調査』で千葉県が3位以内を占めた産業をみれば，千葉県産業界は構造変化や国際化の波に迅速に対応し，これら「新しい分類の産業」の強化に力を注いできたといえよう。特に「情報通信業」では，4位の埼玉県（4.0％）も含めて，首都圏内でも相対的に第三次産業へのシフトが大きい1都3県のみが全国平均（2.7％）を上回る数値を具現化させていることから，この分野の先鋭的・集積的地域という特徴を浮き彫りにしていると考えて間違いなかろう。その反面，「医療，福祉」は，千葉県内の産業別では5位の就業者数を誇るものの，全国では43位の比率にとどまって

いる。高齢化の進展が決して他県事とはいえない千葉県で，この問題を社会保障・社会福祉という観点から考察する上では厳しい現況となった。

3．3つの賃金格差

　厚生労働省『毎月勤労統計調査』によれば，2009年の千葉県常用労働者1人平均月間現金給与総額（規模5人以上）は29万8,765円で，全国平均を1万6,529円下回っただけでなく，過去20年間でみても最低月額となっている――全国平均も31万5,294円で，過去最低月額となった。図Ⅷ-6は，1990年から2009年までの月間現金給与総額の推移を表したものである。全国平均と比較して，1995年に4万5,428円の大差が付くが，その後徐々に格差を縮小させ，1998年頃から全国平均に近似した線形を描いている。だが，千葉県が過去最高月額34万2,714円を記録した2000年でも全国平均には届かず，2005年に6,946円離れの僅差になるが，その後も全国平均から1～2万円離

出所：厚生労働省『毎月勤労統計調査』により作成。

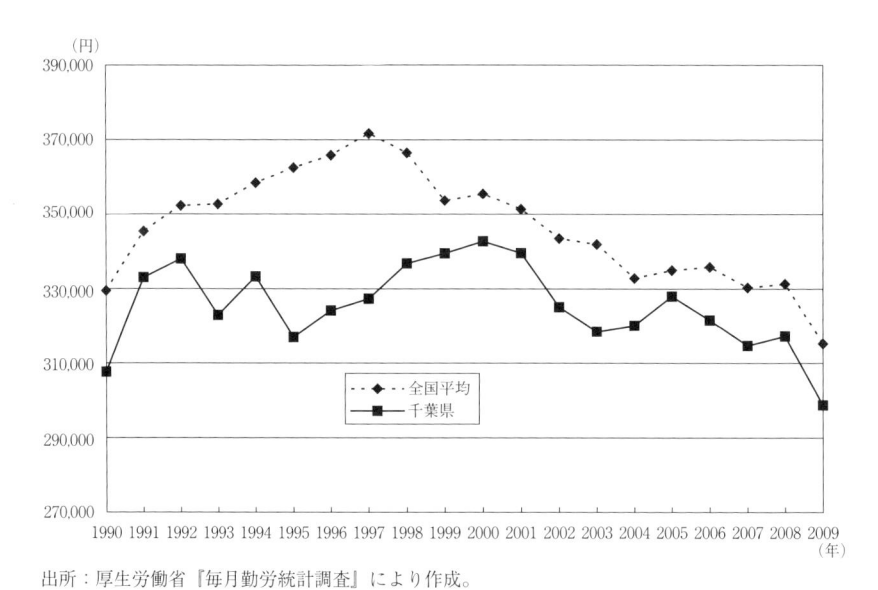

図Ⅷ-6　常用労働者1人平均月間現金給与総額の推移（規模5人以上／1997-2009年）

された低額となっている。

1）産業間格差

2009年の月間現金給与総額を産業大分類別にみると，上位は「電気・ガス・熱供給・水道業」(57万2,617円)，「金融・保険業」(45万651円)，「教育，学習支援業」(41万59円) の順となっている。調査産業計を下回る産業は，「サービス業」(28万6,760円)，「卸売・小売業」(21万4,901円)，「飲食店，宿泊業」(12万6,115円) の3産業であった。1位の「電気・ガス・熱供給・水道業」の月間現金給与総額を100とした場合，最下位の「飲食店，宿泊業」の給与割合は，「所定内給与」で27.8，「超過労働給与」で15.3，「特別に支

表Ⅷ-2　月間現金給与総額の調査産業計を100とした場合の産業別比率（規模5人以上/2005-2009年）

順位		千葉県					全国
		2005	2006	2007	2008	2009	2009
順位	調査産業計	100	100	100	100	100	100
1	電気・ガス・熱供給・水道業	182	177	175	175	192	185
2	金融・保険業	135	138	158	142	151	148
3	教育，学習支援業	137	139	144	145	137	127
4	情報通信業	133	133	124	131	129	145
5	製造業	124	120	120	121	117	111
6	建設業	114	112	110	109	129	119
7	不動産業	104	96	105	142	122	120
8	運輸業	119	111	107	105	121	105
9	複合サービス事業	98	102	101	106	120	136
10	医療，福祉	104	107	94	93	105	97
11	サービス業	96	97	94	97	96	93
12	卸売・小売業	65	68	76	75	72	82
13	飲食店，宿泊業	47	46	43	39	42	40

出所：厚生労働省『毎月勤労統計調査』および千葉県総合企画部統計課『毎月勤労統計調査地方調査年報』により作成。

払われた給与」で5.8となり，その計で導出される総額では比率僅か22という極端な給与格差が現出している。

表Ⅷ-2は，千葉県の月間現金給与総額の調査産業計を各年100とした場合，各産業の比率を5年平均で上位から並べたものである。7位の「不動産業」が2006年に11位まで落ちている以外は，5年間で産業別比率の順位に押並べて変動はなかった。比較的高賃金の産業は，「電気・ガス・熱供給・水道業」（5年平均比率180），「金融・保険業」（同145），「教育，学習支援業」（同141），「情報通信業」（同130）であった。逆に，低賃金に停滞している産業は「サービス業」（同96），「卸売・小売業」（同71），「飲食店，宿泊業」（同43）であった。「医療，福祉」も，100を若干上回る程度で，年によっては90前半という厳しい状況である。2009年の全国と比較すると，全国4位の「複合サービス事業」が千葉県で9位という以外は，順位に然程の相違はない。全国でみても「医療，福祉」，「サービス業」，「卸売・小売業」，「飲食店，宿泊業」の下位4産業が，100を相対的に割り込む低賃金の産業となっている。

2）男女格差

厚生労働省『賃金構造基本統計調査』によれば，男女の賃金（＝所定内給与）格差は年々縮小傾向にあり，男子を100とした場合の女子の比率は，2009年に69.8まで縮小してきた。千葉県でも，全国平均と同様の線形を描きながら，全国平均を上回る比率（2009年の女子70.8）で格差縮小傾向にある（図Ⅷ-7参照）。だが，男女格差は約3割まで縮小したという都合のよい数値だけが喧伝され，一人歩きしてはいないだろうか。千葉県総合企画部統計課『毎月勤労統計調査地方調査年報』によれば，男女の賃金（＝現金給与総額）格差は少しも改善されてはいない。千葉県は，2003年から比率で毎年約1ずつ格差縮小しつつあるが，最高値の2009年でも52.6にとどまっている。やや高い数値を記録している東京都ですら，53.5という数値である。女子は，いまだ男子の「半額」という由々しき事態を等閑視してはならない。

表Ⅷ-3は，千葉県の産業別月間現金給与総額の男子を各年100とした場合，

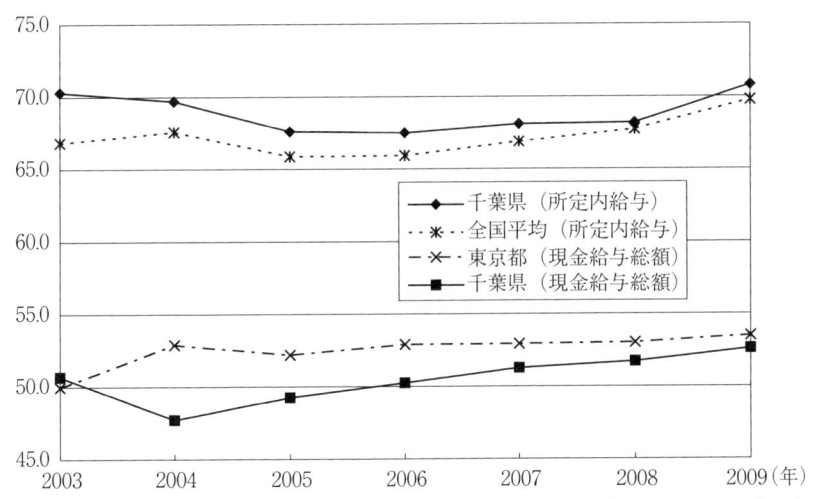

第Ⅷ章 千葉県の労働状況

図Ⅷ-7 の凡例:
- 千葉県（所定内給与）
- 全国平均（所定内給与）
- 東京都（現金給与総額）
- 千葉県（現金給与総額）

出所：厚生労働省『賃金構造基本統計調査』，千葉県総合企画部統計課『毎月勤労統計調査地方調査年報』および東京都総務局統計部『毎月勤労統計調査地方調査』により作成。

図Ⅷ-7　男子を100とした場合の女子の給与割合（規模5人規模/2003-2009年）

対する女子の比率を5年平均で上位から並べたものである。比較的男女格差の小さい産業は，「教育，学習支援業」（5年平均比率73），「運輸業」（同70），「電気・ガス・熱供給・水道業」（同69），「建設業」（同62）であるが，いずれも男子の6～7割という線にとどまっている。逆に，男女格差の大きい産業は，「製造業」（同41），「金融・保険業」（同41），「卸売・小売業」（同40）で，男子の半分にも達していない。

「女性の社会進出」は，2009年の調査産業計で48.7％まで進んでいる（表Ⅷ-4参照）。ところが，男女格差の比較的小さい産業は，そもそも女子労働者比率が少ない傾向にある。2009年の男子常用労働者数を100とした場合，女子の比率は，「電気・ガス・熱供給・水道業」10.1，「運輸業」17.3，「建設業」18.3と，いずれも2割に満たない比率のみならず，毎年減少傾向にある。逆に，「女性職」ともいわれる「医療，福祉」は全国的にも8割近くに達するなど，男女格差の大きい産業ほど女子の比率が高く，毎年増加傾向にある。

以上の比率格差を踏まえて，2009年の女子の産業別月間現金給与総額をみ

表Ⅷ-3　男子の月間現金給与総額を100とした場合の女子の比率
（規模5人以上/2005-2009年）

順位		千葉県				
		2005	2006	2007	2008	2009
	調査産業計	49	50	51	52	53
1	教育, 学習支援業	68	71	78	72	76
2	運輸業	66	66	73	72	71
3	電気・ガス・熱供給・水道業	61	59	69	75	81
4	建設業	49	61	70	70	59
5	不動産業	59	65	58	56	57
6	医療, 福祉	59	57	54	52	61
7	複合サービス事業	51	49	55	59	51
8	サービス業	47	46	48	50	54
9	情報通信業	49	52	47	45	54
10	飲食店, 宿泊業	42	44	53	57	47
11	製造業	42	41	40	43	40
12	金融・保険業	40	37	44	44	37
13	卸売・小売業	39	40	40	42	42

出所：千葉県総合企画部統計課『毎月勤労統計調査地方調査年報』により作成。

ると、「製造業」は17万2,815円、「卸売・小売業」は13万3,166円となっている。産業別でも低賃金であったことに加え、男女格差で一層低水準となり、生活苦や貧困問題に直結する構造的問題を抱えているといえよう。その中で異彩を放っているのは、「金融・保険業」である。県内産業月額でみると、女子5位（26万3,775円）は決して低賃金とは言い切れないが、男子が1位（70万6,138円）であるため、男子100：女子37という県内産業月額最大幅の男女給与格差となっている。同一価値労働同一賃金の観点に立てば、格差が性差に起因することは国際的に非常識であり、男女格差は早急に是正すべき課題には違いない。だが、貧困問題の観点に立てば、「飲食店, 宿泊業」の女子8万9,062円（男子は18万8,180円で、男女ともに県内産業別最低月額）という実額を、「健康で文化的な最低限度の生活を営む」に値する最低生活

表Ⅷ-4　男子常用労働者数を100とした場合の女子の比率
（規模5人以上/2005-2009年）

	千葉県					全国
	2005	2006	2007	2008	2009	2009
調査産業計	44.6	45.3	45.3	45.0	48.7	43.8
医療，福祉	76.5	77.5	76.7	77.6	77.5	78.1
飲食店，宿泊業	58.3	61.0	64.5	64.6	62.5	60.4
教育，学習支援業	50.2	50.2	53.7	53.5	60.8	50.4
金融・保険業	51.1	52.1	47.2	53.4	57.9	50.5
卸売・小売業	56.9	55.6	52.0	51.3	55.7	50.1
サービス業	40.7	41.2	41.2	39.8	44.7	41.4
複合サービス事業	36.1	37.4	39.9	36.6	42.5	34.0
情報通信業	31.5	31.6	31.3	29.7	37.5	24.5
不動産業	32.7	26.8	36.2	30.3	36.8	33.4
製造業	23.6	27.1	32.0	30.7	32.0	29.9
建設業	19.1	20.2	15.9	16.7	18.3	15.7
運輸業	28.5	28.7	24.7	23.3	17.3	17.5
電気・ガス・熱供給・水道業	12.0	12.1	14.5	14.1	10.1	12.7

出所：千葉県総合企画部統計課『毎月勤労統計調査地方調査年報』により作成。

給―生存権保障―まで引き上げることこそが，俎上に載せるべき危急の課題であろう。

3）雇用形態格差

　千葉県の産業別月間現金給与総額の一般常用労働者を各年100とした場合，パートタイム労働者の5年平均比率は，調査産業計24であった。2009年の「電気・ガス・熱供給・水道業」は，低水準の中では45という飛び抜けた比率となっている。だが，パートタイム労働者は押並べて一般常用労働者の3割未満で，下位は2割以下の給与額しか稼得していないという埋め難い懸隔がある――5年平均比率で，「建設業」31，「運輸業」「サービス業」「製造業」29，「複合サービス事業」28，「医療，福祉」27，「電気・ガス・熱供給・

水道業」「飲食店，宿泊業」26，「不動産業」25，「卸売・小売業」24，「情報通信業」23，「金融・保険業」20，「教育，学習支援業」15の順となっている。

ところで，「パートタイム労働法」の呼称に代表されるように，パートタイム労働者とは短時間労働者と同義である——「フルタイムパート」という身分格差の問題は残るが。労働時間数に比例して給与額が増加することが自然であると考えるならば，月間現金給与総額の多寡が即刻問題視すべき事由とは言い切れない。そこで，2009年の一般常用労働者とパートタイム労働者の産業別月間現金給与総額を，各々の総実労働時間数で除して算出した「時給」が，表Ⅷ-5である。現金給与総額には「特別に支払われた給与」も含まれるので，厳密な時給換算という意味では「決まって支給する給与」をもとに算出

表Ⅷ-5　千葉県の一般常用労働者とパートタイム労働者の「時給」
（規模5人以上/2009年）

		一般常用労働者			パートタイム労働者		
		現金給与総額(a)	総実労働時間(b)	「時給」(a)/(b)	現金給与総額(c)	総実労働時間(d)	「時給」(c)/(d)
		（円）	（時間）	（円）	（円）	（時間）	（円）
順位	調査産業計	403,064	166.3	2,424	99,175	90.8	1,092
1	電気・ガス・熱供給・水道業	580,923	154.7	3,755	262,416	106.6	2,462
2	飲食店，宿泊業	282,390	191.1	1,478	73,275	78.4	935
3	医療，福祉	396,260	149.7	2,647	126,226	82.2	1,536
4	運輸業	388,711	183.2	2,122	128,393	123.4	1,040
5	サービス業	372,043	169.9	2,190	118,242	112.2	1,054
6	情報通信業	420,122	170.6	2,463	109,781	93.1	1,179
7	卸売・小売業	365,964	171.1	2,139	87,724	86.8	1,011
8	教育，学習支援業	530,991	155.8	3,408	99,505	62.0	1,605
9	不動産業	423,322	173.2	2,444	104,278	90.8	1,148
10	建設業	397,258	169.2	2,348	107,745	110.4	976
11	製造業	402,838	163.6	2,462	118,522	117.9	1,005
12	金融・保険業	522,716	152.6	3,425	126,092	95.1	1,326
13	複合サービス事業	434,878	150.1	2,897	115,243	111.4	1,034

出所：千葉県総合企画部統計課『毎月勤労統計調査地方調査年報』により作成。

第Ⅷ章　千葉県の労働状況

すべきという見解もあろう。だが，2009年の「特別に支払われた給与」の調査産業計は，一般常用労働者では7万3,578円に対し，パートタイム労働者ではわずか2,492円—比率100：3—であった。仮に，両者が同一の労働時間数であったとしても，賞与の有無を決定づけるものは「身分」であろうから，これも格差を創出する1つの要因とみて，算出の基礎を現金給与総額とした。

「時給」でみれば，一般労働者を100とした場合のパートタイム労働者の比率は，調査産業計で45.1まで跳ね上がり，「電気・ガス・熱供給・水道業」65.6は，7割水準達成も目前のようにみえる。だが，4位の「運送業」49.0以下10産業が半分に届かず，「金融・保険業」38.7，「複合サービス事業」35.7は4割を切っている。しかも，「飲食店，宿泊業」63.2は，2番目に格差の少ない産業という結果とはいえ，「時給」額が一般常用労働者でも調査産業計2,424円から約1,000円低額のため，パートタイム労働者の935円は実額最下位である。この額は，パートタイム労働者1位額の2.6分の1，一般労働者1位額の4分の1にも満たない——1位はいずれも「電気・ガス・熱供

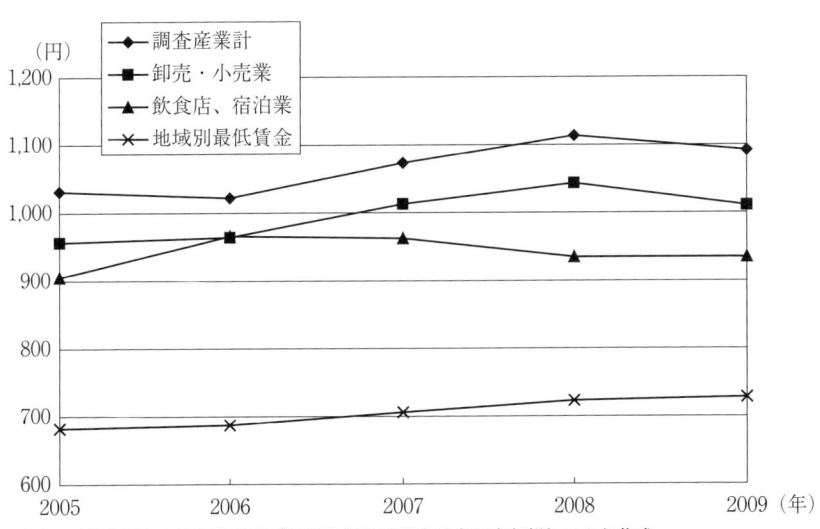

出所：千葉県総合企画部統計課『毎月勤労統計調査地方調査年報』により作成。

図Ⅷ-8　パートタイム労働者の「時給」の推移（2005-2009年）

給・水道業」であった。地域別最低賃金と比較すれば，900円台は「高額」であろうが，その最賃ですら毎年改定されて低下したことはなく，むしろ「時給」額との格差が縮小しつつある（図Ⅷ-8参照）。同一価値労働同一賃金の観点に立つならば，前項の男女格差同様，「身分」だけを理由とする格差を早急に是正すべきであろう。

4．県内の雇用情勢――「Ａ字型」と「Ｍ字型」

　図Ⅷ-9は，1990年1月から2010年9月までの季節調整済有効求人倍率の月別推移である。全国平均は，1992年9月まで1.0倍以上を維持していたが，1992年10月から2005年11月まで1.0倍に達した月はなく，2005年12月から23カ月間1.0倍以上を回復し，2007年11月から再び1.0倍を割って下降し続けている。過去20年間では，1999年5月・6月が一度目の谷（0.46倍），2009年8月が二度目の谷（0.42倍）となっている。千葉県は，1990年1月から6月まで全国平均を上回っていたが，1992年7月に全国平均より3カ月早く1.0倍を割り込み，2007年6月に一度だけ1.01倍を記録するが，その数値も含めて常に全国平均を下回った近似線を描いて推移している。一度目の谷は，1999年11月から丸1年間，過去最低値0.36倍（1999年4月・8月）を含む0.40倍未満を経験した。二度目の谷は，2009年4月から2010年9月まで18カ月間，0.40～0.48倍で推移していて，全国平均よりも長期低迷傾向にある。金融破綻を契機とする類似したこの2つの谷に対し，一度目は「ゼロ金利政策」や「公的資金投入」などの国家対策で回復を目指した。二度目の谷に対し，1.0倍―それでも需給のミスマッチを鑑みれば不足だが―を回復するためのカンフル剤を投与しなくては，千葉県に限らず，今後の有効求人倍率も下方硬直のまま長期化する悲観的観測を否めない。

　地域的特徴を導出するために，1993年度から2009年度までの有効求人倍率の推移を，県内の公共職業安定所（出張所を含む）別に並べたものが，図Ⅷ-10である。その線形の特徴から，県内公共職業安定所を大きく二分するこ

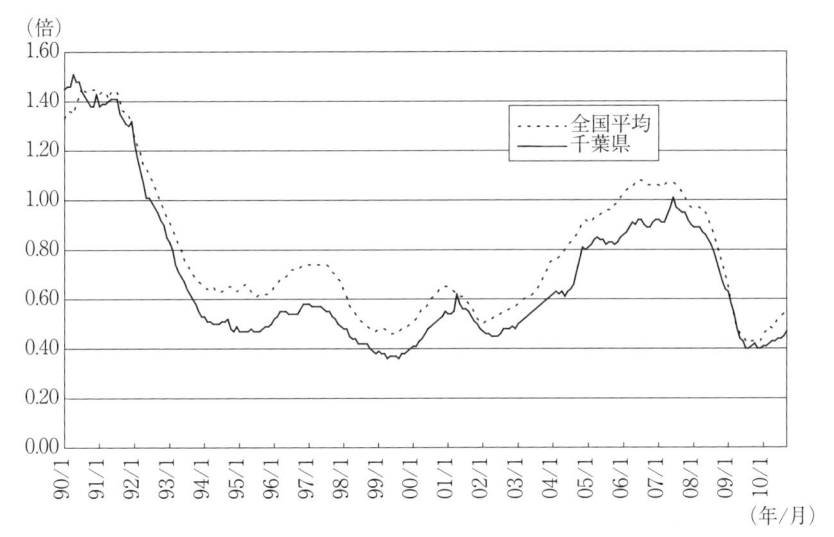

図Ⅷ-9　季節調整済有効求人倍率（新規学卒者を除きパートタイムを含む）の推移（1990年1月-2010年9月）

出所：厚生労働省『一般職業紹介状況』により作成。

とが可能である。県西側（西部）に位置する5カ所が描く線形を「A字型」，県東側（北部・南部・内房・外房）に位置する7カ所が描く線形を「M字型」と名づけて，以下に考察を行いたい。なお，千葉南公共職業安定所は，2005年度以前の資料が存在しないため割愛したが，2009年度には8万5,000人規模の求職者を抱えており，今後の重要拠点として目配りが必要となるだろう。また，以下の項目は各年度計で，「求職者数」と「求人数」が新規学卒者とパートタイムを除く数値，「求人倍率」が新規学卒者を除きパートタイムを含む数値という資料の制約から，パートタイム求人分だけ求人倍率が高くなる誤差が生まれることをあらかじめ御承知置き願いたい。

1）「A字型」曲線を描く西部

県西側（西部）に位置する千葉，松戸，船橋，市川，成田の5カ所の公共職業安定所は，2006/2007年度の1カ所を頂点とする「A字型」の線形を描

いている。松戸と成田は，1993年度に相対的に若干高い数値を示すが，基本的には5カ所ともに10年間横這いで，2003年度から3～4年間急上昇して2006/2007年度に最高値を記録し，2009年度まで2年間で急落する曲線を描いている。

年度別求職者数の最高値をみると，1999年度の市川（9万4,815人）と，2002年度の千葉（26万7,482人），松戸（20万2,306人），船橋（17万2,545人），成田（7万9,222人）となっている。年度別求人数の最高値をみると，2001年度の市川（5万1,718件），2005年度の千葉（14万9,342件），船橋（8万2,767件）と，2007年度の松戸（8万3,881件），成田（4万2,426件）となっている。年度別求人倍率の最高値（＝「A字型」の頂点）をみると，図Ⅷ-9をみての通り，求職者数減少と求人数増加による均衡が達成された年度でもあるが，2006年度の千葉（1.13倍），船橋（0.86倍），松戸（0.76倍）と，2007年度の市川（0.93倍），成田（1.14倍）という連続年度に集中した。逆に，最低値をみると，1994年の市川（0.38倍），1999年度の千葉（0.36倍），成田（0.41倍）と，2009年度の松戸（0.33倍），船橋（0.33倍）で，2つの谷の時期に合致している。

第1節2項でも若干触れたが，2005年の千葉県内市町村別にみた第三次産業構成の上位は，浦安市〔市川〕（以下〔　〕内は管轄公共職業安定所），習志野市〔船橋〕，船橋市〔船橋〕，市川市〔市川〕，千葉市〔千葉〕，流山市〔松戸〕，酒々井町〔成田〕，印西市〔成田〕，我孫子市〔松戸〕，四街道市〔千葉〕，成田市〔成田〕，佐倉市〔成田〕，柏市〔松戸〕の順で，管轄地域のすべてが上述の5カ所と合致している。第三次産業構成比率の高い地域が「A字型」の線形を描き，かつ県内でも人口ひいては労働力人口が集中している地域である当然の帰結として，図Ⅷ-9でみた千葉県の有効求人倍率の線形も「A字型」となったといえよう。

2）「M字型」曲線を描く北部・南部・内房・外房

県東側（北部・南部・内房・外房）に位置する木更津，茂原，銚子，佐原，

館山，野田，大原（現いすみ）の各公共職業安定所は，1997年度と2007年度の２カ所を頂点とする「Ｍ字型」曲線を描いている。1993年度は比較的高い数値や地域によっては最高値で，1999年度まで逓減し，再浮上して2007年度に復活を遂げるが，2009年度まで２年間で急落する曲線を描く地域である。

　年度別求職者数の最高値をみると，1998年度の銚子（２万7,557人），1999年度の木更津（５万5,502人），佐原（２万1,976人），館山（１万9,212人）と，2002年度の茂原（３万6,641人），野田（３万69人），大原（１万1,986人）となっている。年度別求人数の最高値をみると，1993年度の銚子（１万8,952件），館山（１万913件），大原（6,401件），2005年度の木更津（３万129件），野田（１万5,206件）と，2007年度の佐原（１万5,928件），茂原（１万3,357件）となっている。年度別求人倍率の最高値をみると，1993年度の銚子（1.09倍），2006年度の館山（1.24倍）と，2007年度の佐原（1.34倍），大原（1.02倍），木更津（0.97倍），野田（0.89倍），茂原（0.84倍）となっている。この数値から，2007年度が１つ目の頂点であることは間違いない（同年度の銚子も1.03倍と高い）。1993年度も，館山（1.09倍），佐原（1.05倍），大原（0.95倍），野田（0.76倍），木更津（0.74倍）という高い数値で，２つ目の頂点（＝「Ｍ字型」）を形成している。逆に，最低値をみると，1998年度の野田（0.34倍），1999年度の館山（0.60倍），大原（0.36倍），木更津（0.35倍）と，2009年度の銚子（0.51倍），佐原（0.37倍），茂原（0.36倍）となっていて，全国平均とも，前項でみた「Ａ字型」の谷とも合致している。

　総務省統計局『2005年国勢調査』によれば，第一次産業構成の高い市町村は，芝山町〔成田〕，南房総市〔館山〕，多古町〔佐原〕，鋸南町〔館山〕，旭市〔銚子〕，匝瑳市〔銚子〕，東庄町〔佐原〕の順であった。第二次産業構成の高い市町村は，九十九里町〔千葉南〕，東庄町〔佐原〕，銚子市〔銚子〕，市原市〔千葉南〕，睦沢町〔茂原〕，袖ケ浦市〔木更津〕，野田市〔野田〕，君津市〔木更津〕，茂原市〔茂原〕の順であった。第１節でみた通り，千葉県は全国に比して第三次産業構成への特化傾向がみられる県である。だが，依然として相対的に第一次・第二次産業構成比率の高い地域が，図Ⅷ－9でみ

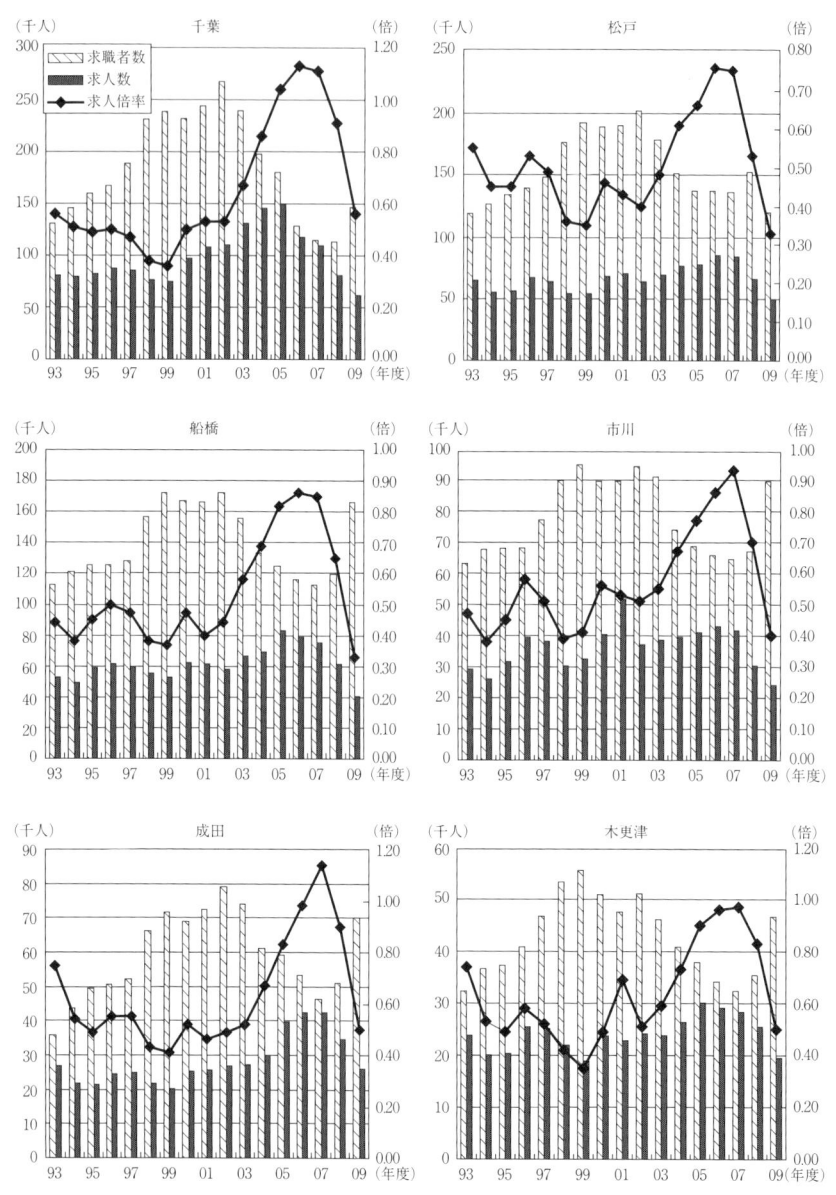

図Ⅷ-10　千葉県のハローワーク別有効求職者数・有効求人数・有効求人倍率の推移（1993-2009年）

第Ⅷ章　千葉県の労働状況

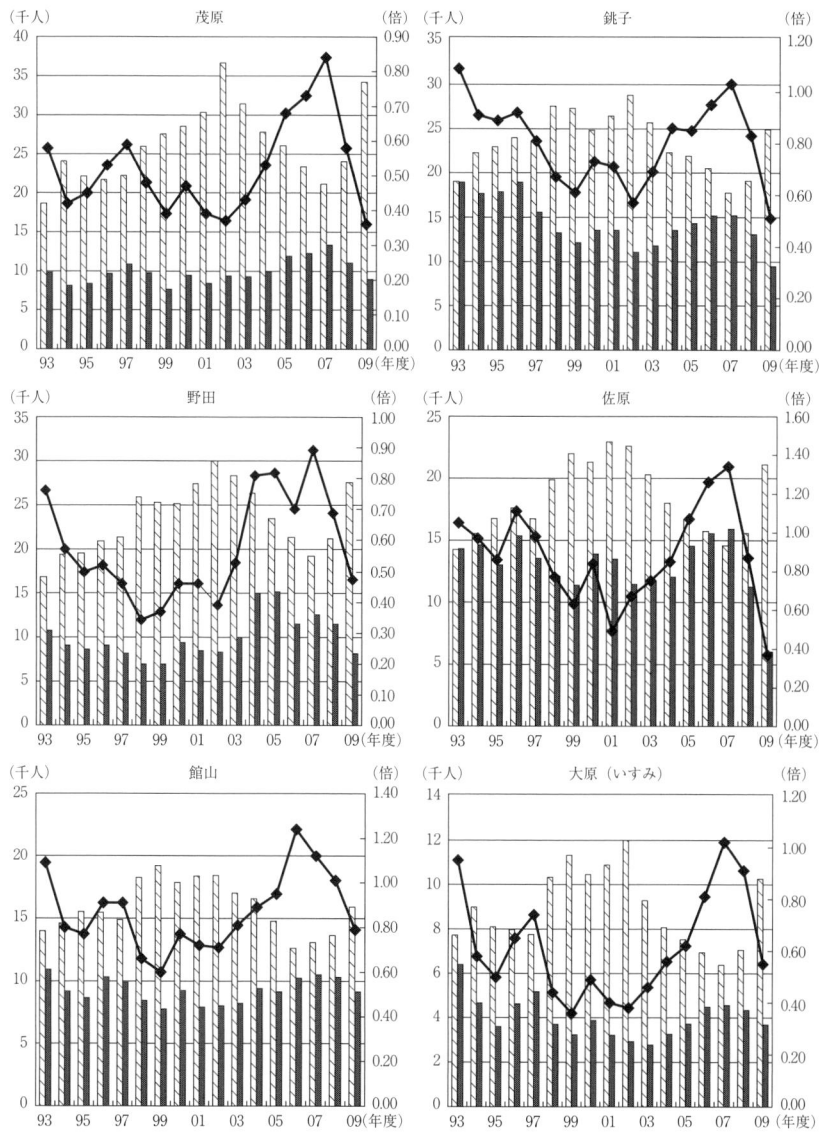

注：求職者数と求人数は新規学卒者とパートタイムを除く，求人倍率は新規学卒を除きパートタイムを含む数値である。大原は，平成17年度から（いすみ）の数値を使用した。
出所：千葉労働局職業安定部『職業安定行政業務年報に』により作成。

た全国平均の有効求人倍率の線形に似て,「M字型」の線形を描くという結果となった。

5．むすびに代えて

　千葉県の西側（西部）を中心に，第三次産業構成への移行が進む中で，労働者の賃金格差は3つの要因によって拡大しつつある。1つ目は男女差で，格差の小さい産業はもともと女子労働者比率が小さく，女子労働者比率の高い産業ほど男女賃金格差は大きい傾向にあることを確認した。2つ目は身分差で，パートタイムという身分が低賃金と直結していることを確認した。3つ目は産業差で，上記2つの要因が複合した言うなれば単純計算である。女子（賃金差2分の1）の比率が高く，パートタイム労働者（同2分の1）の比率が高い「飲食店，宿泊業」「卸売・小売業」などの産業では，当然大きな格差（同4分の1）となって跳ね返る。この格差是正に取り組まない限りは，千葉県の経済成長を望むことは困難と思えてならない。

　千葉県の東側（北部・南部・内房・外房）は，第三次産業への移行に第二次産業が歯止めをかけた形だが，2007年度の実質経済成長を支えた点は大きい。県全体で第三次産業への特化を追求するという方向もあるだろう。だが，1つの可能性としては，今後地場産業を中心とする第二次産業のさらなる活性化を図り，産業構成的にはさらなる東西二極分化を探る方向もあるだろう。

　雇用情勢が悪化の一途を辿る中で，求職者数増と求人数減により有効求人倍率が下がれば，失業者数が増加することはもとより，正規雇用を断念したパートタイム労働者数も増加してくる。これまでみてきた賃金格差を鑑みても，格差是正が長期的課題として残るならば，パートタイム労働も「雇用」と同一視することはいささか危険であろう。幸いにも2010年以降の有効求人倍率は，若干上向く傾向をみせ始めている。近い将来，千葉県ひいては全国の労働関連数値が回復に向かうことを期待したい。

（星　真実）

第IX章

千葉県のごみ問題

1. はじめに

　本章のテーマは，千葉県の環境問題である。一口に環境問題といっても，公害問題から地球温暖化問題までさまざまなものがある。その中で，ここではわれわれの暮らしに最も密接な環境問題であるごみ問題を取り上げる。

　われわれは日常の生活を送りながら，多かれ少なかれ必然的に「ごみ」を排出する。「ごみ」は，我が国では「廃棄物の処理および清掃に関する法律」（廃棄物処理法）の規制対象である。詳細は第2節で確認するが，一般廃棄物に分類される「ごみ」の処理は，主として市町村が行っており，それに対応して一般廃棄物政策においては市町村が中心的役割を果たしている。都道府県や国は，それをサポートする役割を果たしている。

　そのため，千葉県におけるごみ問題を考えるには，千葉県内の市町村単位で排出状況や処理状況をみて，市町村単位で排出抑制の促進等の一般廃棄物政策を分析するのが理想である。しかし，そのようなミクロ的視点に終始すると，千葉県においてどのようなごみ問題が生じているのかかえってみえにくくなるおそれがある。そこで本章では基本的に都道府県単位の統計によりながら，千葉県ではごみに関してどのような問題が生じているのかを考え，千葉県におけるごみ政策の今後の課題を整理したい。

　以下，第2節では「ごみ」とは何かを確認した上で，その排出状況をみる。第3節では，排出された「ごみ」がどのように処理されているのかをみる。

そして第4節では，そのようなごみ処理の基盤となる処理施設の整備状況をみることによって，千葉県のごみ問題を明らかにする。第5節では，まとめとして，千葉県におけるごみ政策の今後の課題を確認する。

2．千葉県のごみの排出状況

1）ごみの定義と廃棄物の分類

まず「ごみ」とは何かを確認しておく。ごみは，廃棄物である。廃棄物とは，「占有者が自ら利用し，又は他人に有償で売却することができないために不要になった物」（田中，2005，p.122）である。

我が国では，「廃棄物の処理および清掃に関する法律」（廃棄物処理法）が廃棄物を定義し，その処理等について規制を行っている（放射性廃棄物を除く）。廃棄物処理法によると，「廃棄物」は「ごみ，粗大ごみ，燃え殻，汚泥，ふん尿，廃油，廃酸，廃アルカリ，動物の死体その他の汚物又は不要物であって，固形状又は液状のもの（放射性物質およびこれに汚染された物を除く。）」と定義される（第2条第1項）。

その上で，廃棄物は「産業廃棄物」と「一般廃棄物」に大別される。産業廃棄物は，「事業活動に伴って生じた廃棄物のうち，燃え殻，汚泥，廃油，廃酸，廃アルカリ，廃プラスチック類その他政令で定める廃棄物」と定義されており（第2条第4項），政令（廃棄物処理法施行令）によって19品目が限定列挙されている。そして，産業廃棄物以外の廃棄物が「一般廃棄物」と定義されている（第2条第2項）。それゆえ，事業活動に伴って生じた廃棄物であっても，政令が規定する19品目以外の廃棄物は一般廃棄物に分類される。このような一般廃棄物は，「事業系一般廃棄物」と呼ばれる。オフィスから排出される紙ごみがその典型である。家庭から排出される「生活系廃棄物」は当然，一般廃棄物である。

また，一般廃棄物のうち，「爆発性，毒性，感染性その他，人の健康又は生活環境に係る被害を生ずるおそれがある性状を有するものとして政令で定

めるもの」を,「特別管理一般廃棄物」という。具体的には廃エアコン等に含まれるポリ塩化ビフィニル（PCB）を使用する部品等である。本章で問題にするのは，一般廃棄物のうち，特別管理一般廃棄物を除いた，いわば「一般の」一般廃棄物である。

「一般の」一般廃棄物は，「ごみ」と「し尿等」に分類される。本章の分析対象は，「一般の」一般廃棄物からし尿等を除いたものである（図Ⅸ-1）。ごみの中には，紙類，厨芥，繊維，木・竹類といった「可燃ごみ」と，プラスチック，ゴム，金属，ガラス・陶磁器，雑物といった「不燃・焼却不適ごみ」からなる「一般ごみ」と，冷蔵庫等家電製品，家具類，自転車等の「粗大ごみ」がある。

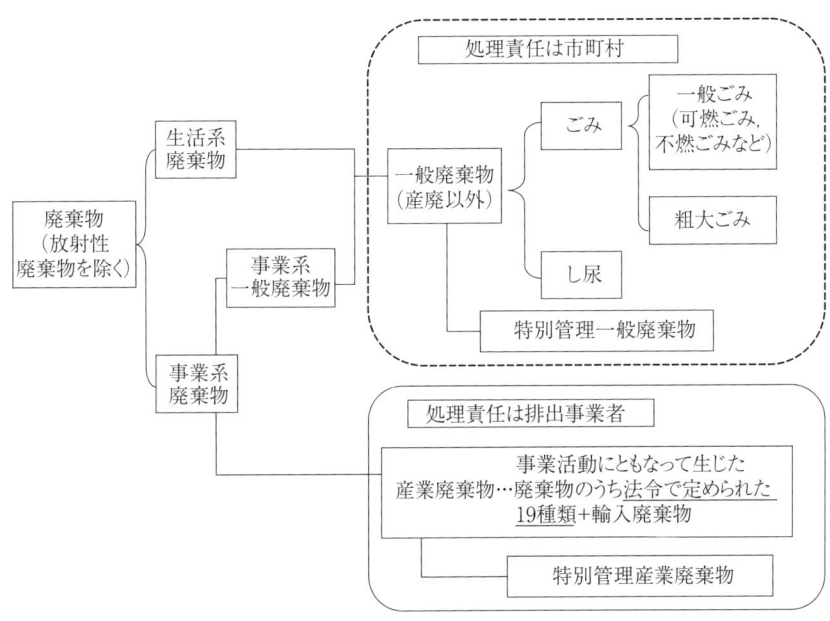

出所：筆者作成。

図Ⅸ-1　廃棄物の分類

2）ごみの排出状況
①全国，関東の中での千葉県の状況

　ごみとは何かを踏まえて，次にごみの排出状況をみてみる。ここで注目するのは，ごみの「総排出量」（市町村の計画収集量＋直接搬入量＋集団回収量）である。

　図Ⅸ-2は，2008年度の都道府県別ごみ総排出量を，ごみ総排出量の多い順に並べたものである。前項で述べたように，ごみは生活系ごみと事業系ごみとに分けられるので，ごみ総排出量のグラフはそれらの積み上げ棒グラフになっている。

　2008年度の日本全国のごみ総排出量は，4,811万 t である。千葉県では，231万 t（全国のごみ総排出量の4.8％）が排出された。これは47都道府県の中で第6位である。関東の他の1都5県をみると，東京都が492万 t（同10.2％）で全国第1位，次いで神奈川県が321万 t（同6.7％）で同第3位，埼玉県が256万 t（同5.3％）で同第5位である。千葉県を含めて以上の1都3県がごみ総排出量の上位10位以内に入っている。以下，茨城県が106万 t（同2.2％，第12位），群馬県が73万 t（同1.7％，第16位），栃木県が73万 t（同1.5％，第19位）となっている。関東で総排出量の最も少ない栃木県でも47都道府県中19位であり，1都6県の合計で1,562万 t，全国のごみ総排出量の32.5％を占めることから，関東では全国的にみても多くのごみが排出されていることがわかる。

　引き続き図Ⅸ-2も参考にしながら，ごみ総排出量の内容（生活系ごみ（生活系ごみ搬入量＋集団回収量）と事業系ごみとの内訳）を確認しておこう。全国では，年間の総排出量4,811万 t のうち，生活系ごみが3,410万 t（70.9％），事業系ごみが1,400万 t（29.1％）であり，7対3の比率である。千葉県では，総排出量231万 t のうち，生活系ごみが168万 t（72.8％），事業系ごみが63万 t（27.2％）であり，全国の傾向に近いといえる。大都市を擁する人口の多い都道府県ほど，事業系ごみが多く出され，その構成比が高くなると予想されるが，関東の各都県では，むしろ生活系ごみの排出量の構成

第Ⅸ章　千葉県のごみ問題

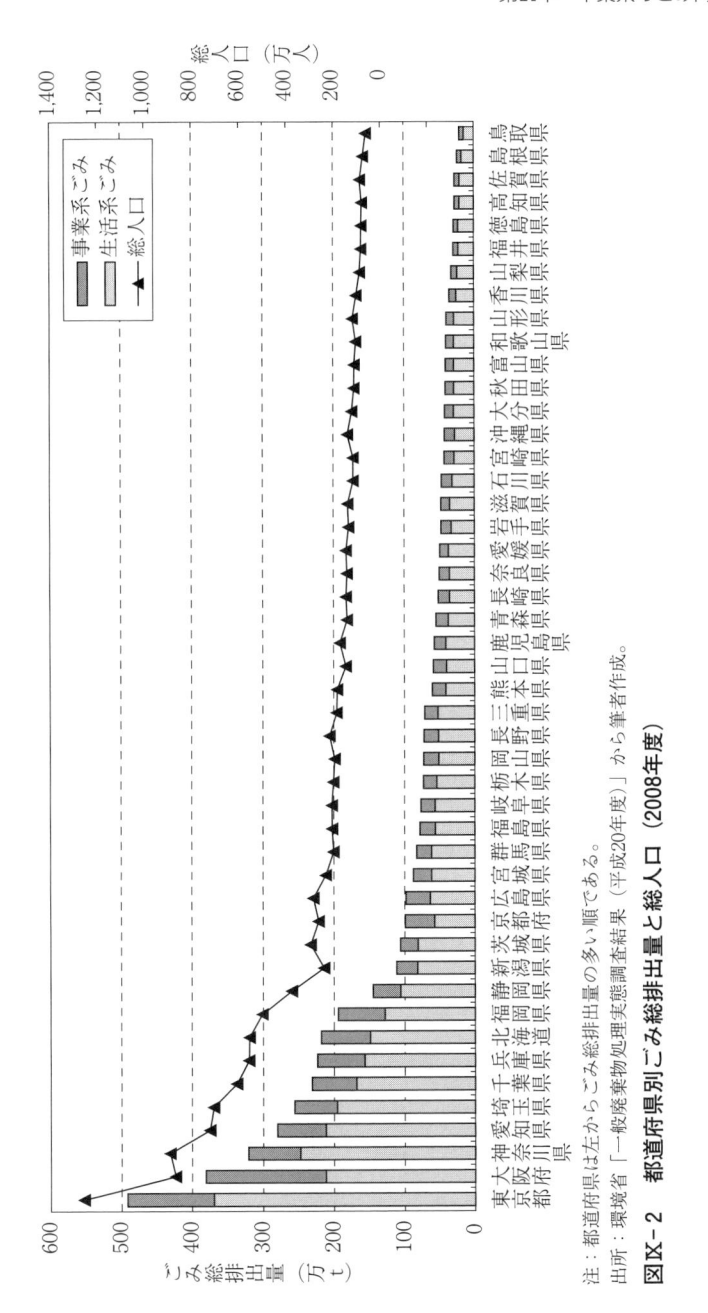

図Ⅸ-2　都道府県別ごみ総排出量と総人口（2008年度）

注：都道府県は左からごみ総排出量の多い順である。
出所：環境省「一般廃棄物処理実態調査結果（平成20年度）」から筆者作成。

比が全国より5ポイント程度高くなっている。人口規模とごみ総排出量の内容（生活系ごみと事業系ごみの構成比）との間に相関はみられず（両者の間の相関係数は−0.0518），理由を特定するのは難しいが，生活系ごみの割合がやや高いことが関東のごみの特徴の1つといえるだろう。

　また，図Ⅸ-2には，都道府県別の総人口（計画収集人口と自家処理人口を合わせたもの。以下「人口」という）を折れ線グラフで示している。それをみると，ごみ総排出量と人口には正の相関があることがうかがわれる。そこで，都道府県別の人口とごみ総排出量の相関をみたところ，相関係数が0.9958で，強い正の相関があることがわかった。事業系ごみも3割程度含まれるが，基本的にわれわれの日常生活から生じるごみの量は，人口に比例的だといえる（図Ⅸ-3）。そこから，関東で大量のごみが排出されているのは，この地域が人口の多い地域であるからであることが確認できる。

　再び図Ⅸ-2をみると，ごみ総排出量が最も多い東京都（492万t）と最も少ない鳥取県（21万t）のと間に，大きな差があることがわかる。実に23.8倍である。ただしこれは人口規模の差によると考えられ，一人当たり，ある

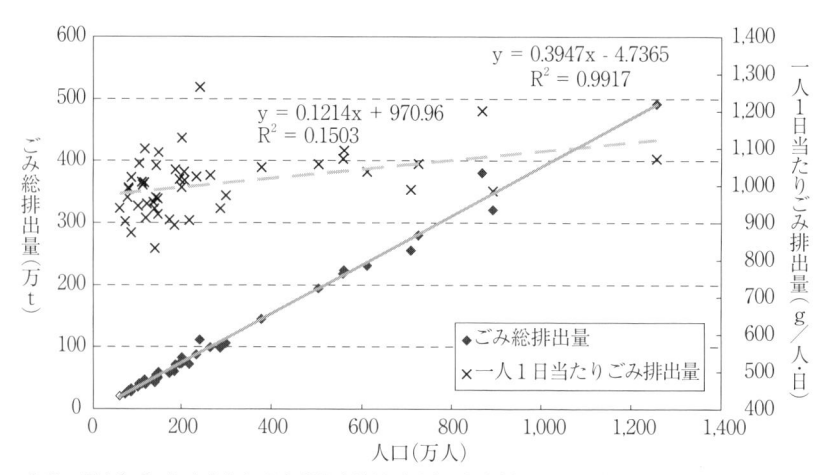

出所：環境省「一般廃棄物処理実態調査結果（平成20年度）」から筆者作成。

図Ⅸ-3　都道府県別人口とごみ総排出量，一人1日当たりごみ排出量との相関（2008年度）

いは一人1日当たりのごみ排出量でみると，全国的に排出量に大きな差はないことがわかる（図Ⅸ-4）。すなわち，一人1日当たりごみ排出量は，最大が1,265ｇ／人・日（新潟県），最少が831ｇ／人・日（沖縄県）であり，約1.5倍の範囲に収まる。全国では一人1日当たり1,033ｇ／人・日であり，千葉県はそれよりわずかに多い1,037ｇ／人・日である（全国で15位）。関東の各都県をみると，総排出量では千葉県を上回っていた神奈川県や埼玉県が，一人1日当たりでみると，千葉県よりも少ないこともわかる。なお，人口と一人1日当たりごみ排出量との間には，相関はみられない（図Ⅸ-3）。

　最後に，2003年度から2005年度までのごみ総排出量の推移をみてみる。2005年度から「ごみ総排出量」の定義が現行の「計画収集量＋直接搬入量＋集団回収量」に変わった（2004年度までは集団回収量ではなく自家処理量が含まれていた）ので，2003年度と2004年度については現行の定義に合わせてデータの組み換えを行っている。また，年間排出量で比較すると，2003年度と2007年度にうるう年（2004年と2008年）の2月が含まれるため，他の年度と1日の差が出てしまう。この影響を排除するために，一人1日当たりごみ排出量の推移に注目する。

　図Ⅸ-5は，関東の1都6県，その合計，そして全国計について，2003年度から2008年度までの一人1日当たりごみ排出量の推移を図示したものである。一見して，程度の差はあれ，5年前と比べていずれの都県でも一人1日当たりごみ排出量が減っていることがわかる。千葉県では，2003年度の1,130ｇ／人・日から，2008年度の1,037ｇ／人・日まで8.2％減少した。関東地方の1都6県の中で，この間の減少率が最も大きかったのは神奈川県で，18.7％減であった。次いで東京都が13.1％減で，千葉県がこれに続く。関東1都6県の合計では，1,160ｇ／人・日から1,026ｇ／人・日まで11.6％減少した。全国では11.1％減であった。千葉県では，関東合計，全国と比べて減少率がやや小さかったといえる。その結果，2003年度には千葉県は関東合計，全国合計のいずれよりも一人1日当たりごみ排出量が少ない県であったが，2008年度にはわずかではあるが，そのいずれよりも一人1日当たりごみ排出

275

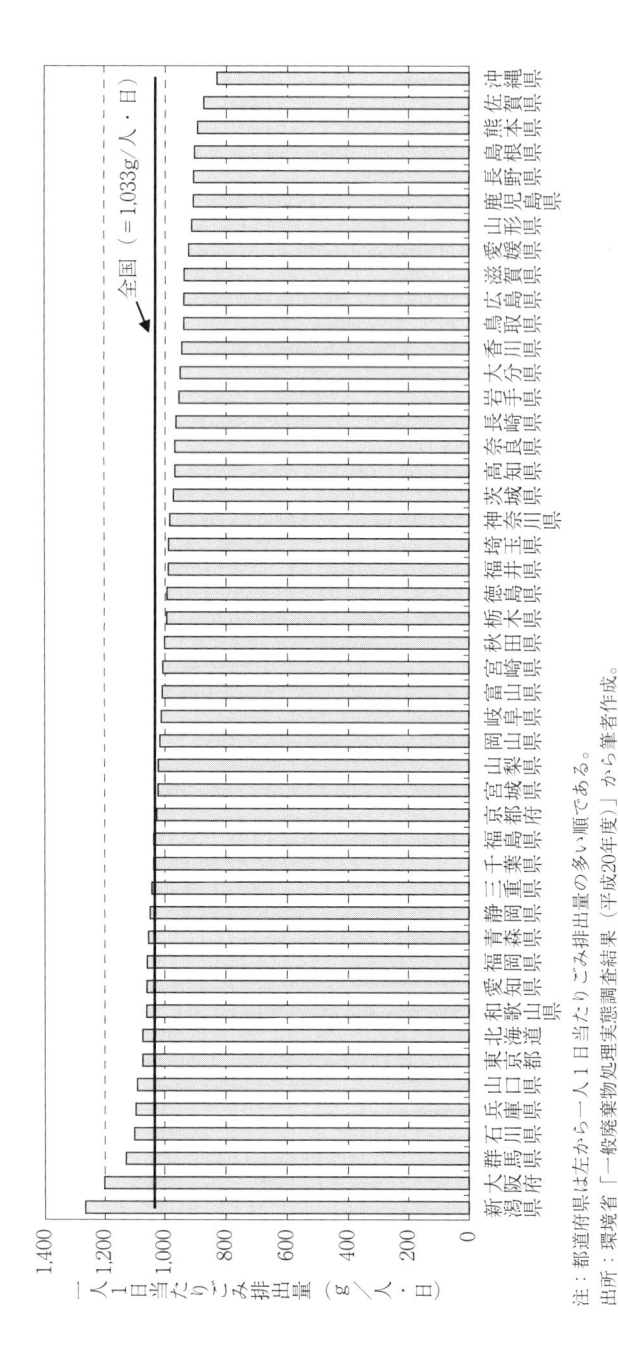

図Ⅸ-4 都道府県別一人1日当たりごみ排出量（2008年度）

注：都道府県は左から一人1日当たりごみ排出量の多い順である。
出所：環境省「一般廃棄物処理実態調査結果（平成20年度）」から筆者作成。

第Ⅸ章　千葉県のごみ問題

図Ⅸ-5　関東1都6県の一人1日当たりごみ排出量の推移(2003〜2008年度)

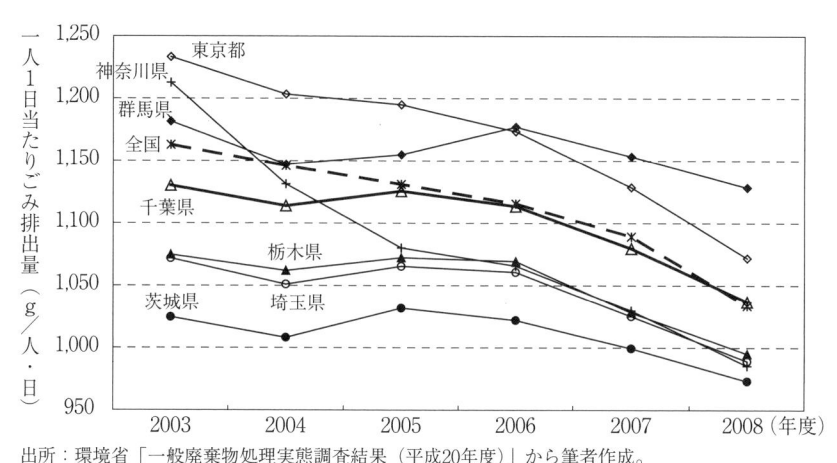

出所：環境省「一般廃棄物処理実態調査結果（平成20年度）」から筆者作成。

量が多い県になってしまった。

　ところで，ごみの排出量は，排出抑制の努力以外に，消費量の変化が影響していると考えられる。そこで，念のために2003年度から2007年度（本章執筆時点でデータが利用可能な最新年）までの消費の動向をみておこう。そのために，県民経済計算の家計最終消費支出の推移に注目する。ごみには事業系ごみも含まれるので，家計消費のみに注目しても十分ではないが，ごみ総排出量のうち約7割は家庭から出される生活系ごみである。よって，家計最終消費支出への注目も，的外れとはいえないだろう。表Ⅸ-1は，関東1都6県と全国について，それぞれ2003年度の家計最終消費支出を100としたときの各年度の指数を掲げたものである。これをみると，2003年度から2007年度にかけて，一部の県に一時的に例外もあるが，家計最終消費支出は微増していることがわかる。関東の各都県では，消費を減らすことなく一人1日当たりごみ総排出量が減少していたということである。

　以上，全国や関東と比較しながら千葉県のごみの排出状況をみてきた。その結果，千葉県では，人口が多いことを受けてごみ総排出量も総量としては多いが，一人1日当たりでみれば全国と同水準であり，関東では中位に位置

表Ⅸ-1　関東1都6県の家計最終消費支出の推移（2003〜2007年度）

都県名	2003年度	2004年度	2005年度	2006年度	2007年度
茨城県	100	102	102	102	104
栃木県	100	103	105	105	105
群馬県	100	102	102	101	103
埼玉県	100	102	103	104	105
千葉県	100	103	105	105	107
東京都	100	104	105	107	108
神奈川県	100	102	103	103	105
全　国	100	101	102	103	104

注：1．各都県の2003年度の家計最終消費支出を100としたときの指数である。
　　2．家計最終消費支出は，固定基準年方式（平成12暦年基準）の実質値である。
出所：内閣府「平成19年度県民経済計算」（主要系列表5）から筆者作成。

する。ごみの内容も，全国とほぼ同様で，約7割が生活系ごみである。排出量の近年の推移は，減少傾向にあるが，全国と比べるとやや減少幅が小さく，結果として2008年度に初めて全国よりも一人1日当たりごみ排出量がわずかに多くなった。とはいえ，概していえば，千葉県のごみ排出状況には，他の都道府県と比較して目立った特徴があるとはいえないだろう。

②千葉県内市町村の状況

ここでは，千葉県内の市町村単位でのごみの排出状況をみる（図Ⅸ-6）。2008年度に千葉県内で最も多くごみを排出しているのは千葉市で，39.7万tである。千葉市だけで県内のごみ総排出量の15.4％を占める。以下，船橋市（23.3万t, 10.1％），松戸市（16.7万t, 7.2％），市川市（15.5万t, 6.7％），柏市（13.6万t, 5.9％）と続く。これら5市の排出量を合わせると，県内のごみ総排出量の47.0％にも達する。排出量が上位の10市のうち，ほとんどは県北西部に位置していることがわかる。これらはすぐ後にみるとおり，県内でも人口の多い市である。一方，ごみ総排出量の少ない方から5町村を挙げると，睦沢町，神崎町，長南町，長柄町（以上いずれも0.2万t），本埜村（0.3万t）となる。県内の56市町村（2009年3月時点）のうち，排出量の下

第Ⅸ章　千葉県のごみ問題

図Ⅸ-6　千葉県内市町村のごみ総排出量と人口 (2008年度)

注：市町村は左からごみ総排出量の多い順である。
出所：環境省「一般廃棄物処理実態調査結果（平成20年度）」から筆者作成。

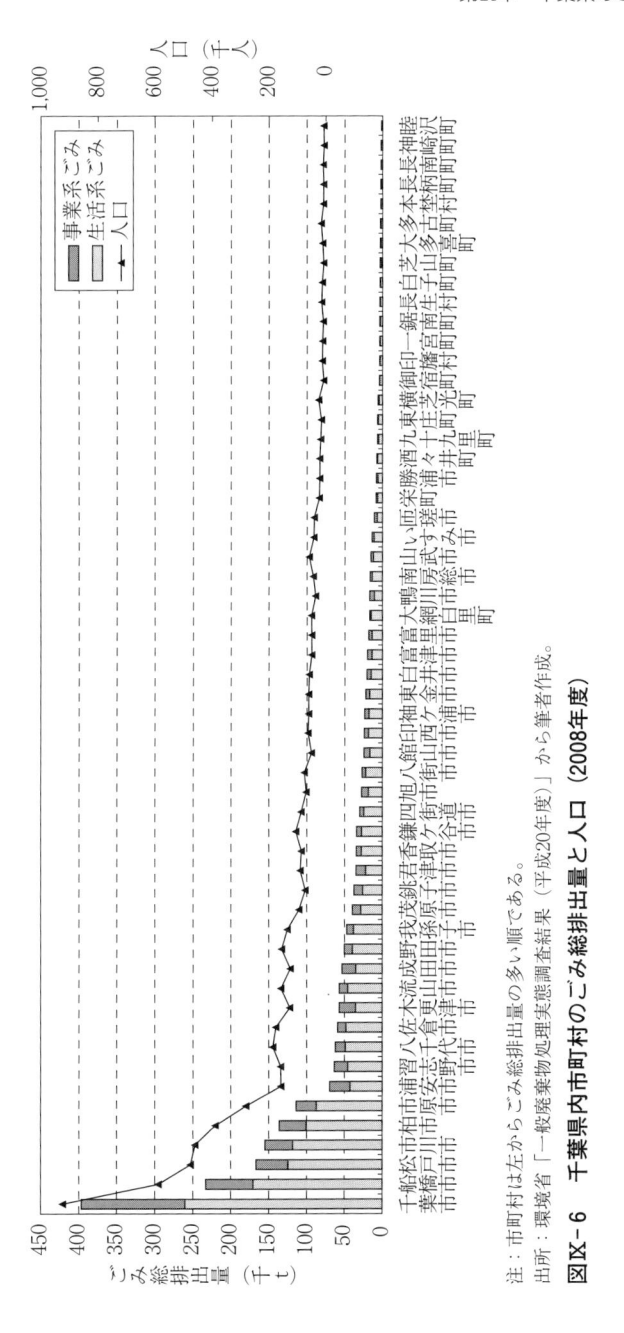

位30市町村では，いずれも県内のごみ総排出量の1％に満たない。排出量が最多の千葉市と最少の睦沢町との間には，実に247倍の差がある。

もっとも，以上の市町村単位でのごみ総排出量の格差は，図Ⅸ-6の人口のグラフの形状からもわかるように，ほとんどが市町村の人口規模の違いによるものと考えられる。図Ⅸ-7によって，ごみ総排出量を一人1日当たりに直してみると，最も多く排出している銚子市（1,423g／人・日）から最も少なく排出している多古町（486g／人・日）まで，約2.9倍の範囲に収まる。銚子市，御宿町，以下勝浦市までの22市町が，県全体の一人1日当たりごみ排出量（1,037g／人・日）を上回っている。これらの市町では，ごみ総排出量の中での事業系ごみの構成比が高い傾向がみられる。事業系ごみの構成比の単純平均を求めると，県内全56市町村では24.6％であるが，これら22市町では30.0％であり，他の34市町村では21.0％である。一般に，大都市では事業系ごみの排出量が多いといわれている（志垣，2002，p.12）。22市町をみると，必ずしも大都市ではない市町も含まれるが，事業系ごみが多く排出されることで，ごみ総排出量が多くなっていることが確認できる。

3．千葉県のごみの処理状況

第2節では，ごみの排出状況をみた。本節ではそのごみがどのように処理されているのかを見る。

1）ごみ処理の流れ

まず，図Ⅸ-8によりながら，ごみ処理の流れを確認する。ごみ総排出量から集団回収量を除いた部分を，市町村等が処理する（その量を「市町村等処理量」という）。ここには市町村等が収集したごみと，処理施設に直接持ち込まれたごみ（直接搬入量）が含まれる。

市町村等処理量は，直接資源化（リサイクル）されるか，中間処理されるか，直接に最終処分場で埋め立てられるかによって，処理される。中間処理

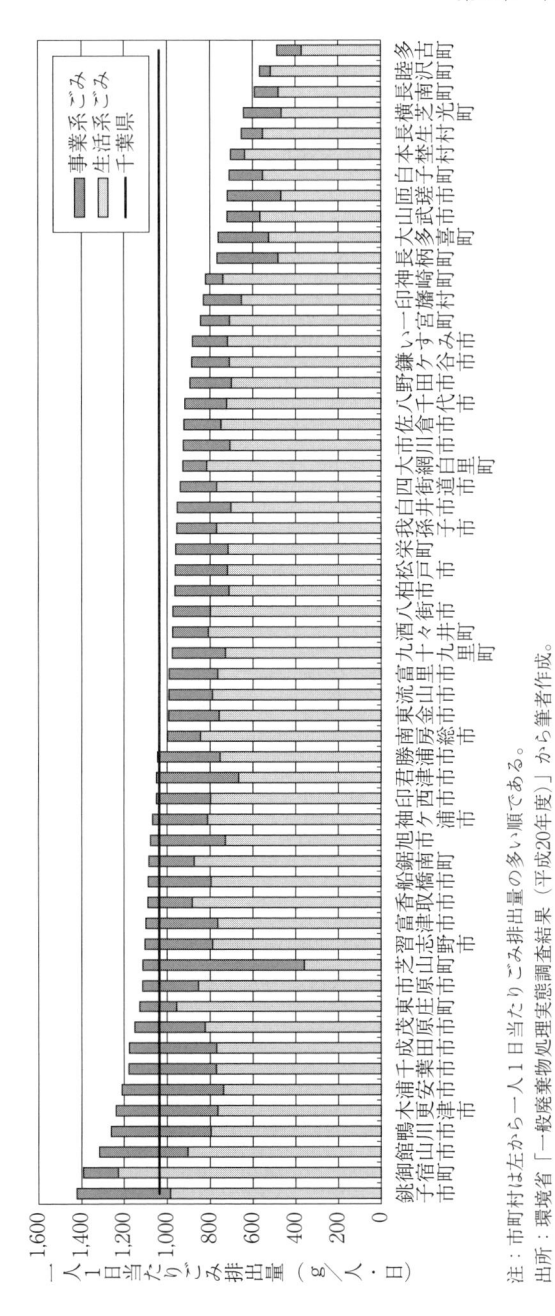

第Ⅸ章　千葉県のごみ問題

図Ⅸ-7　千葉県内市町村の一人1日当たりごみ排出量 (2008年度)

注：市町村は左から一人1日当たりごみ排出量の多い順である。
出所：環境省「一般廃棄物処理実態調査結果（平成20年度）」から筆者作成。

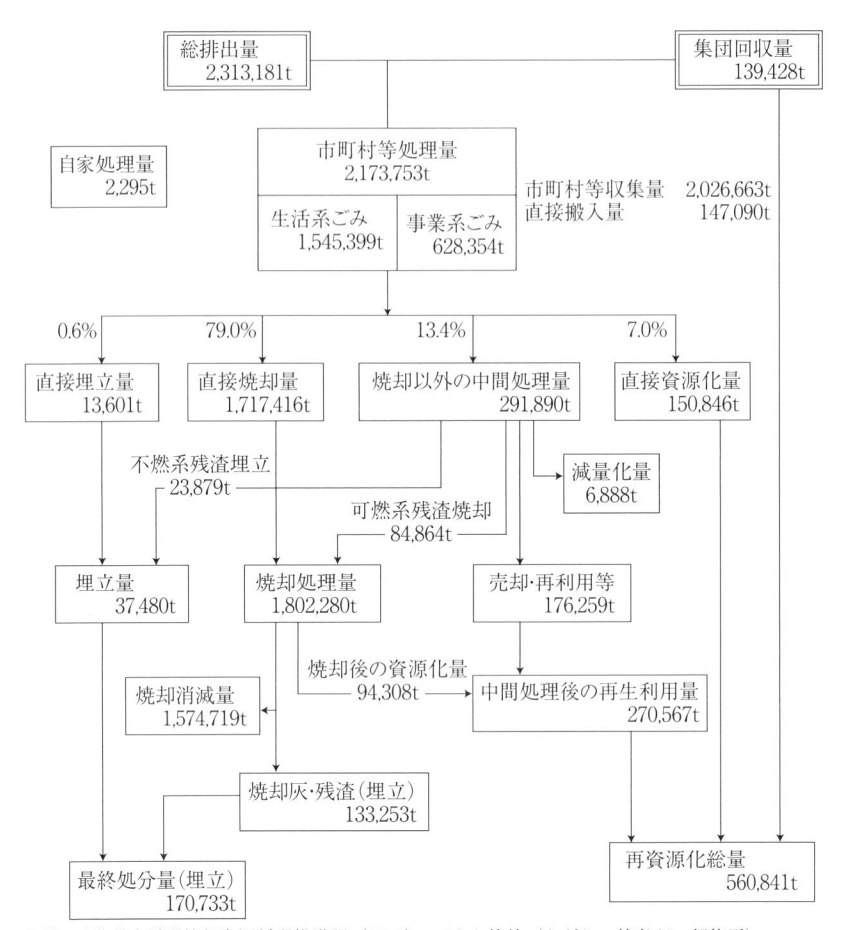

```
                    ┌─────────────┐                    ┌─────────────┐
                    │  総排出量    │                    │  集団回収量  │
                    │ 2,313,181t  │                    │  139,428t   │
                    └─────────────┘                    └─────────────┘
                           │
┌──────────┐        ┌─────────────────┐
│自家処理量│        │ 市町村等処理量  │
│ 2,295t   │        │  2,173,753t     │   市町村等収集量  2,026,663t
└──────────┘        ├────────┬────────┤   直接搬入量       147,090t
                    │生活系ごみ│事業系ごみ│
                    │1,545,399t│628,354t│
                    └────────┴────────┘
```

        0.6%   79.0%   13.4%   7.0%
┌──────────┐   ┌──────────┐   ┌──────────────┐   ┌──────────────┐
│直接埋立量│   │直接焼却量│   │焼却以外の   │   │直接資源化量 │
│ 13,601t │   │1,717,416t│   │中間処理量   │   │ 150,846t   │
└──────────┘   └──────────┘   │ 291,890t   │   └──────────────┘
                               └──────────────┘
          不燃系残渣埋立   → ┌──────────┐
            23,879t   │減量化量 │
                       可燃系残渣焼却   │ 6,888t   │
                         84,864t   └──────────┘
┌──────────┐   ┌──────────┐   ┌──────────────┐
│ 埋立量   │   │焼却処理量│   │売却・再利用等│
│ 37,480t │   │1,802,280t│   │ 176,259t   │
└──────────┘   └──────────┘   └──────────────┘
                焼却後の資源化量
                   94,308t   → ┌──────────────────┐
       焼却消滅量   │中間処理後の   │
       1,574,719t   │再生利用量   │
                                   │ 270,567t   │
               ┌──────────────┐
               │焼却灰・残渣 │
               │(埋立)   │
               │ 133,253t   │   ┌──────────────┐
               └──────────────┘   │再資源化総量 │
┌──────────────┐   │ 560,841t   │
│最終処分量(埋立)│   └──────────────┘
│ 170,733t   │
└──────────────┘

出所:千葉県生活環境部資源循環推進課(2010) p.2から抜粋(ただし,筆者が一部修正)。

図Ⅸ-8　千葉県におけるごみ処理の流れ（2008年度）

は，焼却とその他の中間処理（粗大ごみ処理，ごみ堆肥化，ごみ飼料化，メタン化，ごみ燃料化，その他の資源化など）に大別される。家庭やオフィスから排出され，市町村が収集した後，直接焼却されるものもあれば，一旦焼却以外の中間処理を行うものもある。焼却以外の中間処理を経て，再生利用に結びつくものもあれば，焼却や最終処分（埋立）に回るものもある。直接

あるいは他の中間処理を経てから焼却されたごみは，大きく（減量率が大きいことを意味する）減量化され（生ごみは焼却によって10分の1から20分の1に減量化される），焼却灰や残渣（残りかす）は最終処分場で埋め立てられる。なお，町内会等で行われる廃品回収に出された「ごみ」（段ボール等）は，集団回収量に計上される。これは，回収後に資源回収業者に引き渡され，再資源化に結びついている。

2）千葉県におけるごみ処理の状況

　以上を踏まえ，図Ⅸ-8によりながら，千葉県におけるごみ処理の状況をみてみよう。前節で注目した「ごみ総排出量」231万tのうち，市町村等が処理したのは217万tである。この「市町村等処理量」を100％とすると，最も多い172万t（79.0％）が直接焼却された。次に焼却以外の中間処理をされたのが29万t（13.4％）である。直接資源化されたのが15万t（7.0％）で，直接最終処分されたのは1万t（0.6％）にすぎない。焼却以外の中間処理によって，29万tのごみのうち，0.7万tが減量化され，18万tが再生利用され，残る11万tは，8万tが焼却され，2万tが最終処分された（四捨五入の関係で合計が合わない）。焼却処理されたのは，直接焼却施設に搬入された172万tと焼却以外の中間処理後に焼却に回った8万tを合わせて，180万t（市町村等処理量の82.9％）である。焼却によって，157万tが減量化された。これは，ごみの3成分のうち，可燃分がガス体になって，水分が水蒸気となって，それぞれ大気中に拡散されるからである。もう1つの成分である灰分は焼却灰やばいじん（集塵機で集められる）となって，基本的には埋め立てられた（13万t）が，資源化されたもの（9万t）もある。焼却によって，180万tのごみが13万tの焼却灰・残渣に減量化されており，最終処分量の削減に大きく寄与していることがわかる。

　処理結果からみると，再資源化量（集団回収分を除く）は42万t（市町村等処理量の19.4％），中間処理による減量化量が158万t（72.8％），最終処分量が17万t（7.9％）という内訳になる。

3）千葉県のごみ処理の特徴

　以上は千葉県におけるごみ処理の状況であった。ここでは，それを全国のごみ処理状況や関東各都県のごみ処理状況と比較しながら，千葉県におけるごみ処理の特徴を明らかにしたい。

　そのために，直接再資源化量，焼却以外の中間処理量，直接焼却量，直接最終処分量，焼却処理量，最終処分量，再資源化量が市町村等処理量に占める比率（「処理率」と呼ぶ）をみてみる。表Ⅸ-2には，千葉県の各種処理の処理率と，その処理率の全国計の値を100としたときの指数を掲げている。さらに，処理ごとに関東1都6県の中で処理率が最も高い都県と最も低い都県の処理率と同指数，処理ごとの関東1都6県と全国の単純平均値も載せている。

　この表から，関東では直接，間接を問わず最終処分の比率が低いこと，一方，直接焼却および中間処理残渣の焼却も含めたトータルの焼却は全国的にみて比率がやや高いこと，また再資源化も直接，間接を問わず全国的にみて比率が高いことがわかる。ここから，関東では大量に排出されるごみの再資源化に努める一方，焼却して減量化して，できるだけ最終処分に依存しないように処理する傾向がみられる。ただし，群馬県では他の6都県とやや傾向が異なり，直接，間接を問わず再資源化率が低く，焼却率，最終処分率が高い。

　関東の中での千葉県の特徴を探すと，直接最終処分への依存が域内で最も高い（それでも処理率は0.6％にとどまる）ことがまず目につく。しかし，直接資源化率が域内で3位，焼却以外の中間処理率も2位と比較的その比率が高く，またトータルの最終処分の比率は埼玉県に次いで域内で2番目の低さである。焼却は直接，間接を問わず域内で中位にある。ここから，千葉県では直接最終処分への依存が近隣県よりも高いが，直接資源化や焼却以外の中間処理が積極的に行われており，結果的に最終処分にはあまり依存しないように処理が行われていることがわかる。

第Ⅸ章　千葉県のごみ問題

表Ⅸ-2　千葉県、関東および全国のごみ処理状況（2008年度）

処理の種類	千葉県 処理率(%)	千葉県 指数	関東最小値 都県名	関東最小値 処理率(%)	関東最小値 指数	関東最大値 都県名	関東最大値 処理率(%)	関東最大値 指数	関東単純平均 処理率(%)	関東単純平均 指数	全国単純平均 処理率(%)	全国単純平均 指数	全国計 処理率(%)	全国計 指数
直接焼却	79.0	100	東京都	77.7	98	群馬県	85.3	108	80.8	102	78.7	99	79.1	100
焼却以外の中間処理	13.4	97	群馬県	10.7	77	茨城県	14.7	106	12.4	90	14.5	105	13.8	100
直接最終処分	0.6	34	栃木県	0.0	0	千葉県	0.6	34	0.2	13	2.0	109	1.8	100
直接資源化	6.9	134	群馬県	3.7	71	東京都	9.8	189	6.4	124	4.8	93	5.2	100
再資源化	19.4	128	群馬県	10.2	68	埼玉県	19.4	128	16.2	107	15.5	102	15.2	100
焼却処理	82.9	101	東京都	80.6	98	群馬県	87.3	106	83.5	101	81.7	99	82.4	100
最終処分	7.9	64	埼玉県	7.0	57	群馬県	12.6	103	9.8	80	12.0	98	12.2	100

注：1．再資源化量に、集団回収量は含まれていない。
　　2．処理率は、各種処理量の市町村等処理量に対する割合である。
　　3．指数は、各処理における全国計の処理率を100としたときの各都県の指数である。
出所：環境省「一般廃棄物処理実態調査結果（平成20年度）」から筆者作成。

4．ごみ処理施設の整備状況と千葉県のごみ問題

　前節では，千葉県におけるごみ処理の状況を全国や関東の1都6県と比較しながら整理した。その結果，千葉県を含む関東では（再）資源化と焼却処理の比率が高めで，最終処分の比率が低めであることがわかった。中でも千葉県では，最終処分の比率が域内で2番目に低く，全国でみても4番目の低さである。本節では，このような処理状況になっている背景を，処理能力の面から，すなわちごみ処理施設の整備状況から探ることで，千葉県のごみ問題を明らかにする。

1）中間処理施設（焼却施設）の整備状況

　2008年度末現在，全国にごみ焼却施設（2008年度内に着工した施設および休止施設を含み，廃止施設を除く）は1,269施設が整備されており，1日当たりの処理能力は18.7万tである。関東の1都6県には，279施設（全国の22.0％）があり，1日に6.0万t（全国の32.3％）の処理能力を持っている。施設数の割に処理能力が大きいのは，人口が稠密な地域であることを受け，大量のごみを処理できる大規模施設が多いことを意味している。

　千葉県には，53の焼却施設が整備されており，1日当たり0.9万tの処理能力を持っている。処理施設数は関東1都6県の中で埼玉県に次いで2位（東京都と同順），処理能力は東京都，神奈川県，埼玉県に次いで第4位である。全国でみると，千葉県の施設数は第3位，処理能力は第7位である。千葉県は，全国でも上位の焼却施設整備状況といえる。

　ところで，ごみ処理に関しては，廃棄物処理法上に明確な規定はないが，暗黙裡に自区内処理の原則があるといわれている。すなわち，基本的に自区内で発生した廃棄物は自区内で処理するということである。本章の第2節第2項でみたように，ごみの排出量は人口との相関が強い。それゆえ，自区内処理の原則を守るためには，人口またはごみの排出量に応じて焼却施設が整

第IX章　千葉県のごみ問題

備されていることが求められる。

その点を確認してみると，ごみ総排出量と焼却施設数にはそれほど強い相関はみられない（相関係数は0.7627）が，ごみ総排出量と焼却処理能力は相関係数が0.9922と強い正の相関が認められる。ごみの排出量の割に施設数が少ない地域では，大型の施設を整備して，結果的に排出量と焼却能力との相関が強くなっているものと考えられる。以上から，都道府県レベルでではあるが，焼却段階での自区内処理の原則は守られているとみることができよう。

次に，焼却能力に対して実際にはどれぐらい焼却処理が行われているかをみてみる。全国では54.5％である。地域ブロック別（地域ブロックについては，表IX－3の注を参照のこと）にみると，関東地域は全国とほぼ同じ54.6％で，最も高い九州・沖縄地域が57.6％，最も低い四国地域が50.4％である。千葉県では331万t（0.9万t/日×365日）の処理能力がある中で，180万tが焼却されているから，54.5％である。関東地域の他の都県も50％台であり，概していえば焼却施設稼働率は平均して5割強である。現在の焼却量を前提とすると，各地域とも焼却能力にはまだ余裕があると考えられる。以上からも，焼却に関して都道府県単位での自区内処理の原則が守られていることが裏づけられよう。

2）最終処分場の整備状況

①全国，地域ブロック別の概況

ここでは最終処分場の整備状況をみる。2008年度末現在，全国に一般廃棄物の最終処分場（2008年度内に着工した施設および休止施設を含み，廃止施設を除く）は1,823施設ある。それらの全体容量は4億5579万m³であるが，そのうち3億3,395万m³（全体容量の73.3％）はすでに埋め立て済みであり，残余容量は1億2,184万m³（同26.7％）となっている。

次に地域ブロック別でみると，千葉県が含まれる関東地域には，221施設（全国の施設数の12.1％）が整備されている。全体容量は1億2,862万m³であるが，そのうち9,179万m³（全体容量の71.4％）が埋め立て済みであり，残

表IX-3　地域ブロック別の最終処分場整備状況（2008年度）

地域 ブロック名	施設数 (施設)	(％)	全体容量 (万㎥)	(％)	残余容量 (万㎥)	(％)	残余率 (％)	一人当たり 全体容量 (㎥/人)	一人当たり 残余容量 (㎥/人)	残余 年数 (年)
北海道・東北	501	27.5	11,430	25.1	2,592	21.3	22.7	6.5	1.5	19.1
関東	221	12.1	12,862	28.2	3,683	30.2	28.6	3.1	0.9	22.1
中部	431	23.6	5,992	13.1	1,378	11.3	23.0	2.8	0.7	13.7
近畿	150	8.2	6,716	14.7	2,009	16.5	29.9	3.2	1.0	13.3
中国	173	9.5	2,369	5.2	580	4.8	24.5	3.1	0.8	16.0
四国	104	5.7	973	2.1	283	2.3	29.1	2.4	0.7	14.6
九州・沖縄	243	13.3	5,237	11.5	1,660	13.6	31.7	3.6	1.1	24.1
全　国	1,823	100.0	45,579	100.0	12,184	100.0	26.7	3.6	1.0	18.0

注：地域ブロックの区分は以下のとおり。北海道・東北地域：北海道，青森県，岩手県，宮城県，秋田県，山形県，福島県，新潟県。関東地域：茨城県，栃木県，群馬県，埼玉県，千葉県，東京都，神奈川県。中部地域：富山県，石川県，福井県，山梨県，長野県，岐阜県，静岡県，愛知県，三重県。近畿地域：滋賀県，京都府，大阪府，兵庫県，奈良県，和歌山県。中国地域：鳥取県，島根県，岡山県，広島県，山口県。四国地域：徳島県，香川県，愛媛県，高知県。九州・沖縄地域：福岡県，佐賀県，長崎県，熊本県，大分県，宮崎県，鹿児島県，沖縄県。なお，本章で単に「関東」と表記する場合とここでの「関東地域」の内容は一致する。
出所：環境省「一般廃棄物処理実態調査結果（平成20年度）」から筆者作成。

余容量は3,683万㎥（同28.6％）である。他の地域ブロックもみると（表IX-3），施設数が最も多いのは北海道・東北地域で，501施設（全国の施設数の27.5％）である。全体容量が最も多いのは関東地域である（1億2,862万㎥は全国の全体容量の28.2％）。残余容量が最も多いのも関東地域（3,683万㎥）で，全国の残余容量の30.2％を占める。一方，施設数，全体容量，残余容量のいずれをとっても，四国地域が全7地域ブロックの中で最も少ない。以上のように，関東地域は，施設数では中位（7地域ブロック中4位）だが，全体容量，残余容量ともに全国で最も多い地域である。

しかし，そこから関東には最終処分場が十分に整備されているとは必ずしもいえない。自区内処理の原則を踏まえると，各地域で，ごみの排出量あるいは最終処分量に応じて最終処分場（特に残余容量）が確保されているかどうかが問題である。

そこで，再び表IX-3によって，地域ブロック別の人口一人当たり最終処分場の残余容量をみてみる。それによると，関東地域では，一人当たり残余

第IX章　千葉県のごみ問題

表IX-4　関東各都県の最終処分場整備状況（2008年度）

都県名	施設数		全体容量		残余容量		残余率	一人当たり全体容量	一人当たり残余容量	残余年数
	(施設)	(％)	(万㎥)	(％)	(万㎥)	(％)	(％)	(㎥/人)	(㎥/人)	(年)
茨城県	16	7.2	238	1.8	78	2.1	33.0	0.8	0.3	5.7
栃木県	13	5.9	193	1.5	67	1.8	34.7	1.0	0.3	7.3
群馬県	30	13.6	402	3.1	134	3.6	33.3	2.0	0.7	11.2
埼玉県	46	20.8	643	5.0	234	6.4	36.4	0.9	0.3	11.3
千葉県	61	27.6	1,041	8.1	185	5.0	17.7	1.7	0.3	8.8
東京都	22	10.0	8,187	63.7	2,555	69.4	31.2	6.5	2.0	46.8
神奈川県	33	14.9	2,158	16.8	430	11.7	19.9	2.4	0.5	12.1
関　東	221	100.0	12,862	100.0	3,683	100.0	28.6	3.1	0.9	22.1

出所：環境省「一般廃棄物処理実態調査結果（平成20年度）」から筆者作成。

容量が0.88㎥/人で，北海道・東北地域（1.48㎥/人），九州・沖縄地域（1.13㎥/人），近畿地域（0.97㎥）に次いで，7地域ブロック中第4位に順位を下げる。全国の人口一人当たり最終処分場残余容量は，1.0㎥であるから，関東地域は全国平均（加重平均）の9割弱という水準である。

また，現在の最終処分量が今後も変わらないとしたときに，現在の残余容量で，あと何年最終処分を続けられるかという残余年数（「最終処分量÷（残余容量÷埋立ごみ比重）」によって求める。埋立ごみ比重は0.8163）を求めると，全国では18.0年である。地域ブロック別で最も残余年数が多いのは九州・沖縄地域（24.1年）であり，関東地域（22.1年）がこれに続く。関東地域では，一人当たり残余容量は多くはないが，残余年数は長い。ただし，これには大規模な海面処分場を擁する東京都（残余年数46.8年）が大きく寄与している。東京都を除く関東6県で残余年数を求めると，10.1年に半減する。今後も新規に最終処分場が整備される可能性がないとはいえないが，新規設置はなかなか進まない状況にある。排出抑制，再利用，再生利用という「3R」を推進することでごみの排出量を削減する努力が行われているが，ごみを必然的に排出するわれわれの生活が今後も持続可能であるためには，10.1年分という残余年数は決して長いとはいえないだろう。

②千葉県における状況

　千葉県には，61の最終処分場があり，全体容量は1,041万㎥である。そのうち，残余容量は185万㎥（全体容量の17.7％）となっており，全体容量の2割を切っている。全体容量に占める残余容量の比率を「残余率」と呼ぶことにすれば，関東の中で千葉県の残余率が最も低い。千葉県は，施設数は関東では最も多く，全体容量は東京都，神奈川県に次いで3位である。最終処分場の整備状況が良好のようにみえるが，残余率でみると最も逼迫していることがわかる。

　一人当たり最終処分場残余容量は，千葉県では0.302㎥／人となっている。関東では茨城県（0.263㎥／人）に次いで少なく，全国47都道府県の中でも多い方から数えて43位である。関東の各都県は全国的にも人口が多いため，海面処分場を擁して残余容量が豊富な東京都を除いて，各県で一人当たりの残余容量が少なくなっている。残余容量が全国で43位の千葉県のほかは，茨城県が44位，埼玉県が42位，栃木県が41位，神奈川県が35位という具合である。

　千葉県における最終処分場の残余年数は，8.8年である。関東では，茨城県（5.7年），栃木県（7.3年）に次いで少ない。関東全体では残余年数が22.1年であったが，これには先にも述べたように大規模な海面処分場を擁する東京都（46.8年）の存在が大きく貢献している。ごみ処理には，自区内処理の原則があるので，関東全体として残余年数が多かったとしても，原則として隣接県から東京都の処分場にごみを搬入できるわけではない。それゆえ，東京都以外の関東の6県でみると残余年数が10.1年に半減してしまい，最終処分場が逼迫しつつあるといわざるを得ない。特に，関東の中でも人口，そしてごみの排出量が多い東京都，神奈川県，埼玉県，千葉県を比較すると，千葉県における最終処分場の逼迫が目につく。

　そのような千葉県について，県内の市町村単位での最終処分整備状況（2009年3月末現在）がどうなっているかをみてみる（図Ⅸ-9）。図から，流山市，我孫子市，市川市，浦安市，習志野市，四街道市，木更津市，勝浦市においては最終処分場が設置されていないことがわかる。また，野田市，

第IX章　千葉県のごみ問題

出所：千葉県環境生活部資源循環推進課（2010）p.14から抜粋（ただし，筆者が一部編集）。

図IX-9　千葉県内における最終処分場残余容量（2008年度）（㎥）

鎌ケ谷市，成田市，富里市，佐倉市，八千代市，船橋市，君津市，大多喜町，御宿町においては，埋立終了で残余容量なしとなっている。最終処分場を設置していない市や，設置しているものの残余容量が払底した市町をみると，船橋市，市川市をはじめとして，県内でも人口の多い市が複数含まれていることがわかる。また，それらの市の多くが，県の北西部に位置していること

291

もわかる。人口の多いこれらの市では，もともと最終処分場に適した山間地や谷地や広い平地が少なかったところに，大量のごみが埋め立てられたため，最終処分場が底をついたと考えられる。自区内処理の原則が守れなくなっている可能性がある。

③ごみの広域移動

千葉県においては，県全体でみれば最終処分場の残余年数が8.8年あった。しかし，実際にごみ処理を行っている市町村単位でみると，地域的に最終処分能力（残余容量）に偏在がみられた。特に，人口の多い県北西部の都市を中心に最終処分場の逼迫が顕著になっていた。それでは，これらの地域ではごみをどのように最終処分しているのだろうか。

その答えは，ごみの広域移動状況をみることによって明らかになる。ごみを含む一般廃棄物は，各市町村が直営で処理するか，市町村が委託・許可した業者が行っている（その場合の費用も税金で賄われる）。ごみはわれわれの生活から排出されるから，全国遍く地域で排出されている。そのごみの処理を他地域に押しつけるのは身勝手であり，自らのごみの処理には自らが責任を持ち，自らの地域で行うというのが，自区内処理の原則である。そのため，繰り返し述べているように，一般廃棄物は原則として排出された区域内で処理されることになっている。それゆえ，原則的には県境を越える広域移動や，地域ブロックを越える広域移動はないと想定される。しかし，実際には，最終処分場が逼迫したことによって，自区内で最終処分できず，他地域に最終処分目的でごみを搬出している地域がある。

2008年度のごみの最終処分の委託状況をみると，この年に全国で最終処分された553.1万tのうち，「委託していない最終処分量」（すなわち市町村または一部事務組合によって最終処分された量）が68.9%，「県内委託量」が25.2%で，「県外委託量」も5.9%（32.8万t）である（環境省大臣官房廃棄物・リサイクル対策部廃棄物対策課，2010，p.31）。ちなみに，焼却処理については，委託処理していない焼却処理量が94.5%と，ほとんどが市町村または一部事務組合によって処理されており，県内委託は5.5%，県外委託量

はほとんどない（0.2万t，0.0％）。焼却以外の中間処理（直接資源化を含む）についても，県外委託量はごくわずか（0.6万t，0.1％）である。焼却処理やそれ以外の中間処理は，ごみ処理の一連の過程の中で「通過点」であるから，各地域において行うことができているが，最終処分は文字どおりごみ処理の「終着点」であり，広大な土地を必要とするため，地域によっては最終処分場が確保できていないのである。

それでは，最終処分目的のごみの広域移動が，具体的にどのように行われているのかをみてみよう。ごみの処理を県外に委託することで他県にごみを持ち出すことをごみ（一般廃棄物）の県外「移出」と呼ぶことにする。表Ⅸ-5から，千葉県は埼玉県に次いでごみの移出量が2番目に多い県である。全国の移出量32.8万tのうち，最多移出県の埼玉県が7.5万t（22.8％），第2位の千葉県が6.7万t（20.5％）で，第3位の神奈川県（3.8万t，11.5％）を合わせると，上位3県で54.8％を占める。このほか，上位6位以内には栃木県と茨城県も入っており，関東はごみの一大移出地域であることがわかる。また，各県の最終処分量に対する移出量の比率をみると，千葉県では39.3％で，最も高い埼玉県44.2％に次ぐ高さである。千葉県では，人口の多い都市において最終処分場が逼迫しているため，多くのごみが最終処分目的で県外へ移出されていると考えられる。前出の表Ⅸ-4で改めてこれらのごみ移出県の最終処分場の残余状況をみると，やはり逼迫した状態である。

再び表Ⅸ-5によりながら，ごみがどこに運ばれていくかをみると，埼玉県と千葉県からは，秋田県に最も多く運ばれている。秋田県は，全国の中で最も多く他県からのごみを受け入れている県である。秋田県は全国から8.3万tのごみを受け入れているが，そのうちの7.7万tは埼玉県と千葉県からである。秋田県のほか，神奈川県と愛知県からは関東の群馬県に運ばれている。群馬県は関東の中でも最終処分率がやや高いなど，他の都県とごみ処理の傾向が異なる部分があった。ごみの広域移動についても，関東の他都県と傾向を異にする特徴的な県といえる。

以上から，千葉県においては，最終処分場が十分に確保できない地域から，

表Ⅸ-5　一般廃棄物の県外移出の状況（2008年度）

移出元	埼玉県	千葉県	神奈川県	愛知県	栃木県	茨城県	その他	合計
移出量（万t/年）	7.5	6.7	3.8	2.5	1.7	1.6	9.0	32.8
構成比（％）	22.8	20.5	11.5	7.5	5.3	4.8	27.5	100.0
最終処分量（万t/年）	16.9	17.1	29.0	29.8	7.4	11.1	—	553.1
移出率（％）	44.2	39.3	13.0	8.3	23.5	14.2	—	5.9
最大の移出先	秋田県	秋田県	群馬県	群馬県	福島県	山形県	—	秋田県
その量（万t/年）	3.4	4.3	0.9	0.9	0.9	1.0	0.7	—	8.3

注：移出率は，「移出量÷最終処分量（×100％）」で求めている。
出所：環境省大臣官房廃棄物・リサイクル対策部廃棄物対策課（2010）から筆者作成。

秋田県などに多量のごみを移出している。すなわち，自区内処理の原則に則って自分たちが出したごみの処理を自分たちの地域で完結することができない状況である。換言すれば，ごみ処理に関して千葉県は持続不可能な状態になっているのである。そしてこのような状態は，人口の多い県北西部の各都市において深刻になっている。これが千葉県におけるごみ問題といえる。

5．まとめ

　千葉県においては，ごみの排出に関して全国と比べて目立った特徴はなかった。ごみの処理に関しては，最終処分への依存度が低いことが「特徴」であった。ただこれは，最終処分場の整備が間に合っていないことの裏返しであり，千葉県のごみ処理の「特長」ということはできないだろう。現に，県内には最終処分場を持っていなかったり，持っていても残余容量が尽きたりした市町村があり，多量のごみが最終処分目的で県外に移出されている。

　われわれは快適で豊かな生活を送るために，日々さまざまなものを消費し，産業部門では活発な生産活動を繰り広げている。一方で，生産過程から大量の産業廃棄物や事業系の一般廃棄物が発生し，家計における消費から多量のごみが排出されている。快適な環境を維持するためには，これらのごみを身の回りから除去して，適切に処理することが必要である。その処理を自区域

で完結させることができない状況では，いつしか快適な環境の維持が困難になってくることだろう。現在は他県が受け入れてくれているが，将来にわたって受け入れを続けてくれるかどうかは，当該地域のごみ処理事情に依存するため，未知数だからである。

　それゆえ，最終処分場の新規整備の可能性を追求することも必要であるが，そもそもごみ排出量をもっと減らす「排出抑制」や，排出されたごみを直接，あるいは何らかの中間処理を経てから間接に資源化していく「再利用，再生利用」を一段と推進していくことが，千葉県（処理を実際に行う市町村と，それを県域で広域的にサポートする県）におけるごみ政策の今後の課題といえよう。

（金子林太郎）

参考文献
環境省大臣官房廃棄物・リサイクル対策部廃棄物対策課（2010）「日本の廃棄物処理（平成20年度版）」。
志垣政信（2000）『絵とき廃棄物の焼却技術（改訂3版）』オーム社。
田中勝（2005）『新・廃棄物学入門』中央法規。
千葉県環境生活部資源循環推進課（2010）「平成20年度　清掃事業の現況と実績（一般廃棄物処理事業の概況）」。
（ウェブサイト）
環境省「一般廃棄物処理実態調査結果（平成20年度調査結果）」2010年10月閲覧（http://www.env.go.jp/recycle/waste_tech/ippan/h20/index.html）。

あとがき

　最後に，学術叢書を執筆することになった経緯を記しておきたい。敬愛大学は千葉県千葉市に位置し，特に経済学部は創立以来50年近くの歴史を有している。学生の多くは千葉県の高校出身者であり，卒業後も千葉県の企業などに勤める者が多い。敬愛大学と千葉県との関係はきわめて深く，敬愛大学は千葉県に育てられてきたようなものである。こうしたことから私たちは，専門の研究を通して千葉県に貢献したいと考えてきた。

　幸い，2007年に，経済学部の加茂川学部長から，千葉県経済に関する共同研究をやってもらえないかという打診を受け，早速，志を同じくする8人のメンバーで役割分担を決め，2008年から共同研究に着手した。テーマは「千葉県経済の展望」とし，2000年以降（あるいは1990年以降）の千葉県経済を分析して，2010年代を展望することにした。8人のメンバーはそれぞれ専門領域が異なるため，千葉県の経済を多方面から明らかにできるという利点があった。しかしその一方で，それぞれの研究手法が異なるため，ばらばらな内容になってしまうのではないかという危惧もあった。そこで，2年間にわたる研究の中で合計5回の中間報告会を実施し，研究の方向性を一本化していくことにした。毎回の報告会は白熱した議論が展開され，次第に研究課題が収斂されていった。

　報告会の中で出てきた議論の1つとして，千葉県は場所によって地域性が大きく異なるというものがあった。そのため，それぞれの研究領域から地域区分をしてみようということになった。当然のことながら，産業連関分析から見た地域区分と工業立地からみた地域区分とは異なるものであり，観光産業や労働からみた地域区分もまたそれぞれに異なるものであった。そのため，強引に1つの地域区分にまとめてしまうのには問題が多いので，共同研究として統合した地域区分を提示することは避け，各研究領域ごとに，それぞれの分析に基づく地域区分を提示することにした。従って，読者の方々は本書

の中でさまざまな地域区分に出会って戸惑われるかも知れないが，地域区分は分析手法によって異なったものになるということを理解していただければ幸いである。

　共同研究を進めている間に仲間のうち2人が他大学に転出したが，転出後も研究を継続してもらうことができ，当初の予定通り，全9章の本書を上梓することができた。

　私たちが共同研究を行い，本書を刊行するに当たっては，多くの方々のご理解・ご協力があった。具体的にはそれぞれの章で謝辞として述べているが，改めて厚く感謝の意を表したい。

　また，敬愛大学学術叢書の刊行に当たってはいつも白桃書房編集部のお世話になっているが，今回もまた編集部の河井宏幸氏に大変お世話になった。末筆ながら厚く御礼申し上げる。

　なお，私たちの共同研究に対し，敬愛大学経済文化研究所（現，総合地域研究所）から2008年度，2009年度の両年度にわたり研究助成金の交付を受けた。

2010年12月10日

編　者

■ 執筆者略歴 (掲載順，★は編者)

仁平　耕一（にだいら　こういち）まえがき，第Ⅰ章★

1951年東京都生まれ。早稲田大学大学院経済学研究科博士課程満期退学。現在，敬愛大学経済学部教授

主著
『アジアの経済開発と経済分析』（文眞堂，浜田文雅編著，1993年）
『産業連関分析の理論と適用』（白桃書房，2008年）

青木　英一（あおき　ひでかず）第Ⅱ章，あとがき★

1942年岐阜県生まれ。日本大学大学院理工学研究科博士課程修了，理学博士。現在，敬愛大学経済学部教授

主著
『首都圏工業の構造』（大明堂，1997年）
『世界を読む（改訂版）』（原書房，青木英一・北村嘉行共著，2005年）
「電気機械メーカーの事業所配置と地域的生産連関—ソニーグループを事例として—」『人文地理』第52巻第5号，2000年

畢　滔滔（びい　たおたお）第Ⅲ章

1970年中国北京市生まれ。一橋大学大学院商学研究科博士後期課程修了，博士（商学）。現在，敬愛大学経済学部准教授

主著
『発展する中国の流通』（白桃書房，矢作敏行・関根孝・鐘淑玲・畢滔滔著，2009年）
『日本企業研究のフロンティア　第4号』（有斐閣，一橋大学日本企業研究センター編，2008年）
『ブランディング・イン・チャイナ：巨大市場・中国を制するブランド戦略』（東洋経済新報社，山下裕子＋一橋大学BICプロジェクトチーム著，2006年）
"Consensus Building in Shopping District Associations and Downtown Commercial Revitalization in Japan," *Berkeley Planning Journal*, Vol. 22, 2009.

中村　哲（なかむら　てつ）第Ⅳ章

1972年埼玉県生まれ。立教大学大学院観光学研究科博士課程後期課程単位取得。現在，玉川大学経営学部准教授（前・敬愛大学経済学部准教授）

主著
『21世紀の観光学』（学文社，前田勇編著，2003年）
『現代観光総論』（学文社，前田勇編著，2006年発行の第3版より執筆）
『競争時代における観光からの地域づくり戦略』（同文舘出版，総合観光学会編，2006年）
『観光入門』（新曜社，青木義英・廣岡裕一・神田孝治編，2011年）

藤原　七重（ふじわら　ななえ）第Ⅴ章

1972年千葉県生まれ。早稲田大学大学院商学研究科博士後期課程単位取得。現在，千葉商科大学商経学部准教授（前・敬愛大学経済学部准教授）

主著

「ネットコミュニティの構築におけるビジネス・エシックスの意義─オンラインゲームの事例から─」『日本経営倫理学会誌』第15号，2008年

「P2P Lending の現状と課題─情報の非対称性の観点から─」『パーソナルファイナンス学会年報』No.9，2009年

『消費者信用の経済学』（東洋経済新報社，ジュゼッペ・ベルトーラ，リチャード・ディズニー，チャールズ・グラント編，江夏健一監訳，2008年）

金子　林太郎（かねこ　りんたろう）第Ⅵ章，第Ⅸ章

1977年福岡県生まれ。九州大学大学院経済学府博士後期課程修了，博士（経済学）。現在，敬愛大学経済学部准教授。

主著

『環境税』（東洋経済新報社，環境経済・政策学会編，2004年）

『持続可能な社会と地方財政』（勁草書房，日本地方財政学会編，2006年）

『産業廃棄物税の制度設計』（白桃書房，2009年）

添田　利光（そえだ　としみつ）第Ⅶ章

1970年福島県生まれ。中央大学大学院商学研究科博士課程満期退学。現在，敬愛大学経済学部専任講師。

主著

「アメリカ・マネーセンターバンクの途上国向け貸出について─1970～80年代を中心に─」『証券経済研究』1998年

星　真実（ほし　まさみ）第Ⅷ章

1967年東京都生まれ。中央大学大学院経済学研究科博士課程満期退学。現在，敬愛大学経済学部准教授。

主著

「国民年金の国庫負担問題に関する一考察」『賃金と社会保障』第1306号，労働旬報社，2001年

「千葉県のフリーター2007─アンケート調査報告（2007年5月～8月）」『研究論集』第73号，敬愛大学，2008年

「千葉県のパートタイマー2008─ヒアリング調査報告（2008年6月～7月）『経済文化研究所紀要』第14号，敬愛大学，2009年

■ 変貌する千葉経済〈敬愛大学学術叢書12〉
　　―新しい可能性を求めて―

■ 発行日――2011年3月26日　初　版　発　行　　〈検印省略〉

■ 編　者――青木英一・仁平耕一

■ 発行者――大矢栄一郎

■ 発行所――株式会社　白桃書房
　　〒101-0021　東京都千代田区外神田5-1-15
　　☎03-3836-4781　📠03-3836-9370　振替00100-4-20192
　　http://www.hakutou.co.jp/

■ 印刷・製本――藤原印刷

© Hidekazu Aoki and Koichi Nidaira 2011 Printed in Japan
ISBN 978-4-561-96122-2 C3333

JCOPY 〈(社)出版者著作権管理機構 委託出版物〉
本書の無断複写は著作権法上での例外を除き禁じられています。複写される場合は，そのつど事前に，(社)出版者著作権管理機構（電話 03-3513-6969，FAX 03-3513-6979，e-mail: info@jcopy.or.jp）の許諾を得てください。
落丁本・乱丁本はおとりかえいたします。

敬愛大学学術叢書

加茂川益郎著
国民国家と資本主義
本体 3400円

中村智一郎著
日本の最低賃金制と社会保障
本体 3800円

澤護著
横浜外国人居留地ホテル史
本体 3500円

遠山正朗著
情報通信技術と取引コスト理論
本体 2900円

遠山正朗編著
ケースに学ぶ企業の文化
本体 3400円（品切）

遠山正朗編著
ケースに学ぶ企業と人材
本体 3400円

松中完二著
現代英語語彙の多義構造[理論編]
本体 3700円

松中完二著
現代英語語彙の多義構造[実証編]
本体 3700円

和田良子著
Experimental Analysis of Decision Making
本体 2800円

仁平耕一著
産業連関分析の理論と適用
本体 3300円

金子林太郎著
産業廃棄物税の制度設計
本体 3500円

白桃書房

本広告の価格は本体価格です。別途消費税が加算されます。
品切れの際はご容赦下さい。